高职高专规划教材

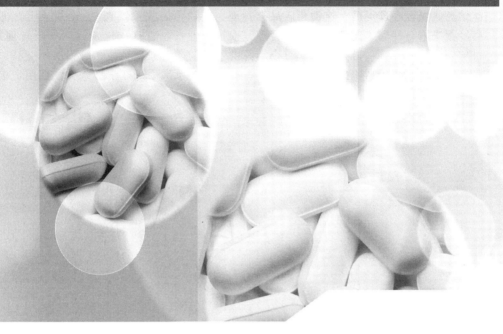

连锁药店运营管理

邓冬梅　柯小梅　主　编
吴海侠　副主编

The Second Edition
第二版

化学工业出版社
·北京·

本书以连锁药店为主体，以连锁企业的经营与管理为主线，采用项目式编写。全书内容由四大学习情境十四大项目组成，具体包括连锁药店认知（连锁药店运营管理认知、连锁药店企业文化构建）、连锁药店设计（连锁药店的开办与选址、连锁药店营业场所设计）、连锁药店运营（连锁药店药品陈列与标价管理、连锁药店盘点管理、连锁药店POP广告设计、连锁药店顾客心理促销、连锁药店品类管理、连锁药店收银管理）、连锁药店管理（连锁药店经营决策与计划、连锁药店财务管理、连锁企业信息管理、连锁药店安全管理）。每个项目均有项目内容、项目实施、项目小结等内容，实操性强，全面系统，实用度高。

本书适合医药高职高专教育、函授、自考相同层次不同办学形式教学使用，也可作医药行业培训和自学用书。

图书在版编目（CIP）数据

连锁药店运营管理／邓冬梅，柯小梅主编．—2版．—北京：化学工业出版社，2015.6（2019.8重印）
高职高专规划教材
ISBN 978-7-122-23611-1

Ⅰ.①连… Ⅱ.①邓…②柯… Ⅲ.①药品-连锁商店-商业经营-高等职业教育-教材 Ⅳ.①F717.5

中国版本图书馆CIP数据核字（2015）第072082号

责任编辑：于 卉	文字编辑：赵爱萍
责任校对：王素芹	装帧设计：王晓宇

出版发行：化学工业出版社（北京市东城区青年湖南街13号　邮政编码100011）
印　　装：大厂聚鑫印刷有限责任公司
787mm×1092mm　1/16　印张15　字数397千字　2019年8月北京第2版第6次印刷

购书咨询：010-64518888　　　　　　　　售后服务：010-64518899
网　　址：http://www.cip.com.cn
凡购买本书，如有缺损质量问题，本社销售中心负责调换。

定　　价：32.00元　　　　　　　　　　　　　　　　　版权所有　违者必究

编写人员名单

主　　编　邓冬梅　柯小梅

副 主 编　吴海侠

编写人员（按姓名笔画排列）

　　　　　邓冬梅（广东食品药品职业学院）

　　　　　叶伟英（广东食品药品职业学校）

　　　　　朱献涛（广州南北行中药饮片有限公司）

　　　　　何润琴（广东食品药品职业学院）

　　　　　吴　蕊（广东食品药品职业学院）

　　　　　吴海侠（广东食品药品职业学院）

　　　　　陆永辉（广东诺生药业有限公司）

　　　　　张敏怡（广东食品药品职业学院）

　　　　　柯小梅（广东食品药品职业学院）

　　　　　赵　贤（广东食品药品职业学院）

　　　　　黄炳桂（广东食品药品职业学院）

　　　　　董　健（广东食品药品职业学院）

　　　　　樊　迪（中国药科大学）

第二版前言

《连锁药店运营管理》（第二版）是在高职高专专业课程教学改革实践和前期教材建设成果基础上提炼、修改后的成果，职业教育特色鲜明，与原教材相比，有更大突破。具体表现为：

首先，本教材编写形式新颖。整本教材采用项目式编写，立足于连锁药店经营管理人才技能需求，重视对药店经营管理人才的技能培养的可操作性，以项目式逐步实现，具有更强操作性。

其次，本教材内容实用性更强，定位更准确。依据于连锁药店经营管理的实际需求，定位于为连锁药店培养基层运营管理人才，同时也依据了高职学生从普通店员到基层管理人员发展历程的职业生涯发展，组织教材内容。在企业文化、企业决策、财务管理、药店开办与设计、药品陈列、盘点与安全等内容上增加了连锁药店POP广告设计、品类管理等内容，突出知识的实践性与拓展性。这些内容依据连锁药店运营管理流程的四个重要情景：药店认知；药店开办与选址、设计；药店运营；药店管理进行归总。思路更清晰，更好理解与把握，力求教材内容的实用性、系统性、实践性。

再次，本教材具有学习的便利性。各项目均有项目指导，实施步骤与内容，针对性的多形式的案例及资料，课后小结与习题等，强调理论与实践的结合，动脑思考与动手操作相结合，形成教、学、做一体化，为学习带来更大的方便。

本教材理论与实践相结合，易懂易学，既适合药品经营管理专业、医药营销专业、药学专业、医药物流、医药电子商务等医药高职高专教育、函授、自考相同层次不同办学形式教学使用，也可作医药行业培训和自学用书。

本教材由邓冬梅、柯小梅任主编，吴海侠任副主编，编写具体分工如下：邓冬梅负责全书的编写组织、统稿工作，并编写和修订项目一、项目二、项目六、项目十一～项目十四；柯小梅负责编写项目三～项目五、项目八、项目十；吴海侠负责课程设计与指导；何润琴参编项目二；吴蕊参编项目三；赵贤参编项目六、项目十四；张敏怡参编项目七；董健参编项目九；樊迪参编项目十一；叶伟英参编项目十二；黄炳桂参编项目十三；广东诺生药业有限公司的陆永辉及广州南北行中药饮片有限公司的朱献涛给予了实践编写指导。

本教材在编写中参考了相关的书籍及资料，对书籍作者和资料提供者，在此一并致谢，由于时间紧，编写任务重，同时编者水平有限，教材中难免会存在疏漏和不当之处，恳请各位同仁及读者指正，以期进一步修正和完善。

编者

2015 年 3 月

学习情境一 连锁药店认知

项目一　连锁药店运营管理认知　　　　　　　　　　　/ 1

　　任务一　连锁药店认知　/ 2
　　任务二　连锁药店运营管理认知　/ 7

项目二　连锁药店企业文化构建　　　　　　　　　　　/ 21

　　任务一　连锁药店企业文化认知　/ 22
　　任务二　连锁药店企业文化构建　/ 29

学习情境二 连锁药店设计

项目三　连锁药店的开办与选址　　　　　　　　　　　/ 35

　　任务一　药品零售企业认知　/ 36
　　任务二　连锁药店的开办　/ 37
　　任务三　连锁药店人员配置及主要职责　/ 39
　　任务四　连锁药店的选址　/ 45

项目四　连锁药店营业场所设计　　　　　　　　　　　/ 52

　　任务一　连锁药店店面设计　/ 53
　　任务二　连锁药店内部布局设计　/ 58
　　任务三　连锁药店店内环境设计　/ 64

学习情境三 连锁药店运营

项目五　连锁药店药品陈列与标价管理　　　　　　　　/ 70

　　任务一　药品陈列认知　/ 71
　　任务二　药品陈列的要求与原则　/ 72
　　任务三　药品陈列方式与技巧　/ 73
　　任务四　陈列药品标价、补上货管理以及维护　/ 75

项目六　连锁药店盘点管理　　　　　　　　　　　　　/ 80

　　任务一　连锁药店盘点认知　/ 81
　　任务二　连锁药店盘点前准备　/ 84
　　任务三　连锁药店盘点实施　/ 89
　　任务四　连锁药店盘点后管理　/ 91

项目七　连锁药店 POP 广告设计　　　　　　　　　　/ 96

　　任务一　药店 POP 广告基本认知　/ 97

  任务二 药店 POP 广告的分类 / 98
  任务三 药店 POP 广告的设计 / 101

项目八 连锁药店顾客心理促销 /104

  任务一 顾客消费心理过程认知 / 105
  任务二 不同年龄顾客的心理促销 / 110
  任务三 不同性别顾客的心理促销 / 114

项目九 连锁药店品类管理 /119

  任务一 连锁药店品类管理认知 / 120
  任务二 连锁药店的品类管理的实施 / 121
  任务三 连锁药店品类管理普遍存在的问题及解决思路 / 126

项目十 连锁药店收银管理 /131

  任务一 药店收银与 POS 系统认知 / 132
  任务二 药店收银作业的流程和差错管理规范 / 133

学习情境四 连锁药店管理

项目十一 连锁药店经营决策与计划 /140

  任务一 连锁药店的经营决策 / 141
  任务二 连锁药店经营计划的制订与实施 / 151

项目十二 连锁药店财务管理 /162

  任务一 连锁药店财务管理认知 / 163
  任务二 连锁药店筹资管理 / 167
  任务三 连锁药店投资管理 / 170
  任务四 连锁药店利润形成与财务分析 / 178

项目十三 连锁企业信息管理 /192

  任务一 医药企业信息管理认知 / 193
  任务二 医药企业信息系统管理与建设 / 199
  任务三 医药电子商务建设 / 208

项目十四 连锁药店安全管理 /218

  任务一 连锁药店安全管理认知 / 219
  任务二 连锁药店消防安全管理 / 222
  任务三 连锁药店防损管理 / 225

参考文献 /231

学习情境一
连锁药店认知

项目一　连锁药店运营管理认知

技能目标
具备连锁药店运营管理意识

知识目标
1. 熟悉连锁药店运营管理的内涵、特点及内容
2. 掌握连锁药店运营管理模式
3. 熟悉连锁药店发展过程
4. 了解连锁药店运营管理发展趋势

项目内容

1. 连锁药店认知
2. 连锁药店运营管理认知
3. 连锁药店运营模式认知与辨别
4. 连锁药店发展认知

项目组织与实施环境

（一）项目组织

① 将全班分为若干组，指导老师确定所需实施项目内容。

② 小组成员可自行选择不同医药连锁企业参观访问，查找资料，进行连锁医药企业经营管理分析。

（二）实施环境

① 教室。

② 连锁药店。

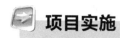 **项目实施**

 广东大参林——连锁经营的黑马

广东大参林连锁药店有限公司,成立于1993年。2008年,广东大参林销售额为20.5亿元,同比增加6.7亿元,排名由2007年的第8名上升至第4名,与重庆桐君阁大药房连锁有限责任公司并列。事实上,从2007年开始,大参林的开店速度就骤然提升。2008年2月,黑马正式扬蹄。2010年,大参林凭借年销售30.6亿、总门店量1000家的优势,跻身"2010年中国连锁药店百强榜",完成了医药类企业全国百强到全国连锁企业百强的大跨越。2011年,大参林以36.7亿年销售荣登"中国连锁药店十强"榜第3名。2012年,大参林以41.8亿年销售荣登行业前三强,并荣获"2012年度中国连锁药店综合实力百强榜"第3名。2013年12月,大参林已经发展成为:广泛覆盖广东、广西、福建、江西、浙江、河南6个省份,旗下拥有25个营运区1400多家门店、14000多名员工、6大配送中心及4家制药厂,集生产、物流、销售为一体的集团化企业,年销售额超过40亿元。

(本文来自:http://www.dslyy.com/)

思考:
广东大参林是如何迅速发展的?有何启示?

这一案例表明:连锁药店的运营管理是一个有战略、有计划、有策略的管理过程,必须重视企业内外结合,加强经营与管理工作。本项目就连锁药店的运营管理基本概念及理论基础作详细阐述。

任务一 连锁药店认知

一、连锁药店的定义

(一)医药企业的定义与类型

医药企业是指以赢利为目的,专门从事药品生产、经营活动以及提供相关服务的企业。医药企业按生产经营环节可分为药品生产企业和药品经营企业,其中药品经营企业包括药品批发企业和药品零售企业;按所有制性质可分为国有医药企业、集体所有制企业、私营医药企业和外资医药企业等;按法律形式可分为自然人医药企业和法人医药企业。

 企业的含义与主要活动

为了盈利的目的而生产或分销产品或服务的组织称为企业(business)。每个企业至少都要从事三项主要活动:其一为生产(production)活动,包括制造产品或提供服务;其二为市场营销活动,市场营销涉及生产者与消费者之间产品与服务如何进行交易的活动;其三为财务(finance)活动,涉及经营企业所发生的货币交换活动。

1. 药品生产企业

药品生产企业俗称药厂,是指从事药品的制造与销售的专营或兼营企业。药品生产企业主要的经济活动为药品生产,但在药品流通过程中已形成独特的销售经营模式。

2. 药品批发企业

药品批发企业国内习惯称为医药公司或中药材公司,国外叫医药批发商,是指以资金向医药生产企业购买药品并将这些药品销售给药品零售商及其他批发商,获取药品进销差额利润的企业。药品批发商经营特点是药品成批购进和成批出售,它们并不直接服务于最终消费者。

药品批发商是药品销售渠道中不可缺少的部分,发挥着连接药品生产与销售的桥梁作用。药品市场供应和销售之间的空间、时间、品种、数量、产权等方面的空隙,须由药品批发商涉足其内,以促使药品流动、所有权和管理权转移、信息和资金流动,使药品市场具体化,完成药品营销功能,实现药品为人们健康服务终极目标。通过批发商不断改进企业经营管理,提高服务水平和工作效率,保证药品质量,降低药品经营成本,实现了药品和服务增值。

3. 药品零售企业

(1) 药品零售企业的含义 药品零售企业又称药店或社会药房,是指从药品生产企业或药品批发企业购进药品,直接销售给最终消费者用以防治疾病的经济组织。

药品零售企业作为直接向病人提供其所需药品和保健服务的机构,处于药品经营的终端,数量多,分布广,实现药品零星销售,方便患者购买,对防病治病起着重要作用,从而保证医疗卫生事业社会目标的实现。

(2) 药品零售企业和批发企业的联系与区别 药品零售企业和批发企业都是药品流通渠道的中间商,批发企业是流通领域的起点或中间环节,零售企业是流通环节的终端。两者根本区别是:药品批发企业的销售对象是药品零售企业或批发企业,药品销售后仍在流通领域,而药品零售企业的销售对象是最终消费者,药品销售后退出流通,进入消费领域。

药品零售店按经营模式可分为单店、多店、连锁店等模式。

(二) 连锁药店的概念

连锁药店是采用连锁经营模式的药店,即在统一总部或核心企业管理下,经营同类医药商品的若干个分散店铺,按照统一的经营理念,进行共同的经营活动以达到规模优势、共享规模效益的经营形式或组织形式。其中的核心企业称为总部、总店或本部,各分散经营的医药企业称为分店、门店或成员店。

与一般的医药批发企业相比,连锁企业具有自发销售上的优势。

与一般的单店、分店和多店经营相比,连锁店具有统一经营、集约化管理、标准化操作、广泛布点等特征。

二、连锁药店的特征

1. 联合性

医药企业连锁经营把独立的、分散的药店联合起来,形成覆盖面很广的营销体系,提高了市场竞争力,这与传统的单体零售药店的经营有着根本性区别。

2. 统一性

连锁经营具有"六个统一"的经营管理特色,即统一管理、统一品牌、统一配送、统一价格、统一核算、统一服务。

(1) 统一管理 统一管理是连锁药店最基本特征,连锁总部对连锁分店的管理模式、品牌、配送、价格、核算、服务、培训等方面都进行统一管理,对各分店的人、财、物、供、产、销制订统一的管理制度，总部经理直接领导各分店经理，指挥和指导各分店的经营管理工作，各分店经理（店长）直接对总部经理负责。

（2）统一品牌　连锁企业总部提供统一的企业形象，包括统一的商标（包括店名、标志）、统一的建筑设计、统一的环境布置、统一的色彩设定等。

（3）统一配送　连锁经营实行统购分销，连锁企业各门店经营的药品由连锁总部负责购进，各分店不得自行采购药品，只能定期向连锁总部提出要货计划，由总部统一采购，再由药品连锁企业所属的配送中心实施配送。

（4）统一价格　各分店经营的商品种类及价格基本由连锁总部负责统一制订，由各分店执行，各连锁分店无作价权，分店商品价格完全统一，同时连锁总部经常对连锁店价格进行监督检查。

（5）统一核算　各连锁店实行非独立核算，由连锁总部负责制订经营计划和效益考核指标，对连锁店进行统一考核，税贷均由总部统一办理。

（6）统一服务　连锁总部制订统一服务规范，包括员工的服务形象、服务标准、服务用语、服务项目、服务规章等，由各连锁分店营业服务时执行，连锁总部负责监督指导。

3. 规模性

连锁经营把独立的、分散的药店联合起来，采用统一的管理模式，快速扩大了连锁药店的经营规模，形成规模效益。

4. 社会性

药品作为特殊商品，在治病救人、提高人民群众健康水平方面起着举足轻重的作用。作为生产和经营治病救人药品的医药企业，肩负保障人民健康的社会使命，必须承担提供药品安全有效的责任，具有救死扶生的职业道德，必须在满足社会利益、承担社会责任的基础上追求经济利益。

案例 1-1　最佳社会形象：云南鸿翔一心堂

一个位于西南边陲的民营企业以令人难以置信的速度冲进中国药品零售连锁第一集团军，并以公益的、负责任的企业形象深得地方政府嘉许，以低价、亲民的形象受到消费者青睐，以和谐、奋进的企业氛围赢得员工的忠诚，这就是云南鸿翔一心堂。

成立于2001年的云南鸿翔一心堂，每年以近40%的速度高速增长，每年新增直营店数量200家以上，每年上缴国家税收千万元以上，解决了大量农民工和失业下岗人员的就业问题。

近年来，鸿翔集团向社会捐赠的各类款项、物资和药品的总价值已超过千万元，全部用以扶助云南贫困地区的健康、教育事业。自2001年起，一心堂每年投入200万元在云南省医药落后地区开展"健康万里行"宣传活动。获得国家商务部、云南省"万村千乡市场工程"优秀企业、"云南省十大公益品牌"、"2006昆明善待农民工十大和谐企业"等称号，其董事长、鸿翔集团创始人阮鸿献也集"全国五一劳动奖章"、"全国优秀民营科技企业家"等荣誉于一身。

?　思考：连锁药店应如何承担社会责任？

三、连锁药店的优势与劣势

（一）药品连锁经营的优势

1. 成本优势

连锁药店主要有三种连锁形式，即正规连锁药店、自由连锁药店、加盟连锁药店。无论哪种形式的连锁药店，都须建有一个以上的配送中心，由该中心集中进货、统一配送，药店则负责销售，改变了传统药店集买卖职能于一体的做法。由于统一进货后，进货批量大，连锁药店可以在更大范围内选择供应商，同时也拥有了更多与供应商谈判的筹码，因此能够获得较低的进货价，降低进货成本，具有成本优势。

2. 物流管理优势

门店经营进货批量小，配送频繁，物流费用高，药品连锁经营至少有一个配送中心，只负责本连锁药店的集中进货、统一配送，物流合理化不仅可以降低企业物流费用，减少商品销售成本，更为重要的是，通过改善物流，提高药店的管理水平。

3. 网络优势和信息优势

连锁药店突破了传统药店集中在特定商业中心的格局，深入居民小区或城乡结合部；甚至是24小时全天候服务，空间和时间的改变使消费者可以随地随时得到所需的药品和服务，大大便利了消费者。药品连锁凭借其强大的网点辐射力和品牌号召力牢牢地控制了许多城市的药品销售终端。同时由于网点多，信息收集能力强，信息处理能力强。

（二）药品连锁经营发展中的瓶颈

1. 跨地域连锁扩张受到限制

当前，连锁药店跨地域经营受到国家政策、地方保护主义、企业经营管理能力等方面的限制，企业跨区域经营开展较为缓慢。地方保护主义方面如：有的以稳定为借口，要求连锁药店把当地医药亏损企业捆绑式带走；有的对跨地域药品连锁经营明令禁止；有的以"垂直管理未到位、不予办理"、"本地区未开始对外地申请受理，不予办理"等为由拒绝受理。另外，政府支持力度不够，重点表现在具体政策的落实上。

2. 连锁加盟店缺乏有效控制

连锁医药企业往往把特许连锁作为扩大连锁经营的一条捷径，多关注规模、数量、区域地盘，对连锁经营的规范化只注重外在形式的统一而忽视内在基础的建设与控制，导致特许连锁"连而不锁"。

3. 企业管理落后，机制不完善

连锁药店虽然大多实现了专业化经营，由于管理基础差，管理体制和机制的不完备，企业决策产生的随意性大，企业经营思路的不稳定，难以保障企业长远发展；同时由于经营者眼光短视、专业人才缺乏、人员流动性大、经营管理效率低等问题，也不利于连锁药店持续健康发展。

4. 连锁药店多元化战略受阻

多元化战略对企业而言，不失为一条改变经营状况的有效途径。然而连锁药店由于医药专营，要实现经营多元化，也存在着诸多问题，难以发展。

四、我国连锁药店的发展历程

中国连锁药店经历了短短十几年历史，却走过西方国家几十年所经历的过程。从区域上经历了从东南兴起，到华东、华南、西南、华北、东北、西北的快速扩张。从发展阶段看，经历了从初创期、快速成长期、跨区域连锁发展期、集中度提高期，将进入全国性连锁药店发展期。《2013年度食品药品监管统计年报》的数据显示，2013年全国共有零售药店43.3万家，连锁化率为36.6%（美国比例约为60%）。2014年中国药店100强销售总额达到983.57亿元，较上一年度的878.77亿元增长11.93%；100强门槛由2013年的2亿元上升到2.97亿元，门槛将近3亿元。国药控股国大药房依然稳居榜首，销售额由47.6亿元增至57亿元，增幅近两成。

 小资料

2014年全国连锁药店数量前16名排行榜

排序	公司名称	直营	加盟	分店数据	医保定点药店	分布城市
1	云南鸿翔一心堂药业（集团）股份有限公司	2389	0	2389	1616	云南省全部129个县市区，贵州省10个县市区，重庆市主城区等
2	国药控股国大药房有限公司	2087	0	2087	—	北京、上海、天津、辽宁、山东、湖南、山西、河南、河北等
3	中国海王星辰连锁药店有限公司	2066	0	2066	—	深圳、广州、大连、上海、杭州、苏州、宁波、成都、青岛等
4	●重庆和平药房连锁有限责任公司	1820	790	2610	—	重庆、四川、贵州
5	广东大参林连锁药店有限公司	1400	0	1400	—	广东、广西、福建、江西、浙江、河南等
6	重庆桐君阁大药房连锁有限责任公司	1306	7000	8306	2518	重庆、四川、天津
7	云南健之佳健康连锁店股份有限公司	1025	0	1025	614	昆明、曲靖、玉溪、楚雄、昭通、大理、保山、丽江、普洱、成都、自贡、绵阳、攀枝花等
8	哈尔滨宝丰医药连锁有限公司	800	0	800	—	哈尔滨、无常、尚志
9	金天医药集团股份有限公司	794	0	794	—	黑龙江、吉林、辽宁、香港
10	辽宁成大方圆医药连锁有限公司	716	169	885	763	辽宁省14个地区、河北、山东、吉林、长春、内蒙古
11	益丰大药房连锁股份有限公司	666	0	666	—	湖南、湖北、江西、上海、江苏等
12	修正堂连锁集团	612	1397	2009	—	吉林、安徽、甘肃、江苏、江西、四川、黑龙江、辽宁
13	江西黄庆仁栈华氏大药房有限公司	605	0	605	—	江西省
14	吉林省益和大药房有限公司	597	0	597	261	长春、吉林、白城、四平、农安、德惠
15	吉林大药房药业股份有限公司	511	0	511	276	长春、吉林、通化、白城、辽源、四平、双阳、德惠
16	西安怡康医药连锁有限责任公司	499	183	628	273	西安、宝鸡、汉中、安康、商洛、杨陵区、渭南、咸阳

加"●"标者，因其未能在本刊截稿时申报数据，故本刊依据行业专家、同行分析以及自身经验判断而得。

1. 初创期

20世纪90年代中后期，随着改革开放的深入，在南方出现了各种连锁的雏形，如采芝林、深圳市一致药店应运而生。特别是到1998年年底，国务院颁布了44号文件《国务院关于建立城镇职工基本医疗保险制度的决定》，决定要搞定点药店、定点医疗机构，进行医疗制度改革，允许患者持方外购；1999年下半年，国家经贸委又发出《深化医药流通体制改革的指导意见》，倡导零售企业实行连锁经营制。同时我国五项医疗改革政策即医疗体制改

革、医药分业经营、药品分类管理、流通体制改革、药价改革进行了具体的实施和深化，这些都为连锁药店的发展提供了良好的契机。

2. 快速成长期

2000年8月，全国连锁跨省区发展试点开始，连锁药店步入真正的发展之路。2001～2003年，是连锁企业大幅度发展的几年，被称作"跑马圈地"。2002年1月底，原国家药品监督管理局负责人表示："全国目前医药零售企业仅12万家，要让老百姓买药方便，今后零售药店可以发展到3000万家。"为此，2002年被业界认为是连锁药店的开店年。2003年、2004年是平价药店最活跃的时期，当时平价药店发展很快，民营企业选择了"价格"这样一个很好的市场切入点，用价格来参与竞争。

3. 跨区域连锁发展期

2005年是医药零售行业的一个拐点，行业竞争不断加剧，市场放开程度越来越高。在政策方面，国家颁布了抗菌药物限售令，行业监管内容不断增加。企业为了提高经济效益进行调整：一是寻找更好的营销模式；二是调整现有的盈利模式。品类管理、商品结构调整成为这一时期各种连锁企业共同做的事情。在这一时期，行业整体发展速度放慢，但企业的经营素质在提高。

4. 集中度提高期

2003年，年销售额超过10亿元的企业只有1家，2004年增加到5家，尚没有年销售额达到20亿元的企业；2006年，超过20亿元的有2家，超过10亿元的超过15家，还有一批3亿～5亿元的连锁公司；2007年，在原来基础上又一两家企业接近数据显示，截至2012年底，全国零售药店总数已达42.37万家，其中药品连锁零售企业3107家，连锁分店15.26万家。

5. 多元化发展期

在我国经济发展、医疗体制变革、药品政策导向等宏观因素的导向作用下，我国药品零售市场今后将呈现多元化的发展趋势——由粗放经营、单一化、横向发展的普通型向精耕细作、多元化、纵向发展的专业型迈进，最终走向规模化、特色化、专业化的经营模式。连锁药店多元化的形式有很多，如经营品类的多元化、服务领域的多元化等。其中，多元化的经营品类一般包括保健品、保健食品、医疗器械、药妆产品、母婴用品、眼镜、健康书籍等；服务领域则涉及健康咨询、药膳与食疗、个人和家庭护理、养生、心理咨询等。

2007年开始，连锁企业开始探索特色发展模式，如海王星辰的专业加便利模式、金象尝试以便利为主的社区专业店、在二三线城市非常活跃的平价大卖场、经营内容可包括洗衣、交电费、日用商品等的药品便利店。2008年，我国医药连锁企业的发展进入了一个新的阶段，金融资本成为了行业格局变革的新的推动力。2014年9月，商务部、国家发改委等六部委联合下发《关于落实2014年度医改重点任务提升药品流通服务水平和效率工作的通知》，通知明确"鼓励零售药店发展和连锁经营"、"清理妨碍零售连锁药店发展的政策性障碍，缩短行政审批所需时间"，政策上支持连锁药店的大发展。

任务二　连锁药店运营管理认知

一、连锁药店运营管理的内涵

（一）药品经营的定义

1. 药品经营的概念

药品经营是指医药流通企业从满足消费需求出发，综合运用科学的市场经营手段，通过对药品的购进、销售、调拨、储运等经营活动,实现药品的流通及使用价值,从而获取经济效益、实现企业经营目标的行为。

2. 药品的经营方式

药品的经营方式可分为批发与零售两大类。

(1) 药品批发 批发是指企业之间成批量的大型购销活动。企业与企业之间,企业与医院之间均采用批发形式的商业活动。

(2) 药品零售 零售是企业直接面对消费者的买卖活动。药店向顾客出售数量一般以治疗疗程用量为单位,量少次多。

(3) 药品零售连锁经营 连锁经营是药品零售经营的一种新模式。

(二) 连锁药店运营管理的定义

1. 连锁药店运营管理的定义

连锁药店运营管理是指连锁药店管理者按照客观规律的要求,运用科学的方法和程序,利用医药企业资源,对连锁医药企业药品经营活动(流通)所进行的计划、组织、指挥、监督和协调等各种管理工作,以实现连锁药店经营管理目标的过程。

经营与管理的联系与区别

从生产过程来讲,管理是社会化的产物,而经营则是商品经济的产物;从应用范围看,管理适用于一切组织,而经营只适用于企业;从它们要达到的目的看,管理旨在提高作业效率,而经营则以提高经济效益为目标。一般而言,企业经营与管理是结合在一起的,管理以经营为基础,经营以管理为手段,共同实现企业经营管理目标。

2. 连锁药店运营管理的注意点

(1) 连锁药店运营管理的主体是医药企业管理者。

(2) 连锁药店运营管理的对象是连锁医药企业经营活动。

(3) 连锁药店运营管理的基本职能是计划、组织、指挥、控制和协调等。

(4) 连锁药店运营管理的目的是为了实现连锁医药企业经营管理目标。

(5) 连锁药店运营管理需要运用科学的方法与程序,调动企业的一切资源。

二、连锁药店运营管理的特点

1. 用药需求性

消费者的用药需求是一切药品生产经营活动的出发点,只有满足消费者的需求才能实现企业的经营目标。医药企业应以消费者为中心,重视各种营销策略的应用,了解市场需求特点和需求动向,根据市场需求和企业自身条件,选择目标市场,根据市场需求经营,最大限度地提高顾客的满意程度。

2. 目标性

企业的一切经营管理行为必须围绕着连锁企业的目标进行,包括企业利润目标和社会目标。

3. 资源整合性

企业的各种资源整合是药店经营管理的保障,企业需要对人力、财力、物力等资源进行整合，完成药品采购、资源配置、职工队伍建设、销售、财务等任务，实现企业利润目标和社会目标。

4. 社会责任性

强烈的社会责任感是医药企业长远发展的动力。药品是用于有目的地调节人的生理功能的预防、治疗、保健、康复等活动的特殊商品，其生产、流通、使用都直接关系到人民群众的生命安危与健康。医药企业在获取利润的同时，只有坚持全心全意为人民服务的宗旨，确保药品安全、有效、经济，满足人民保障防病治病的需要，才能树立良好的社会责任形象和长远发展。

5. 法律规范性

药品的经营必须符合国家药品管理相关法律和法规的规范，药品的生产经营活动必须具有合法性。用药是关系到患者生命安全的重大问题。因此，世界各国对药品的生产和经营都颁布了相关的法律法规，我国规范医药企业生产经营活动的相关法律法规有：《中华人民共和国药品管理法》、《药品生产质量管理规范》（GMP）、《药物非临床研究质量管理规范》（GLP）、《药物临床试验质量管理规范》（GCP）、《药品经营质量管理规范》（GSP）和《中药材生产质量管理规范》（GAP）等。

三、连锁药店运营与管理的研究对象与内容

连锁药店运营与管理的对象是店员、物资、设备、资金、信息等基本要素，这些要素在医药企业管理系统中相互联系、相互作用，形成了企业管理要素的三大流动状态：①由物资、设备和资金组合而成的物质流动，称为物流；②由经营人员和各类管理人员、服务人员汇合而成的劳动力资源流动，称为人流；③由各种信息构成的指导生产经营过程与管理过程的信息流动，它包括信息的获取、传递、加工、存储等，称为信息流。物流、人流、信息流，三者协调有序地运动，决定了企业生产经营活动的正常秩序，保证了企业系统功能的实现。

连锁药店运营与管理内容有客户管理、技术系统管理、药品质量管理、药品的采购、储存、销售等经营管理、财务管理、人力资源管理、信息系统管理等。

相关职位介绍——企业家

企业家简单地说，就是拥有、经营企业和承担经营风险的个人。成功企业家的特质为：独立、自信、果断、坚忍不拔、目标明确、高标准要求自己、富有创造力且反应敏捷。企业家承担风险，薪酬甚高，但必须长时间工作，并面临收入的不稳定。当你继续学习经营管理理论时，想想自己是否拥有成为一名企业家的特质。

四、连锁药店的运营模式

（一）依据连锁控制模式分类

从连锁控制模式看，出现了直营、加盟、托管、联盟等形式。

1. 直营连锁（regular chain，RC）药店

直营连锁药店是指由总公司直接投资（全资或控股）开发、管理的连锁药店。

主要特征如下。

（1）资产一体化　每一家连锁分店的所有权都属于同一个主体。

(2) 统一核算　各药店只是一个分设的销售机构，销售利润全部由总公司支配。

(3) 控制性　总公司与下属分店的关系属企业内部的专业化分工关系，企业的管理权高度集中在总部，总部有很强的控制力，保证了公司的整体优势。

直营连锁在医药市场竞争中的优势如下。

(1) 成本低　大批量采购，大幅度降低了经营成本和价格，同时保证了进货的质量。

(2) 效率高　统一调配资金、设备、商品和人员，有利于充分利用企业资源，提高经营效率，各连锁分店可以将主要精力放在商品销售和改善服务上。

(3) 制约少　各连锁分店不是独立主体，其关闭、调整和新店的开设基本上属于公司内部的事务，受外界制约相对较少，总公司对分店布局和新店开发具有较大的灵活性和方便性。

连锁药店通过直营的方式进行自我复制，在产权和经营权高度统一的前提下基本上能够做到令行禁止。但是，采用直营连锁的方式，总公司一般必须有较强的经济实力，而且要能够处理好集中管理和分散经营的关系。

2. 特许连锁（franchise chain, FC）药店

特许连锁也称加盟连锁，是指拥有技术和管理经验的连锁店总部将拥有的商标、商号、产品、专利和专有技术、经营模式及销售总部开发商品的特许权以特许经营合同的形式授予被特许门店使用，指导传授加盟店各项经营的技术经验，并收取一定比例的权利金及指导费的经营模式。特许连锁具有连锁经营统一形象、统一管理等基本特征，被特许者按合同规定，在特许者统一的业务模式下从事经营活动，并向特许者支付相应的费用。连锁药店通过加盟的方式输出自己的品牌商品或者经营制度，在经营权能够控制所有权的前提下，加盟连锁更容易超越区域限制获得规模效益。

特许连锁主要特征如下。

(1) 独立性　加盟店之间以及加盟店与总公司之间的资产是相互独立的；加盟店实行独立核算。

(2) 加盟费用性　加盟店加盟时必须向总公司一次性交纳品牌授权金，并在经营过程中按销售额或毛利额的一定比例向总公司上缴定期权利金。

(3) 合作性　总公司与加盟店之间的关系是平等互利的合作关系，所以在经营管理上不采用强制性的措施，只通过特许合同规定双方的权利义务，用有效的服务、指导和监督来引导加盟店的经营行为。因此，对于加盟连锁公司来说，最重要的是订立加盟转让合同，并树立为加盟店服务的思想。

特许连锁最大的优势是效率高。由于加盟店是经营成果属于自己所有，故经营者全力以赴，同时减少了不必要的探索。同时对于总部而言，则具有了权利金的收益和规模效应。

特许连锁的劣势，主要在于加盟店对总部的忠实程度及坦诚度比直营连锁低，控制能力弱化。

由于医药市场需求的分散性，企业在零售市场占有率的提高必须依靠大规模的连锁店，同时，品牌药店信誉很好，吸收其加盟是低成本扩张的好办法，同时也符合医药卫生行政管理部门关于药品零售业的布点规划。但是，如果总公司片面追求规模和品牌授权金，大量发展加盟店而又缺乏有效的管理和强有力的服务能力，形成了大小的药店都挂着品牌企业的牌子，不仅使品牌药店的形象受到损害，而且也使投资者的权益受到损害。因此，对于单纯的加盟连锁药店，必须加强总部的管理功能和服务能力。

学习情境一　连锁药店认知

案例 1-2　直营店与加盟店的销售比较

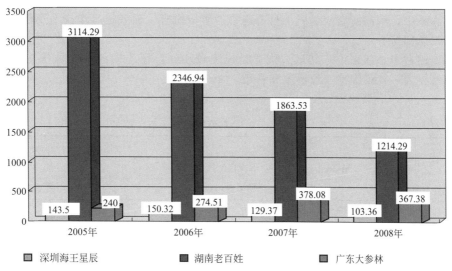

图一　直营店前三名历年单店销售对比（单位：万元）

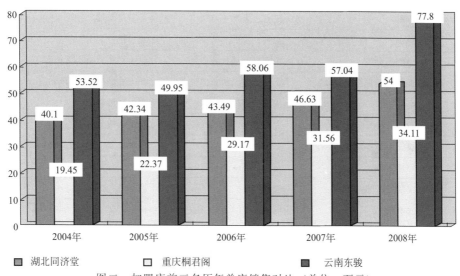

图二　加盟店前三名历年单店销售对比（单位：万元）

（数据来自中国医药商业协会连锁药店分会）

? 思考： 通过数据的对比，直营店与加盟店发展趋势有何不同？

　加盟连锁药店的步骤

　　加盟连锁药店要遵循一定的步骤，一般为：拟订经营计划、了解连锁加盟信息、汇集加盟连锁的信息、选择连锁总部、协商及签订连锁合约、准备开业等。

3. 自愿连锁（voluntary chain，VC）药店

自愿连锁也称自由连锁，即自愿加入连锁体系的药店。这种药店有别于特许加盟店。在自愿加盟体系中，商品所有权是属于自愿连锁的店主所有，而系统运作技术及药店品牌的专有信息则归总部持有。

自愿连锁对于总部来说，其最大优势是风险较小。自愿连锁的劣势是各加盟店独立性强，之间差异大，较难维持一致形象和管理。

见表1-1。

表1-1 RC、FC、VC连锁经营形态比较

项目	连锁形态		
	直营连锁（RC）	特许连锁（FC）	自愿连锁（VC）
决策	总公司	总公司为主，加盟店为辅	参考总公司的决定，有更多的决策权
资金来源	总公司自有	加盟店	加盟店
经营权	非独立	独立	独立
店铺经营者	由总部选任	独立店主	独立店主
市场	随新店开发而扩大	新店开发与存店加盟	存店加入
开店速度	受限于资金，速度较慢	可以迅速开店	可以迅速开店
契约范围	没有	经营之全部	经营之全部
商品供给	总部	总部	自店进货为主
价格管制	总部规定	总部规定或推荐	自由
援助	按总部经营手册实施	依经营手册由总部指导援助	要点式接受总部指导
职业训练	全套训练	大部分训练	自由利用
指导	专门人员巡回指导	专门人员巡回指导	自由利用
促销	总公司统一实施	总公司统一实施	自由加入
控制	完全管制	强	弱
优势	控制力强	效率佳	风险小
劣势	效率差	风险大	控制力弱
相互关系	完全一体	经营理念共同体	任意共同体
利润归属	总部	总部与加盟店分成	加盟店
终止营业	总部决定	自定	自定

4. 托管

医疗机构药房托管是指医疗机构通过契约形式，在所有权不发生变化的情况下，将药房交由具有较强经营管理能力并能承担相应风险的法人有偿经营和管理的一种经营活动。

托管的具体做法，就是将医院药剂部门负责的药品采购、供应及储存管理等工作，通过签订契约的形式，委托具有专业化管理水平的医药经营企业或机构，实行集中采购、统一配送，药房经营收益实行按比例分配。

药房托管并不意味着药房所有权的变更，药房依然是医院的一个内部机构，仍然行使向患者提供药品和药学服务的基本职能，托管仅仅是将药房的经营权和管理权委托给受托人，由其经营管理药房，医院享受药房收益。

药房托管是一种有偿的经营和管理，医疗机构授权由受托方经营和管理，而受托方为了有效经营和管理，必然要付出一定人力、物力及财力，依照相关法律的规定，医疗机构对此

应支付相应的报酬。药房托管在代理关系约束下并不发生药房所有权的转移,因而药房在对患者提供药品和药学服务时,依然使用其所属医疗机构的名义,以医院药房的名义对外开展经营活动,因此在这一过程中产生的收益应归属医疗机构。虽然在实际工作中存在医疗机构与受托人共享收益的形式,然而这仅是医疗机构向受托人支付报酬的行为,并不意味着受托人由此享有药房的收益权。

现在药品商业企业与医院签订的托管合同中规定的,药房要将每月实现的零售收入总额的40%左右支付给医院的说法并不准确,而应理解为医院将药品收入的60%支付给受托方。

5. 药店联盟

药店联盟,指各连锁药店集合联盟会员组成联盟,通过联盟平台帮助各联盟会员实现采购、销售等规模经济目的的组织形式。

联盟的特点是各联盟成员是独立的,分散的,联盟活动具有临时性。

案例 1-3 山东药店联盟在威海成立 降低药价让利消费者

2009年12月18日,省级连锁药店联盟——山东药店联盟在威海挂牌成立。山东药店联盟发起人之一——山东药店联盟理事长、山东燕喜堂医药连锁有限公司董事长于志刚在接受记者采访时坦言:山东药店联盟的成立,旨在搭建资源共享平台,充分发挥集团优势,提高与厂商的采购议价能力,从而减少采购成本,降低医药价格,让利于消费者。

跨区结盟,"抱团取暖"增强竞争实力,成为与会者的共识。随着新医改特别是基本药物制度的实施,医药零售行业必须"抱团",实现资源共享与整合。

"燕喜堂之所以积极发起并参与到联盟的筹备当中,就是因为联盟可以通过规模采购降低药品价格,将更多的实惠带给普通百姓。"于志刚说。

"联盟成员的'抱团取暖',实实在在为成员单位争取了更多与上游高端供货商对话的'话语权'。"青岛丰硕堂医药连锁有限公司董事长张洪义在当日的采购会上向记者介绍,早在11月26日,正在筹备当中的山东药店联盟首次集中亮相于第62届全国药品交易会,通过联盟统一采购计划,与河南、甘肃、辽宁、江苏、湖北等省级药店联盟形成一个整体,联络供货的生产厂家代表络绎不绝,形成了良好的传播与反响。(来源:威海晚报)

? 思考:山东药店联盟的成立有何目的?达到什么效果?

(二)依据经营规模分类

从经营规模上,可分为地市性连锁药店、跨区域连锁药店和全国性连锁药店。

(1)地市性连锁药店 即在一个或者两个城市有连锁药店,或者只在本市算是强势连锁药店。

(2)跨区域连锁 即在一个或两个以上区域进行跨区域经营的连锁药店,如大参林、一心堂、成大方圆、和平连锁、万民连锁、九州通大药房、南京医药下属连锁等。

(3)全国性连锁药店 即在全国范围内进行经营的连锁药店,主要有海王星辰、沈阳国大一致大药房连锁、中联大药房等仅有几家。

(三)依据业态赢利模式分类

在业态赢利模式上,可分为多元化平价药超、健康型药店、药诊店、药妆店、社区便利店、标准药超、商超店中店、专科专业药店、处方药店、OTC乙类专柜、网上药店等多种业态赢利模式。

1. 平价连锁药店

平价连锁药店是以药品超市形式低价吸引大量客流,以平价为竞争利器,以大卖场、多品种大幅度提升客单价以及多元化销售其他非药类产品、收取驻店促销费用等各种非营业利润等作为赢利手段的经营模式。平价连锁基本都是区域性或全国性的，主要有老百姓、开心人、益丰、天天好等。平价药店有两个特点：一是由于要在尽可能小的经营面积内摆放尽可能多的商品，达到品种齐全的经济效益，其货架摆放普遍比较拥挤；二是出于成本控制上的考虑，价低利薄的平价药店在配置方面的投入通常都有控制。

平价洗牌中国零售药品市场的积极意义有：首先，任何一个行业当平均利润较高时，必然有资本进来，促使行业平均利润水平降到合理的程度，这是市场进步的表现；其次，促进了中国医药零售的更加市场化；第三，促使医药零售产业升级和转型，平价导致的微薄利润和经营困难，迫使连锁药店寻求新的突破思路和生存之道；第四，促进了医药流通行业中快批公司的快速发展。

2. 健康大药房

即药店从单纯销售治疗用药到增加了滋补、保健品、医疗器械等的预防保健功能，可称之为健康大药房。

3. 药妆店

药妆店是指兼营药品和化妆品的店铺。在中国，药妆店更多的是参考来自台湾的模式，经营者几乎是药品零售商，即在原来药店的基础上增加了化妆品类别，拓展了传统药店的经营范围。

各地区药妆店定义

1. 在日本，药妆店叫 kusuri，凡是有化妆品销售的药店都可称为药妆店。
2. 在台湾和香港，药妆店其实就是个人护理用品店，只不过在店内都有药品专柜；以台湾和香港的标准，凡有药品销售的个人护理用品店，都可称作药妆店。

药妆的概念源自欧美。在美国、英国、日本等国，人们对在药店里购买功能性护肤品和个人护理用品早已习以为常。药妆店的雏形出现于 20 世纪初的美国，是在医药分业制度实施之际从传统药店转型而来，由于消费者在买药时可以顺便购买日用杂货品和化妆品等非常方便，因此受到大众欢迎而迅速成长起来。美国每年的药妆类产品销售额达 10 亿多美元，有 3000 多万人在使用药妆类的脸部保养品。日本是在 1955 年以后，由 Higuchi、Kokumin 和 Segami 等率先开设连锁店并巩固下来，其中大多是从车站前的药店、药局发展而来的。另一个契机就是在 20 世纪 90 年代初，泡沫经济的破灭使日本一般消费者的消费行为变得更加务实，对价格更加敏感。加之面临药价标准下调和来自医疗机关的降价要求等严峻的经营环境，规模扩大和业务效率化成为当务之急。在如此不景气的经济环境下，连锁药店从提供价格相对便宜的医药用品入手，进而发展到以提供化妆用品、百货为主，逐渐为消费者所推崇。在日本，有 1.6 万家被称作药妆店的店铺，将药品、化妆品、日用品放在一起经营，数量超过了专业的药店，其中药品类销售所占比例不足 1/3。日本药妆店以经营护肤品为主，护肤品与药品比例为 6∶4。在台湾，大型药妆店的药品经营也仅占 20%～40%。药店经营的药妆品牌大致相同。法国薇姿、理肤泉、雅漾、依泉四个品牌占领了药妆市场的大半江山。在我国台湾地区，药妆连锁第一品牌是康是美。

中国药妆市场始于 1998 年，从欧莱雅化妆品公司将旗下品牌薇姿定位于"只在药房销售"的化妆品开始。中国药妆市场 2006～2008 年是高速发展时期，药店纷纷涉足药妆。我国药妆的市场需求正在以每年8%以上的速度增长。而国内零售药店的化妆品经营在化妆品整体市场消费总额中仅占2%，药店经营化妆品的空间还很大。最早涉足药妆的海王星辰、杭州武林、北京金象等连锁药店，未能在系统内大批量复制"药妆"模式，大部分药店都止于若干药妆专柜的尝试阶段。

案例 1-4 药妆连锁 "康是美"

在我国台湾地区，药妆连锁第一品牌是康是美，其在当地至2009年3月已开出300家店。在深圳的康是美药妆店内，经营商品包含药品、保健食品、彩妆保养品、日用品4大类，共近9000种商品，药妆产品主要来自法国、日本、德国，也有国内企业同仁堂等出产的中药护肤品。另外，一些美容口服液、减肥产品也占据着显著位置。其药品占40%、化妆品占35%、居家用品占25%。除了提供化妆品外，药妆店其实提供的是一种美容护理的生活方式，包括大量的美容信息、美容追踪等服务，印发专业杂志为消费者提供最新的时装、美容、护肤、健康资讯。药妆店的店员都是医药专业出身，不仅掌握药理知识，还接受过美容知识的专项培训。在硬件方面，康是美采用了第二代药妆业专用POS系统，除提供总部与店铺门市终端机各商品类别、单品、时段、客层等销售情报分析与天气预测外，更包含单店单品库存管理，以及顾客关系管理系统，可以实现会员资料库与销售情报交叉运用。

? 思考：药妆店经营有何特色？

药店经营者引入化妆品经营，尤其是有一定特殊功效的化妆品将最大限度地利用店面每一平方米，既降低了成本，也提高了经济效益。同时，多种产品经营，不但能让顾客享受到更多的方便，还有利于聚集人气，带动销售。另外，有药用功效的化妆品按药品的模式来销售，能给消费者带来安全感、专业感。

定位：药品、化妆品、美容食品店。

目标消费群：白领，金领，商务人士。

经营项目：高档药品、中高档化妆品、各种美容食品及汤料、美容保健器材与服务项目、运动器材。

面积及其选址：这种转型定位适合中小型平价药品超市，面积不超过1000米^2。选址一是大型高档居民社区，二是繁华商业闹市区，但不一定与医院毗邻。

4. 社区便利店

药店同便利店融合，引入方便食品、饮料和日常消费品，以及彩票、电话卡、公交卡、报刊等另类小商品，甚至引进打字、复印、干洗、冲印、订票、公用电话等各种服务，从多方面满足顾客的实际需求，增加药店的人气，大大提高药店的经营额，可称为健康便利店。

5. 标准药超

名称：健康小超市、健康坊、迷你健康中心、绿色健康超市。

定位：以最小的面积经营家庭最需要的药品、保健品，家庭最常用的生活卫生用品、快速消费品和门诊及活动中心。其目标消费群以社区居民为主。

功能：一站式购药、购物、看病和健康活动，以方便为主。

面积及选址：面积在400~800米^2，不宜太大，选址在人口密集的居民居住区域。

6. 商超店中店

药店开进了传统商超内，在商超渠道有限的空间内搭建"专卖店中店"，多开在百货店等大规模零售店内。

超市中"专卖店中店"的出现，既有其现实背景，又符合药店与超市共同发展的需要。由于药品是特殊商品，因此在药品的进、销、存方面都有其特殊要求。原来药品只在药店与医院零售，超市只能销售保健品。"专卖店中店"弥补了超市中药品销售的空白，为消费者提供了更多的便利。销售药品对经营人员、采购和储存等方面也都有相应要求，这些要求对于没有经营药品经验的超市来说，存在一定难度。因而从超市的角度来看，愿直接"请"进来一个"专卖店中店"来专门经营药品。而医药连锁企业开"专卖店中店"，部分费用可以与超市共同负担，从而能降低经营成本，而且超市的客流也会促进对药品的销售。更为重要的是，药店进入超市，就可以充分利用超市的网点，选址问题也就迎刃而解了。

目前，多数药店是通过交租金或是销售收入倒扣这两种形式在超市中发展。此外，还有连锁药业通过与超市进行资本合作，成为共同经营"专卖店中店"的战略同盟。如嘉事堂药业与北京市小白羊超市连锁总店的合作就属于这种情况。

案例 1-5　北京同仁堂的店中店

药企开办"专卖店中店"，北京同仁堂无疑是做得较早而且比较成功的一家。置身于北京、上海、广州等一线大城市的大型商超、连锁药店，随处都能看到同仁堂古色古香专柜的身影。近年来，北京同仁堂又开始把目光投向地市级的二线城市，在有些区域甚至已进入县市级基层市场，通过"专卖店中店"和专柜的形式展示同仁堂的品牌。据悉，目前同仁堂健康药业在全国拥有 700 多个"专卖店中店"（专柜）。据了解，同仁堂如此青睐"专卖店中店"，原因有二：一是大量布点完善终端网络，扩大市场份额；二是减少中间环节，降低流通费用。

思考：同仁堂为何如何青睐"专卖店中店"？

7. 专科专业药店

部分连锁药店和社会单体药店在药店经营定位上有所突破，以集中提供某一类疾病的相关药品或者商品及服务为主要经营模式，如"肿瘤药房"、"心血管病药房"等。专科专业药店经营特色品种，并针对部分特殊顾客群体提供全面服务。

值得注意的是，国内这一类药房并不属于真正意义上的专科专业药房。在美国，专科专业药房受到不少限制，要求药师具备更高的专业素质，能够就特殊疾病的各种各样问题与患者做全面的沟通，药师必须与药房附近医疗单位的医师建立良好的业务往来关系。

案例 1-6　深圳一致：专业的才是值得信赖的

以一站式全方位服务于糖尿病、高血压病患者而闻名的深圳一致药店，创造性地推出国内首家"糖尿病·高血压生活馆"，把与治疗糖尿病、高血压病有关的药品、食品、检测仪器摆放在同一个专柜上，但是一致药店做的并不单纯是药品的促销活动，而是利用周末的时间为顾客举办免费讲座，提供专业咨询，这种一站式服务取得了很好的效果，使药店的销售业绩以每月 150% 的速度递增。又推出"语言及听力检测中心"、"生命元素"（维生素与微量元素）、"清新伊人魅力坊"（女性医护用品）等针对不同疾病和保健人群的专业生活馆。（来源：虎网医药网）

思考：专科专业药店有何特色？

8. 网上药店

即获取《互联网药品信息服务资格证书》及《互联网药品交易服务资格证书》，在互联网可以向个人消费者提供药品销售的药店。国家食品药品监督管理总局重申，任何医疗单位不得以任何形式在网上售药。从事互联网药品信息服务和交易服务的网站，应在其显著位置标明《互联网药品信息服务资格证书》及《互联网药品交易服务资格证书》的信息，并且只能向个人消费者销售非处方药。

网上药店的优势：①提供了全面、详细的药品购物入口，轻松实现快捷购买；②通过不同药品分类进行导航，用最方便、最快捷的方式找到你需要的药品；③运营成本低。

2013~2014年度网上药店销售排行榜（10强）

排序	公司名称	网站名称	销售额/万元	获资格证时间
01	上海华源大药房连锁有限公司	健一网	38000	2011年4月29日
02	广州市七乐康药业连锁有限公司	七乐康网上药店	36338	2010年4月1日
03	上海百秀医药科技有限公司	可得网	33200	2012年11月16日
04	广州百济新特药业连锁有限公司	百济新特药房网	32000	2013年11月21日
05	广东康爱多连锁药店有限公司	康爱多药房网	31265	2011年5月18日
06	广东健客医药有限公司	健客网	31000	2009年6月25日
07	北京好药师大药房连锁有限公司	好药师网上药店	24000	2009年10月10日
08	北京京卫元华医药科技有限公司	药房网	20055	2005年12月29日
09	河北华佗药房医药连锁有限公司	华佗药房网	13000	2011年11月8日
10	长治市昂生大药房零售连锁有限公司	昂生大药房网	10700	2010年12月17日

注：此榜企业销售额仅为电商渠道纯营收，不含其他渠道。

案例1-7 康复之家收购网上药店 千城千店布局"天罗地网"

随着移动互联网的发展，医药电商逐渐成为竞争的焦点，根据天猫医药馆的数据，2013年天猫医药馆的网上药店销售品类中，OTC药品和隐形眼镜的销售额约占23%，而医疗器械占比41.65%，为最大品类。这让家庭康复医疗器械领域大佬康复之家也感到了压力，仅仅依靠销售硬件显然已经不能适应其当前发展的需要了。康复之家要适应时代的发展，必须走O2O的发展之路。走O2O道路，摆在康复之家面前的首要困难就是网上销售的牌照问题。为此，康复之家收购了拥有网上售药牌照的北京德开医药科技有限公司。O2O首先是线上的桥，得有接触顾客的点，桥要有流量，线下要有网点，否则下面的没有办法做。除此，今天还达成一个重要的共识就是服务，没有服务就没有2，就是两个O，所以线上强、服务强才是真正的O2O。康复之家做O2O有其独特的优势，那就是其强大的线下实体店（300多家线下实体店）的优势，多年来对员工的技能培训，已经初步具备了O2O模式的核心优势，即线下的服务。康复之家董事长柏煜表示还会不断扩展自己的"地网"。"线下的门店会继续扩展，我们把它叫千城千店计划。""就是未来我要在一千个城市，包括县城，地级市，省会城市，一级城市，去做线下的门店，这些门店要把它变成服务中心、体验中心和销售中心，这将是一个长期的战略。"（来源：中国药店微信 2014-10）

思考： 网上药店O2O（Online To Offline）模式有何特色？

（四）依据资本性质分类

从资本性质上看，出现了股市资本（海王）、风险资本（开心人）、民营资本（老百姓、成大方圆）、国有资本（国大、一致）齐头并进阶段。

（五）依据连锁公司的运作模式分类

从连锁公司的运作模式看，出现了投资管理型、战略控制型、业务控制型三种类型。

1. 投资管理型集团公司

投资公司只是通过股权控制子连锁公司的重大决策，追求资本回报，而不参与日常业务运作。

2. 战略控制型集团公司

投资公司不仅追求资本回报，而且要求在整个集团范围内统一优化配置战略资源，以提高公司的运营效率，对关键业务如财务有一定程度的控制。

3. 业务控制型集团公司

投资公司不仅严格控制子公司的财务，还要严格控制子公司的具体业务如采购、销售、库存等，直接参与连锁公司的经营。

这些不同的模式对企业组织架构和业务流程都有所不同，同时对信息系统的部署要求也不同。

五、学习连锁药店运营管理的意义

无论你是计划经营自己的药店，或是想在药店内得到晋升，或只想成为药店内部一名有价值的员工，你面临的现实是，不是管理别人就是被别人管理，你都必须对药店的经营、财务活动、管理活动等有很好的了解。作为一名业主，你必须全面了解药店经营运作的全过程，包括各种利益关系协调和相关政府法规遵守等。作为一名有能力的员工，你需要这些知识，更重要的是，如果你希望成为药店一名主管或行政领导的话，就必须熟知在一个运营良好的医药企业如何协调开展所有部门的活动。即便是非营利组织，如政府或慈善机构，其运营方式也与其类同。作为一名雇员，经营与管理知识会帮助你在任何组织里都能有所贡献。

项目小结

- 连锁药店运营管理是指医药连锁企业管理者按照客观规律的要求，运用科学的方法和程序，利用医药企业资源，对连锁医药企业药品经营活动所进行的计划、组织、指挥、监督和协调等各种管理工作，以实现医药企业经营管理目标的过程。
- 医药经营与管理企业有医药生产企业、医药批发企业和医药零售企业。
- 连锁药店是采用连锁经营模式的药店，即指经营同类医药商品的若干个分散店铺，在统一总部或核心企业管理下，按照统一的经营理念，进行共同的经营活动以达到规模优势、共享规模效益的经营形式或组织形式。
- 从连锁控制模式看，出现了直营连锁、加盟连锁、自由连锁、托管连锁、联盟等形式。

主要概念和观念

◇主要概念

连锁药店 经营 运营管理 模式

◇主要观念

科学管理   组织管理   人本管理

项目课时安排

① 实训时间：1学时。
② 讲授时间：1学时。

 项目考核与评分标准

① 考评者：授课教师。
② 考核内容及评分标准。
以小组为单位进行评分，满分为100分。具体为：
a. 连锁药店类型分析是否正确（30分）；
b. 连锁药店经营定位分析是否正确（40分）；
c. 连锁药店经营管理初步分析是否正确（15分）；
d. 是否能提出合理化建议（15分）。

 项目综合思考

◇ 简答题
1. 简述连锁药店的概念及其特点。
2. 如何理解医药企业的社会效益和社会责任？
3. 连锁药店在不同发展阶段各有什么特点？
4. 简述连锁药店运营管理的含义及特点。
5. 简述连锁药店运营管理的模式。
6. 试论我国连锁药店运营管理的发展趋势。
◇ 分析题
1. 你希望在你的学校附近创办一个能获利的小企业。你为自己制订了以下原则：这家企业不是特许经营企业，仅有几个人工作的公司，必须合法，需要的投资额不超过20000元。你自己或通过小组进行创意。考虑完你的创意后，找出两个最有可能获得成功的主意，把你的主意告诉全班同学。
2. 找出有关中国某家连锁零售企业与外国公司竞争情况最新报道，对文章进行研读，写出一篇在医药竞争中可能出现的问题的报道。
3. 在中国，医药行业与其他行业相比，增长速度如何？请查资料作出分析。
4. 创办一个医药小企业，是相对容易？还是困难？
◇ 案例分析题

最佳门店运营：山西万民

2008年中国连锁药店的"头"名状中，山西万民获得最佳门店运营奖。27家门店，年销售额48532万元，单店平均销售额达1797万元、日销产出49246元。万民门店经营如此"上乘"，除得益于企业在门店的面积、选址、商品配置等方面的周密考察外，更体现了万民以顾客人性化为根本准则的运营系统。具体体现在以下几个方面。

其一，降低运营成本，一方面缩小货架的有效容积，将原宽度为40～45厘米的货架变成35厘米；另一方面提高货架的有效利用率，在原来三四层货架的基础上又加了1～2层，有效利用了资源。

其二，店面布局充分考虑顾客的视觉感受：药品陈列整齐、布局舒心。收银台和最近的货架之间的距离在4米以上，以保证有足够的空间让等候的顾客排队，店内通道直而长，并利用商品的陈列，使顾客不易产生疲劳厌烦感，延长了在店内的逗留时间；考虑到药房的顾客主要是中老年人，万民除在每组货架配备放大镜外，还将维生素等小瓶药品的化学名放大同步做于陈列中，使消费者马上就能看清楚药品的外貌。

其三，除提供代客煎药、送药上门、缺药登记、爱心伞、休息椅等一系列优质服务外，万民独有的客服系统还能很好地对顾客进行社区定位分析，定期与重要社区开展免费测血糖、量血压、购物抵用券兑换家庭过期药品等社区公益活动，定期推出顾客健康教育等。

思考：山西万民药店的骄人成绩是如何取得的？对你有何启示？

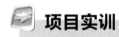

项目实训

实训主题：管理思维分析训练

1. 实训目的

增强对医药连锁企业管理的感性认识，培养对组织管理思想的分析能力。

2. 实训内容

从报纸、杂志或网络中收集我国某一连锁药店经营管理案例，并对其店铺进行实际考察，运用所学管理知识对其经营管理进行分析。

3. 实训要求

以小组为单位进行调研，写出调研提纲。

4. 考核标准与方法

写出简要的书面分析报告，分析应具有一定管理意识与思维。

5. 实训指导

管理思想、管理内容等。

项目二 连锁药店企业文化构建

 技能目标

独立构建连锁药店的企业文化方案

 知识目标

1. 了解企业文化的定义、理论
2. 熟悉企业文化的层次
3. 掌握企业文化建设的途径与方法

 项目内容

1. 连锁药店的企业文化认知
2. 连锁药店的企业文化构建

 项目组织与实施环境

（一）项目组织

① 将全班分为若干组，指导老师确定所需实施项目内容。
② 小组成员可自行选择医药连锁企业，参观访问，查找资料，进行连锁医药企业文化分析，并构建自建模拟公司企业文化。

（二）实施环境

① 教室。
② 连锁药店。

 项目实施

 **为什么办企业？**

为什么有的企业长期繁荣，日益壮大？

> 为什么多数中小企业昙花一现，寿命很短？
> 我的企业靠什么发展？
> 我赚钱干什么？还能干什么？
> 我富有了，是否得到了社会的尊重？假如还没有，问题在哪里？
>
> **思考：**
> 企业家为什么要思考以上问题？对企业成长有何影响？

连锁药店企业文化只是企业文化中的一个类型。如何建设连锁药店的企业文化，首先要了解什么是企业文化，各国的企业文化形成与理论，如何建设企业文化以及如何创新。具体地结合连锁药店的情况，形成医药连锁企业文化建设的可行性方案。

任务一　连锁药店企业文化认知

一、企业文化的概念

文化，源于古拉丁文，本意是指耕作、教习、开化等意思。在中国古籍中最早把"文"和"化"两字联系起来的是《易经》"观乎天文，以察时变；观乎人为，以化成天下"。意思是指圣人在考察人类社会的文明时，用儒家的诗书礼乐来教化天下，以构造修身齐家治国平天下的理论体系和制度，使得社会变得文明而有秩序。英国文化人类学家爱德华·泰勒将文化系统表述为："文化是一个复杂的总体，包括知识、信仰、艺术、道德、法律、风俗，以及人类在社会里所获得的一切能力与习惯。"

对于任何一种组织来说，由于每个组织都有自己特殊的环境条件和历史传统，从而也就形成自己独特的哲学信仰、意识形态、价值取向和行为方式，于是每种组织也都具有自己特定的组织文化。每个企业都有自己的文化，即企业文化。

根据中外学者的研究和企业实践，我们认为：企业文化是在一定的社会历史条件下，企业及其员工在生产经营和变革的实践中逐步形成的共同思想、作风、价值观念和行为准则，是一种具有企业个性特征的信念和行为方式，是一种企业管理哲学观念。它包括价值观、行为规范、道德伦理、习俗习惯、规章制度、精神风貌等多个方面，其中，价值观是核心部分。

企业文化的定义包括广义和狭义两种。从狭义上理解，企业文化主要是企业在生产经营实践中形成的一种基本精神和凝聚力，以及企业全体员工共同的价值观和行为准则。企业文化通常指的是以价值观为核心的企业的内在素质及其外在表现，即狭义的企业文化。从广义上理解，企业文化除了上述含义之外，还包括企业员工的文化素质，企业中的有关文化建设的措施、组织、制度以及企业职工共同珍惜和奉献的企业物质财富包括厂房、设备、资金、技术、产品等。也就是说，企业文化是指企业在社会实践中创造的物质财富和精神财富的总和。

企业文化的内涵主要体现在以下几个方面。

1. 企业精神

企业精神是企业的灵魂，一般是指经过精心培养而逐步形成的、为企业员工所认同的思想境界、价值取向、主导意识。它反映了企业员工对企业的特征、地位、形象、风气的理解和认同,也蕴涵着对企业的发展、命运、未来所抱有的理想与希望,折射出企业素质、精神风格,成为凝聚企业员工无形的共同信念和精神力量。

企业精神一般是以高度概括的语言精练而成的。例如,强生公司的"存在的目的是解除病痛"的企业精神;默克公司的"改善人类生活"的企业精神;海尔集团的"无私奉献、追求卓越"、"创世界名牌"的企业精神;松下公司的"工业报国、光明正大、团结一致、奋发向上、礼节谦让、适应形势、感恩报国"的"七精神";沃尔迪斯尼"给千万人带来快乐"以及美国国际商业机器公司的"IBM就是服务"等。

2. 企业价值观

企业价值观是指企业评判事物和指导行为的基本信念、总体观念和选择方针。其基本特征包括:①评判性,它是对现实事物和社会生活做出好坏优劣的衡量评价,或者肯定与否定的取舍选择;②调节性,企业价值观以鲜明的感召力和强烈的凝聚力,有效地协调、组合、规范、影响、调整企业的各种生产经营活动;③驱动性,企业价值观能够持久地促进企业去追求某种价值目标,这种由强烈的欲望所形成的内在驱动力往往构成推动企业行为的动力机制和激励机制。

企业价值观具有不同的层次和类型,优秀的企业总会追求崇高的目标、高尚的社会责任和卓越创新的信念。例如,美国百事可乐公司认为"顺利是最重要的",日本三菱公司主张"顾客第一",日本TDK生产厂则坚持"为世界文化产业作贡献";默克公司的"诚实与正直"、"公司的社会责任"、"在科学的基础上创新,而不是模仿"、"公司各项工作的绝对优势"、"利润,但应来自有益于人类的工作"等。

3. 企业形象

企业形象是社会公众和企业员工对企业、企业行为与企业各种活动成果的总体印象和总体评价,反映的是社会公众对企业的承认程度,体现了企业的声誉和知名度。

企业形象包括员工素质、企业风格、人文环境、发展战略、文化氛围、服务设施、工作场合、组织外貌等内容。其中对企业形象影响较大的有五个方面的因素。

① 服务形象　社会公众主要是通过产品和服务来了解企业的。因此,能够提供品质优良的产品和服务的企业,总是能够赢得良好的社会形象。

② 环境形象　整洁舒适优美的工作环境、生活环境不仅能够保证企业工作效率的有效提高,而且也有利于强化企业的知名度和信赖度。

③ 成员形象　企业员工整洁美观的仪表、优雅良好的气质、热情服务的态度、统一鲜明的衣装,既反映了个人的良好素质,又反映了企业的高雅素质,有利于企业提高在社会公众中的良好形象。

④ 领导者形象　一个富有领导能力、公正可靠、气度恢弘、勇于创新、正直成熟、忠诚勤奋的企业领导者不仅以无形的示范魅力潜移默化地影响企业的员工,而且也会在社会公众中争取对企业的信赖和支持,有利于不断扩大和巩固企业的知名度。

⑤ 社会形象　企业要树立良好的社会形象,一方面有赖于与社会广泛的交往和沟通,宣传企业;另一方面有赖于在力所能及的范围内积极参加社会公益事业,从而使企业在社会公众中获得认同感,增加完美性。

二、企业文化的作用

先进的企业文化对于企业的进步和发展,对于企业增强竞争力有着巨大的推动作用;反之,落后的企业文化对于企业的生存和发展产生巨大的制约和阻碍影响。巨人集团曾经是中国民营企业的旗帜和明星,但是在建造巨人大厦的时候,头脑发热,不够理智,十多亿资产也难以偿还巨额债务,最后不得不破产。强大的王安电脑在同蓝色巨人IBM公司多年的较量中,正要抢得上风时,固执的王安却将各种机会拱手让给了对手,王安电脑因此走上了不归路。这些案例充分说明了企业文化对企业生存和发展的巨大作用。

1. 企业文化是决定企业兴衰的关键因素

企业文化中的文化不是指企业拥有多少工程师、经济师等专家,也不是指拥有多少硕士生、博士生等人才,而是指拥有什么样的发展理念,对员工的影响程度,企业发展过程的变革及超越自我的能力。实践证明,文化的丢失是企业生存权的丧失,文化的缺憾必然带来企业的畸形。因为,文化是企业的制导系统,不仅具有鼓动、鼓舞、组织、指导、推动等作用,而且具有决定一切的作用。

2. 企业文化是企业生产经营的第一要素

企业文化虽然不像企业营销那样有立竿见影之效,但是,它为企业生产经营奠定厚实基础。在管理领域,管理相对于技术是无形的,但是,又是最重要的、最根本的。企业文化更是如此,它对企业的生存和发展的影响更基础、更根本、更持久。

3. 企业文化是企业发展的内在动力

企业发展需要两个纽带:一个是物质、利益和产权的纽带;另一个是文化、精神和道德的纽带。如果企业只有前一个纽带而没有后一个纽带,那么,企业的发展将不会是健康、持续和快速的。优秀的企业文化,能够创造出一个良好的企业环境,提高员工的道德素质、科技素质和文化素质;对于企业来讲,对内形成企业凝聚力,对外增强企业的竞争力,综合形成企业的生存力和发展力。

未来企业竞争将主要是人的竞争,而人的竞争从某种角度上讲,也就是文化的竞争。所谓"文化是明天的经济"就预示着一个文化竞争时代的到来。所以,企业要想成为世界一流的企业,必须依靠文化的强大作用。

优秀的企业为何优秀?

人才、技术与管理方面的绝对优势
在创新的基础上营利
先进的理念
企业的社会责任
企业是经营者毕生的事业
先进而深厚的企业文化

三、企业文化的分类

企业文化根据不同的角度有不同的分类。

(1) 从包含内容的角度看,可以将企业文化分为三个部分,即核心层、中间层与外圈层。①所谓核心层是呈现观念形态的价值观、信念及行为准则,通常称之为企业精神,它体现在企业经营哲学、宗旨、方针、目标、计划和体制等方面。②所谓中间层是呈现行为形态的员工工作方式、社交方式、应付事变的方式等,通常称之为企业作风。③所谓外圈层是呈现物质形态的产品设计、质量、厂容、厂貌、员工服饰等,通常称之为企业形象。

(2) 从结构的层面看,企业文化可分为物质文化、行为文化、精神文化、制度文化四个层面。①所谓物质文化是指企业文化的最外层,包括企业产品、企业环境、企业建筑、企业广告、产品包装、产品设计等,是企业精神文化的物质体现和外在表现。②所谓行为文化,它是企业文化的第二层，是指企业员工在生产经营活动中形成的活动文化。它包括企业经营、教育宣传、人际关系活动、文娱体育活动中产生的文化现象，是企业经营作风、精神面貌、人际关系的体现，也是企业价值观和精神的动态反映。③所谓精神文化，它是企业文化的第三层，也是核心层，是指企业在生产经营过程中，受到一定的社会文化背景、意识形态影响而形成的一种精神成果和文化观念。它是企业精神、企业经营哲学、企业道德、企业价值观、企业风貌等意识形态的总和。它是企业物质文化、行为文化的升华，属于企业的上层建筑。④所谓制度文化，它是人与物、人与企业运营机制的结合，是企业物质文化与精神文化的中介，具有固定与传递的功能。它包括企业领导体制、企业组织机构和企业管理制度。

（3）从形成发展的角度看，企业文化既是一种有意识的企业管理活动，又是一种企业管理理论体系。作为一种有意识的企业管理活动，企业文化最先起源于"二战"之后的日本；作为一种企业管理理论体系，企业文化创建于20世纪80年代初期的美国。从20世纪80年代起，随着企业重组等概念的提出，管理进入了新的阶段，就是文化管理阶段。

> **小链接** 　　　　**大参林的企业文化**
>
> 企业使命：满腔热情为人类健康服务。
> 企业精神：树正气，讲道义。
> 经营策略：以尽可能低的价格提供绝对合格之商品，并尽最大限度满足顾客需求。
> 服务理念：我们是演员，顾客是评委。
> 企业目标：无限追求，出类拔萃。
> ★大参林核心思想浓缩版
> 大参林，大参林，优质平价大参林。
> 大参林，大参林，满腔热情大参林。
> 大参林，大参林，正气道义大参林。
> 大参林，大参林，无限追求大参林。
> 大参林，大参林，出类拔萃大参林。

四、企业文化的功能

企业文化功能，是指企业文化具有的内在客观职能。它是企业文化能够产生作用的内在基础。企业文化是企业的无形资产，具有潜在的生产力，是企业发展的力量源泉。

企业文化的功能一般包括以下几种。

1. 导向功能

企业文化的导向功能是指企业文化对于企业员工和企业生产经营活动发挥了引导作用，长期引导员工为实现企业的目标而努力奋斗。一方面，企业文化反映了广大员工的共同的价值观和利益追求，对每一个员工具有强大的感召力，把每一个员工的思想、行为引向企业的生产经营目标上，使人们自觉地为实现企业的目标而努力工作；另一方面，企业本身的发展方向也需要企业文化的引导。员工的行为影响企业的行为，企业的行为又影响员工的行为。优秀的企业文化能够直接引导员工的心理、行为朝着企业的目标而努力。优秀的企业文化会使企业整体的价值取向和行为与国家和社会的要求相协调，企业在实现自身价值的同时，也担负起企业应该承担的责任。例如，中国海尔集团的优秀企业文化，对于海尔的成长和成功产生了无可计量的引导作用，使得海尔从一个名不见经传的、濒临破产的小企业，一跃成为中国的龙头企业、民族工业的骄傲和旗帜。又例如，美国电报电话公司提出"一流服务"的口号，推动了整个公司为此目标而努力奋斗。"一流服务"起着指引方向的导向作用。

2. 凝聚功能

企业文化的凝聚功能，是通过企业文化建设而使企业对员工所产生的向心力和凝聚力。企业文化反映了员工的意志，体现了员工的利益，能够把员工团结在一起。当企业文化一经被员工所认可和所接受之后，企业文化就成为一种黏合剂，共同的价值观与意志的信念目标能够促进员工达成共识，形成一个协调融洽、默契配合的高效率的生产经营团队，把全体员工凝聚在企业目标的旗帜之下。因此，企业文化有利于形成企业员工的群体意识，改善人际关系；有利于调动员工的积极性，产生巨大的生产力和竞争力；有利于企业目标更好地实现。例如，松下电器公司每天对员工进行"七精神"教育，每天有几万名员工背诵价值规范，好像大家融为一体了。

3. 激励功能

激励就是通过物质的或精神的刺激，调动员工的工作积极性。企业文化不是一种外在激励，而是一种内在激励，是一种精神刺激，比起物质刺激，具有更强的、更持久的作用。企业文化以人为本，把尊重人作为其中心内容，从对人的管理作为整个管理的中心。企业文化的激励功能正是通过正确的价值观、企业精神、企业目标、企业伦理等在员工心目中树立起强烈的责任感和自豪感，树立起正确的思想观念和行为准则，正确理解自身工作的价值，从而激发员工发挥自己最大的潜力、最高的工作热情，把潜在的生产力变为现实的生产力。

4. 约束功能

企业文化不是硬约束而是软约束，是一只无形之手。企业文化虽然不是强制性的行为准则，但是对每一个员工起着制约和规范的作用。其制约和规范的机制是：通过一种观念的力量、氛围的影响、团队的准则、道德的规范，培养员工的荣誉感、自豪感、归属感、优胜感、责任感等情感因素，约束、规范、控制员工的思想和行为，使员工的思想和行为能够与企业文化统一起来、一致起来。对于符合企业文化的言行，予以肯定、赞扬、鼓励、保护；对于违背企业文化的言行，予以否定、批评、教育、改正。这样，能够造成强大的从众化的心理压力和动力，产生心理共鸣，能够自我调整、自我控制言行，以符合企业文化的要求。

5. 辐射功能

企业文化一旦形成之后，不仅能够对企业本身产生强烈的感染力，对员工产生强大的凝聚力，而且能够传播、影响到企业外部，能够对企业外部产生强烈的吸引力和感召力，能够对其他企业文化、社区文化、民族文化等社会文化产生重大影响，从而在企业外部树立良好的信誉和声誉。因此，企业文化的这种"自我表现"的功能，不仅提高和优化了企业形象，而且净化和改进了社会文化。

6. 渗透功能

企业文化作为一种民族意识的表现形式，对于管理模式的形成及其作用发挥具有较强的渗透力。例如，在企业战略管理中，企业战略目标的确定要受到企业价值观、企业精神、企业理念、企业使命的渗透影响；在企业员工心目中，企业员工的言行要受到企业价值观、企业精神、企业目标、企业伦理的渗透影响。

在企业文化功能体系中，各个功能相互独立、相互联系、相互影响、相互作用。其中，企业文化的导向功能是最为根本的。因为这种功能能够激励员工始终如一地为企业的共同利益、共向目标的实现而努力。企业文化的六种功能综合发挥作用，成为企业发展的动力源泉。

五、企业文化的形成

1. 企业文化形成的标志

企业文化从 20 世纪 80 年代以后，随着企业重组等新概念的提出，管理开始进入了新的阶段，也就是文化管理的阶段。1980~1981 年，美国管理界连续出版了几部专门研究企业文化的论著：《Z 理论——美国企业界怎样迎接日本的挑战》、《日本企业管理艺术》、《寻求优势——美国最成功公司的经验》、《企业文化——企业生存的习俗和礼仪》。这四部著作以其崭新的思想、独到的见解、精辟的论述、丰富的例证，令人信服地提出了企业文化的理论体系，成为当时全美最为畅销的书籍，标志着企业文化理论的诞生，开启了企业管理理论的全新阶段。

2. 企业文化形成的因素

企业文化的形成有其诸多因素，主要有以下三个因素。

（1）自己的民族文化因素　企业文化扎根于一定的社会之中，离不开自己的民族文化土壤。因此，它必然反映民族文化的特点，从民族文化之中吸取精华，剔除糟粕。

（2）外来的民族文化因素　当前，世界经济全球化、市场一体化成为时代潮流。外来民族文化因素必然对企业文化产生一定影响。企业应当在本民族文化的基础上，融合其他各国先进文化和优秀企业文化，建立现代企业文化，以增强本企业的市场竞争能力。

（3）企业环境因素　企业环境，是企业生存和发展的基础和条件，包括外部环境与内部环境。所谓外部环境是企业生存的土壤，既为企业活动提供条件，同时又对企业的活动起到制约作用。它包括政治法律环境、经济环境、社会文化环境、科学技术环境，简称 PEST；另外，还有自然环境、资源环境等。所谓内部环境是企业内部的物质环境和文化环境。内部的物质环境是指企业内部的资源拥有情况和利用情况，企业生产力状况是企业物质文化的基础，是影响企业文化形成的重要内容。内部文化环境是企业及其员工的素质、行为方式及其这种方式所反映的为企业员工共同接受的信仰、价值观念与行为准则。员工的素质包括企业家的素质与职工的素质，是影响企业文化形成的重要内因。形成和发展成功的企业文化，必然要求企业员工具有较高的知识水平和素养。

3. 企业文化形成的机制

企业文化形成是一个过程，包括以下五个方面。

（1）企业历史　在一些企业中，强有力的创办人建立起来的价值观会持续地被正强化，进而形成一种稳定的不易改变的行为规范，并进一步升华为企业员工共同认可的文化范畴。

（2）企业环境　由于企业及其所处的环境相互影响，企业环境对企业文化的形成起着重要作用。例如，在计划经济条件下，国有企业的企业文化通常是保守的、陈旧的、不思进取的；在市场经济条件下，企业为了生存和发展，其文化就必须相应地改变，企业应当及时完成这一转变，以保证企业的生存和继续发展。

（3）企业用人　企业在聘用、续聘、晋升员工中所持的标准，往往倾向于选择与企业现存价值观相适应的员工。这种选择标准是企业文化得以形成和强化的有力保证。

（4）企业培训　企业在对新来的员工进行培训时，都要对其进行企业文化的灌输。企业文化所涉及的价值观、规范、信念等很少是成文的，新来的员工并不熟悉。培训既减少了新来的员工可能遇到的麻烦，又为他们指明了企业所期望的行为方向。

（5）企业奖惩　奖惩制度是引导企业员工行为趋向一致的重要管理手段。它一方面是企业文化的体现；另一方面又对企业文化的形成起到了一定的正强化和促进作用。

六、企业文化理论

企业文化理论不同于传统的管理理论和行为科学理论，它是当代资本主义管理理论的新发展，是市场经济条件下先进管理思想的新综合。20世纪80年代初，企业文化理论在管理理论的"丛林"中脱颖而出，很快引起理论界和企业界的关注，此后迅速发展，成为全球的管理潮流。

企业文化理论的产生，是美、日两国比较管理学的研究成果。第二次世界大战之后，美国企业取得较大发展，得益于其先进的管理理论和科学技术。但是，20世纪70年代初期，由于石油危机，美国企业发展的优势受到了严重削弱，生产率下降，竞争力减弱。然而，与此形成鲜明对照的是，日本企业却快速赶超上来，其高质量、低成本的产品具有强大的竞争优势，对美国企业构成了强有力的挑战。日本企业的成功吸引了许多美国的企业家和学者去研究其原因。经过调查研究，他们发现美国与日本两国的管理模式存在着差异，而差异背后的则是两国的宏观社会文化、微观企业文化的差异。20世纪80年代初，美国管理学界推出了如下四本名著：《Z理论——美国企业界怎样迎接日本的挑战》、《日本企业管理艺术》、《寻求优势——美国最成功公司的经验》、《企业文化——企业生存的习俗和礼仪》。

这四本名著在全球产生了广泛的影响，标志着企业文化理论的诞生。

1. 《Z理论——美国企业界怎样迎接日本的挑战》

该著作者威廉·大内认为：美国企业应该向兼备美国、日本两种管理模式之长的"Z型组织"转变，而Z型组织则应该培养"Z型文化"。也就是务必在企业内部开展改革，培育以价值观为核心的企业文化。这种Z型文化有一套独特的价值观，例如，长期雇佣、信任、亲密、微妙的人际关系等。

2. 《日本企业管理艺术》

该著作者理查德·帕斯卡尔和安东尼·阿索斯从战略、结构、制度、人员、技能、作风、最高目标、企业文化背景等方面将日本与美国企业进行了比较。他们认为在战略、结构、制度这三个"硬件"方面，日美之间没有重大差别，差别在于日本企业更重视人员、技能、作风、最高目标、企业文化背景等"软件"方面。该书指出，"企业管理的现实并不是独立的，它是由社会和文化决定的"，"美国人的'敌人'不是日本人或德国人，而是美国企业管理'文化'的局限性"。要突破这种局限，就必须善于融合其他国家的企业文化，采用过去不熟悉、不习惯的管理方式，提高企业管理效率。

3. 《寻求优势——美国最成功公司的经验》

作者彼得斯和沃特曼对美国的一些成功公司进行了研究，发现其具有优秀的文化传统，他们有八个共同特征：①乐于采取行动，保持工作不断进展；②接近顾客；③自主和企业家精神；④人是企业增长的动力，通过发挥人的积极性来提高劳动生产率；⑤领导身体力行，以价值准则为动力；⑥发挥优势，扬长避短；⑦组织结构简单，公司总部精干；⑧宽严相济，张弛结合。

作者指出，这些公司成功的诀窍并不在于这些原则本身，而在于他们都是以公司文化为动力、方向和控制手段，抱着强烈的信念彻底实施这些原则，因而取得了惊人的成功。这正是企业文化的力量魅力。

4. 《企业文化——企业生存的习俗和礼仪》

该书的出版标志着企业文化理论的正式诞生。作者迪尔和肯尼迪指出，杰出而成功的公司大多有强有力的文化，并分析了构成企业文化的五个要素：①企业环境，是形成企业文化的最重要的因素；②价值观，是构成企业文化的核心；③英雄人物，是企业价值观的人格化和广大员工仿效的榜样；④典礼及仪式，是企业有系统、有计划的日常例行事务所构成的文化；⑤文化网络，是企业中非正式的、最基本的沟通方式。该书还阐明了企业文化的四种类型：硬汉型文化、努力型文化、风险型文化、过程型文化。

任务二　连锁药店企业文化构建

一、企业文化建设概述

对于现代企业而言，企业文化是关系企业生存、发展的战略工程，企业文化建设是一项需要长时间、大投入的系统工程。

1. 企业文化建设的意义

在市场经济条件下，建设有中国特色的企业文化，不仅是顺应世界管理科学发展的趋势，而且也是我国建设现代化企业的迫切要求。

（1）企业文化建设是促进我国企业自主经营、增强企业活力的需要。由于现代企业的环境越来越趋向动态化、复杂化、国际化、知识化，要求企业不仅提供高质量的产品，而且要求企业员工的指导思想、经营哲学、价值观念、责任心和主人翁的精神集中到企业的生存和发展的主题上。企业要通过企业文化来统一全体员工的信念和意志，激励员工的热情和干劲，约束员工的言论和行为，维护企业的声誉和形象，不断增强企业活力。

（2）企业文化建设是树立良好的企业形象、提高企业知名度的需要。企业形象是社会大众和全体员工对企业的总体评价。优秀企业的文化，向社会展示了该企业良好的管理风格、经营状态和精神风貌，无形之中向外界提供可以信赖的信息。信息反馈就是社会对企业的承认与肯定。这使企业向社会塑造了良好的整体形象，树立了信誉，扩大了企业的社会影响。

（3）企业文化建设是从根本上提高员工素质，塑造主体的人，使之实现自我控制的需要。如果战略决策好比一个人的"心智"，那么，企业文化就是一个人的"身体"。只有"身心合一"，才是一个健康、完整的人，才能创造卓越的业绩。优秀企业文化能够造就高素质的企业员工，使之真正成为企业主人。

2. 企业文化建设的目标

总体目标是：建设在市场经济中能够实现持续发展的、竞争力和创新力极强的企业。其具体包括：

（1）企业获取较好的经济效益，并为国家和社会作出贡献；
（2）提高企业的知名度和美誉度，树立良好的企业形象；
（3）创造一个和谐、向上、团结、互谅、互助、竞争、包容的内部环境；
（4）逐步满足企业员工的物质文化生活需求；
（5）全面提高员工素质，挖掘员工潜能，提升个人价值。

3. 企业文化建设的原则

在企业文化建设过程中，必须遵循其客观规律，坚持以下原则。

（1）企业全员重视的原则　企业必须首先确立建设企业文化工作的优先地位，企业的方方面面、上上下下都要重视企业文化，把它作为关系到企业生存和发展的大事来抓，以发挥企业文化的导向功能，引导生产经营活动实现快速发展。

（2）坚持市场导向的原则　以市场为导向、坚持市场导向是企业文化建设目标确立的前提，离开了市场导向，任何目标都毫无意义。

（3）全面和谐发展的原则　以发展为主题。每个企业都有明确、远大的目标，使员工的工作与企业目标紧密联系在一起。企业要具备卓越的精神，永不满足，以创造促发展，以发展求卓越。企业文化要把企业发展的总体方向和发展目标体现出来，融合到企业文化建设中去，强调企业的长远发展、可持续发展和出类拔萃。

（4）突出个性的原则　企业文化建设必须避免雷同，"千企一面"是企业文化建设的大忌。这就必须在企业价值观、企业精神、经营哲学等方面挖掘特色,体现个性,张扬自我,树立独特的企业文化形象。

(5) 亲密合作的原则　要在组织与个人之间、管理者与职工之间、上级与下级之间建立起亲密的朋友式的关系,员工之间彼此信任,真诚相待,建立员工的企业归属感,满足员工的情感需要,形成一个融洽的整体环境。

(6) 企业领导先行的原则　优秀的企业文化,是企业家德才水平、创新精神、事业心和责任感的集中展示。因为优秀的企业文化都是企业领导在长期的生产经营实践中自觉塑造、培育形成的。因此,企业文化建设必须注意发挥企业领导作用,把企业领导的个性与魅力融入企业文化建设之中。

(7) 全员参与的原则　企业员工要参与管理,参与企业文化的建设。在具体实施过程中,既需要领导者积极倡导、身体力行,也需要企业员工的普遍认同和贯彻执行,并且取得积极效应。这既有利于企业文化的形成,也有利于企业文化的落实。

(8) 共同价值的原则　价值观是企业文化的核心,每一个企业都应该具有一个共同的价值观,企业员工都应该在共同的行动中信守共同的价值观。

二、企业文化建设的步骤

(一) 依据企业经营战略规划确定企业文化的建设内容

企业文化建设是一项系统工程,内容包括四个方面。

1. 物质文化建设

企业首先要重视产品和服务质量的改进与提高,这是表层文化建设的核心;其次要加强企业的基础设施建设,美化厂容、厂貌;最后要注重产品和服务的商标和包装设计,注重宣传、优化企业形象。

所谓企业形象,又称为企业识别,是指社会公众对企业整体的、抽象的、概括的认识和评价。它在树立企业良好形象、创建企业优质品牌、增强企业竞争能力、提高企业管理水平、实现企业经营目标等方面发挥着极其重要的作用。企业形象一般是由有形要素、无形要素、员工要素三大类构成。其中,对企业形象影响较大的有:①产品形象,它是企业形象的代表,也是企业形象的基础,社会公众通过产品了解企业,企业通过产品,服务塑造自己的形象;②环境形象,它是企业向社会公众展示自己的重要窗口,反映了企业的经济实力、管理水平、精神风貌;③服务形象,它是通过服务态度、服务方式、服务质量来树立企业信誉这块金字招牌的;④员工形象,不仅指员工的装束仪表、言谈举止、服务态度,而且指其价值观念、经营理念、道德规范、传统习俗等。其中,企业家形象是企业形象的核心和关键。上述各个要素的有机结合,从不同的侧面共同构成了企业的整体形象。

　　　　　　　顾客对好企业的理解

尊重顾客

方便顾客

提供产品信息

高水平的优质服务

节约成本

优雅的环境

美丽的笑容

2. 行为文化建设

企业在进行行为文化建设时,第一,要注意人力资本的培育和积累,增加投资,加强培训;第二,要注意经营管理的科学性、效益性;第三,要增强员工作风和精神风貌的活力;第四,要建立良好的人际关系环境,为员工提供更多的参与管理、参与企业文化建设的机会;第五,要搞好员工的文化娱乐体育活动,提高员工的综合素质。

3. 精神文化建设

企业要研究和挖掘各民族文化,吸取优秀文化,处理好传统文化与现代文化、民族文化与外来文化的关系,建立具有本企业特色的企业文化。

4. 制度文化建设

企业管理制度必须具有先进性、科学性、合理性、适用性,要实现规范化、系统化、民主化,并建立适合企业实际的现代企业制度。这种制度的特点是"产权明晰、权责明确、政企分开、管理科学"。

(二)确定企业文化建设的途径

企业文化建设可以通过各种途径展开。它一般有下列四条。

1. 加强领导

企业文化建设属于一项长期性的、战略性的、重大的任务。因此,企业领导必须予以高度重视,将企业文化列入企业工作的重要议事日程。实践证明,优秀的企业文化都是在企业领导的高度重视、积极倡导、大力推进之下建立起来的。企业领导身体力行、率先垂范,同时,善于引导、交流、协商,与企业员工一道投入这项重大而具有深远意义的系统工程中。

2. 吸取经验

企业文化建设必须从企业实际出发,解决企业自身的生存、竞争、发展问题。因此,不能照搬照套其他企业的文化模式。企业文化建设必须对其他企业的文化进行去粗取精、去伪存真、为己所用。借鉴其他企业的文化建设和发展过程中的原则、方法、经验、内容、方式、形式等有益之处。当今世界经济全球化、市场一体化的历史趋势不可改变。企业文化建设在新的时代,应该是开放型、融合型。因此,必须兼收并蓄,充分吸取国内外先进的企业文化经验和精华,继承和光大优秀的传统文化,逐步塑造企业文化。这是我国企业文化建设的一条重要途径。

3. 舆论导向

企业文化建设需要通过各种宣传手段和工具,以多种表现形式,制造舆论,营造氛围,引导企业员工自觉参与。企业文化的基本内容可以用标语、口号简明扼要地表示出来,通过各种媒体宣传报道,以取得社会的支持和认可。

4. 改革创新

企业必须适应市场经济发展的要求,建立现代企业制度。现代企业制度与企业文化互相联系、互相促进、互相依赖。现代企业制度必须依赖于先进的企业文化,先进的企业文化必须依赖于企业经营机制的转换和现代企业制度的建立。

(三)导入企业文化的企业识别系统

企业识别是通过企业文化而制订的,每个企业都试图建设一种富有特色的企业文化,进而导入 CI,塑造企业形象。

企业识别系统(CIS)是企业为塑造形象,以统一的视觉设计、运用整体的传播系统,把企业的经营理念、经营活动、管理特色等传达给社会公众,凸现企业特征与个性,使社会公众产生信赖和认同,提升企业市场竞争力的工具。

CIS 主要包括三大要素。

（1）理念识别系统（MIS）设计，即企业经营理念设计，包括企业的事业领域、企业精神、企业价值、企业使命、经营宗旨、企业品格、行为准则等内容表达，是企业文化最核心的内容。

（2）行为识别系统（BIS）设计，即企业经营理念的动态化表现，渗透在企业内部的组织、教育、管理、制度、行为等方面。

（3）视觉识别系统（VIS）设计，即企业形象的静态表现，也是具体化、视觉化的传达。它包括设计企业识别标志、识别口号、识别色彩、识别环境、识别音乐等。

（四）企业文化的保持与发展

最初的企业文化源于企业创建者的经营理念，此后通过深化和建设而出。企业应如何保持和发展企业文化呢？向企业员工进行企业文化的价值观念的导入与渗透，获得员工的理解和认同，贯彻到员工的思想灵魂的深处和日常行为方式上是极为重要的。具体包括：

1. 企业文化的普遍化

（1）甄选与企业价值观一致的企业员工。

（2）对企业高层管理人员价值理念的灌输和渗透。

（3）帮助新员工适应企业文化。

2. 企业文化传递给员工的方式

（1）语言，企业的特有语言。

（2）仪式，企业文化的一系列活动的重复，强化企业文化的传达。

（3）物质象征，包括企业布局、环境建设、办公室的装修等，体现企业所倡导的意识导向、行为类型。

（4）故事，多半为与企业创建者有关的小故事，为企业文化提供解释和联想。

3. 考核、评估、改进和升华企业的物质文化、行为文化、精神文化和制度文化的各个层次

三、企业文化建设的创新

1. 企业文化建设的创新的意义

企业的生命力在于创新，创新包括技术、制度、组织、市场、文化创新。企业文化创新的作用更加突显，具体表现如下。

（1）企业文化创新能够帮助企业开拓新市场　文化的核心是一种价值，包括一套价值体系。企业发现新市场的重要前提是在企业文化中能够纳入社会文化的差异及变化，使企业本身有适应社会文化导致的市场变化的文化特质，才能把握新的市场机遇。

（2）企业文化创新有助于产品创新　企业所出售的产品并不只是单纯经济学意义上的产品，而是一种文化附加。企业文化给产品带来了高附加值，成为企业产品创新的驱动力。

（3）企业文化创新有助于创新项目的科学决策　企业文化只有具有世界文化的发展趋势，并做出相应调整，才能做出符合目标市场的社会文化、企业内部资源状况和文化积淀的创新决策，使创新项目产生理想的经济效益和良好的社会效益。

（4）企业文化创新有助于企业开展创新合作　相同的文化语言、文化背景、文化渊源，能够克服创新交流障碍，加速创新知识传递、沟通联系，在企业创新发展中起到独特作用。

（5）企业文化创新有助于形成企业员工的创新理念　企业文化实际上是企业全体员工共同创造的群体意识，包括创新的理念、价值观、企业精神、道德规范等内容，寄托了企业员工的理想、希望和要求以及他们的命运和前途。

（6）企业文化创新有助于形成企业的约束机制　企业文化的约束是一种内在的软约束。它来自企业创新的文化氛围、群体行为准则和道德规范。

创新思路——选择你的战场

如何才能把曼联队击败？/和它打一场乒乓球
自主知识创新/用己所长攻敌所短

2. 企业文化创新的途径

(1) 塑造新的企业价值观　企业价值观是企业文化的核心。新价值观要素包括：终身学习，不断发展，永葆最强竞争力；心胸开阔，吸收新信息；尊重人才，尊重知识；适应变革，敢于决策；甘冒风险，把握机会。

(2) 塑造形神俱佳的企业品牌　企业品牌是企业整体素质的表现，是无形资产。它将企业宗旨、员工素质、产品质量、经营规模、服务特色以及企业标志等传播给客户和社会。

(3) 提炼富有个性特色的企业精神　企业精神是企业文化的核心和基石。现阶段要倡导艰苦奋斗的创业精神、办事合作的团队精神、求真务实的开拓精神、强化约束的自觉精神。

(4) 树立"以人为本"的核心理念。

(5) 构建完善的创新制度文化　它是一种强制性的文化，是企业创新的基本保证。

3. 企业文化创新的实施过程

实践证明，成功的企业文化创新实施过程包括四个阶段。①组建企业文化实施机构。其中，办公室、生产部门、营销部门及其他部门负责人都要参加。②制订《企业文化实施纲要》。③提炼企业文化理念的各个子条款。④细化实施内容。

项目小结

- 企业要实现其生产经营目标，必须具有自己的企业文化，并且能够将企业的文化力变为企业的竞争力、发展力。为此，企业除了要有一定的正式组织和非正式组织以及"硬性"的规章制度之外，企业还必须要有一种"软性"的凝聚剂和调和力，即无形的"软约束"。

- 企业文化分析。首先，论述了企业文化的概念、特征、重大意义。认为一般企业文化由多个不同层次的部分组成。提出三层次学说，即核心层是呈现观念形态的价值观、信念及行为准则，通常称为企业精神，它体现在企业经营哲学、宗旨、方针、目标、计划和体制等方面；中间层是呈现行为形态的员工的工作方式、社交方式、应付事变的方式等，通常称为企业作风；外圈层是呈现物质形态的产品设计、质量、厂容、厂貌、员工服饰等，通常称为企业形象。也提出四层次学说，即企业文化包括物质文化、行为文化、精神文化、制度文化四个层面。

- 其次，分析了企业文化功能、内容和主要因素及理论。

- 最后，介绍了企业文化建设的原则、步骤、主要途径与形成机制。

主要概念和观念

◇ 主要概念
企业文化　企业行为　企业形象　企业精神

◇ 主要观念
凝聚力　向心力　文化功能　发展力

项目课时安排

① 实训时间：1 学时。
② 讲授时间：1 学时。

项目考核与评分标准

①考评者：授课教师。
②考核内容及评分标准。
以小组为单位进行评分，满分为 100 分。具体为：
  a. 连锁药店企业文化分析是否正确（30 分）；
  b. 连锁药店企业文化设计是否合理（40 分）；
  c. 连锁药店企业文化实施方案是否可行（15 分）；
  d. 是否能提出创新建议（15 分）。

项目综合思考

◇ 简答题
1. 企业文化与企业目标之间有何关系？
2. 构成企业文化的主要因素有哪些？
3. 企业文化建设的基本步骤、主要途径和方法有哪些？

◇ 分析题
1. 你认为现代企业的发展需要什么样的文化理念？结合医药企业做出阐述。
2. 企业家应该具备什么样的文化素质去面对环境的挑战？

项目实训

实训主题：构建连锁药店的企业文化方案

1. 实训目的
走出书本，学以致用。

2. 实训内容
依据书中所给出的方法与步骤，结合一个连锁药店的具体情况，分析并构建企业文化方案。

3. 实训要求
以小组为单位，依据医药行业特色，设计某一医药连锁企业文化建设方案，方案要切实可行，突出公司特色，有所创新。

4. 考核标准与方法
方案切实可行，有特色，有创新。

5. 实训指导
可依据课本内容进行。

学习情境二
连锁药店设计

项目三　连锁药店的开办与选址

技能目标
1. 能独立申办药店
2. 懂得药店各级人员的主要职责
3. 能独立进行药店的选址

知识目标
1. 了解连锁药店人员配置及岗位设置、药店选址的位置类型
2. 熟悉药店的特点、药店开办程序和定点药店申报方法、药店各级人员的主要职责
3. 掌握药店选址应考虑的因素、药店选址过程和方法

项目内容

1. 药品零售企业认知
2. 连锁药店的开办
3. 连锁药店人员配置及主要职责
4. 连锁药店的选址

项目组织与实施环境

（一）项目组织

① 全班自由结合分组，每组 5~6 人，自行确定各组组长，并进行分工。
② 小组成员可自行选择适宜的店址，并进行药店的申办。

（二）实施环境

① 实训室。

② 教室。
③ 校外店铺。

项目实施

 走进管理 广东：药品零售企业的发展

广东是全国较早开放药品零售市场的省份之一，率先提出了申办药店"唯条件，不唯成分"的原则，在全省范围内逐步取消了前置审查、间隔距离等方面的限制，加快了审批进度，促进了零售药店的快速发展。

据统计，2006年广东省共有零售药店3万家，药品零售连锁企业100家。随着市场竞争机制的形成，优胜劣汰在所难免，一批实力雄厚、经营规范、条件优越的药店得到超常发展，而一些势单力薄、经营管理不善的药店则日渐式微。在这种情势下，很多地方出现了价格战。因药价大幅降低，药店利润越来越微，过去那种利润丰厚的"幸福时光"已一去不复返。于是，那些"先天不足"或"后天失调"的药店，便悄然关门。这完全是市场机制调节的结果。

据广东省药监局负责药品流通管理的人士分析，尽管目前各地零售药店市场已趋于饱和，"黄金时代"已经过去，但由于地区和地段之间的发展不平衡，有些地区群众购药仍不够方便，新药店尚有一定的发展潜力。为了鼓励企业把连锁药店开到农村和边远山区，广东省制定了相应的政策，进一步降低门槛，使零售药店的布局更趋合理。（摘自：www.chinapharm.cn）

思考：

1. 如果要把药品零售企业（即药店）开到农村和边远山区，药店应该如何选址？

2. 面对价格战和利润越来越微，药品零售企业应该在哪些方面改善经营和管理？

本案例表明：随着连锁药店的数目越来越多，连锁药店之间的竞争也越来越激烈。连锁药店要想在激烈的竞争中生存就必须在经营和管理方面多下苦功。所以本项目就连锁药店的开办、选址等主要工作环节作详细阐述。

任务一 药品零售企业认知

一、药品零售企业的概念

药品零售企业是指从药品生产企业或药品批发企业购进药品，直接销售给最终消费者用以防治疾病的机构。药品零售企业习惯上被称为药店，有些国家把药品零售企业叫社会药房。

二、药品零售企业的特点

药品零售企业是我国医疗保健系统的重要组成部分，它的经营与管理具有以下特点。

学习情境二　连锁药店设计

1. 销售对象是最终的消费者

在我国的药品流通渠道中,药品零售企业是药品流通渠道的中间商,是中间环节的终端,它的销售对象是最终的消费者。

2. 药品零售企业要依法开办

药品零售企业作为医药零售企业必须根据《中华人民共和国药品管理法》以及国家的有关规定,按程序领取《药品经营许可证》和《营业执照》,并要通过 GSP 认证,获得《GSP 认证证书》,方可经营药品,否则,属于非法经营。

3. 对从业人员资格有严格要求

由于药品零售企业经营有其特殊性,所以对于从业人员的素质要求较高。根据药店经营的规模和经营范围,应配备执业药师或执业中药师、主管药师(含主管中药师)、药师(含中药师)、药士(含中药士)或相关专业的同级工程技术人员。药店从事药品营业、保管、养护、验收的人员均需专业培训、考试合格后上岗。

4. 药品零售企业经营活动具有较强政策性

药品零售企业必须严格遵守国家有关政策性规定,如《中华人民共和国药品管理法》、《药品经营质量管理规范》、《药品经营质量管理规范实施细则》、《处方药与非处方药分类管理办法》、《中华人民共和国广告法》、价格管理政策、税务管理政策等。

> 药店与其他商店所具有的共同特征是:必须按照程序办理开店手续;根据投资能力规划开店的规模和地址的选择,并计划经营预算;遵守价格管理政策、税务管理政策等;对店铺进行精心设计;搞好服务和销售工作。

任务二　连锁药店的开办

一、开办流程

(一)论证

随着我国医疗改革的深入发展,人们已逐步形成了"大病去医院,小病去药店"的理念,投资办药店将会收到良好的经济效益和社会效益。但是,随着药店的不断增多,市场竞争日益激烈,也存在着一定的经营风险。所以,开办药店前,投资者首先要对期望目标、经营能力、投资能力、客观环境、行业前景、市场竞争等影响获益的因素进行充分的调研和可行性论证。

(二)投资预算

1. 投资能力预算评估

投资能力预算是指投资资金的来源和数量的预算。资金来源可以是独资的也可以是合资经营的。在进行预算时,要根据资金状况考虑开办药店的规模。

2. 投资支出预算

投资支出预算主要包括:

（1）租赁或建造店面及药库所需要费用；
（2）装修店面、购买装修材料及施工的费用；
（3）安装调温、通风和冷藏等设备的费用；
（4）配置与经营相适应的货架、橱柜等费用；
（5）制作店堂内药品广告的费用；
（6）采购医药商品的费用；
（7）施工过程的能源消耗费；
（8）开业前的广告宣传费；
（9）各种表格和卡片印刷费。

（三）开办药店的申报审批程序

1. 申请筹建

开办药品零售企业，申办人应当向拟办企业所在地设区的市级药品监督管理机构或者省、自治区、直辖市人民政府药品监督管理部门直接设置的县级药品监督管理机构提出申请。受理申请的药品监督管理机构自收到申请之日起 30 个工作日内，依据国务院药品监督管理部门的规定，结合当地常住人口数量、地域、交通状况和实际需要进行审查，做出是否同意筹建的决定。申办人在获准后筹建。

2. 申请《药品经营许可证》

申办人完成拟办企业筹建后，向原审批机构申请验收。原审批机构自收到申请之日起 15 个工作日内，依据《药品管理法》第十五条规定的开办条件组织验收，符合条件的，发给《药品经营许可证》。

3. 申请《营业执照》

申办人凭《药品经营许可证》到工商行政管理部门依法办理登记注册。一般的程序是申请——审查核准——发照。即申请者首先向当地工商行政管理机关报送开业申请登记表，工商部门进行核查，审查合格颁发营业执照。

营业执照是营业单位从事生产经营活动的凭证，凭营业执照可以核制公章、开立账户，在核准登记的范围内从事经营活动。

4. 申请《药品经营质量管理规范》认证（GSP 认证）

新开办的药店，应当自取得《药品经营许可证》之日起 30 日内，向发给其《药品经营许可证》的药品监督管理部门或者药品监督管理机构申请《药品经营质量管理规范》认证。受理药店认证申请的药品监督管理机构自收到申请之日起 7 个工作日内，将申请移送负责组织药品经营企业认证工作的省、自治区、直辖市人民政府药品监督管理部门。省、自治区、直辖市人民政府药品监督管理部门自收到认证申请之日起 3 个月内，按照国务院药品监督管理部门的规定，组织对申请认证的药店是否符合《药品经营质量管理规范》进行认证；认证合格的，发给认证证书。

5. 办理税务登记

办理税务登记的程序如下。

（1）提交税务登记申请，填写《税务登记表》。

（2）提供有关证件资料，主要包括：提供工商局发给的《营业执照》、银行开户账户证明（没有开设银行账户的小药店不需此证明）、法定代表人的居民身份证以及税务机关要求提供的其他有关证件或资料。

（3）税务机关审核，整个审核过程一般应在 30 日以内完毕，审核合格后，发给税务登记证件。

二、基本医疗保险定点药店的申报与管理

（一）基本医疗保险定点药店的含义

基本医疗保险定点零售药店是指经统筹地区劳动保障行政部门审查，并经社会保险经办机构确定的，为城镇职工基本医疗保险参保人员提供处方外配服务的零售药店。

处方外配是指参保人员持定点医疗机构处方，在定点零售药店购药的行为。

（二）申报基本医疗保险定点药店的条件

申报医保定点零售药店除符合区域规划设置要求外，还要具备以下条件。

（1）取得《药品经营许可证》、《营业执照》，达到国家《药品经营质量管理规范》的标准，获得 GSP 认证证书。

（2）遵守《药品管理法》及有关法律法规，有健全和完善的药品质量保证制度，进药渠道正规，能确保供药安全、有效。

（3）严格执行国家和省、市物价管理部门规定的药品价格政策、法规，经物价管理部门监督检查合格。

（4）具备及时供应基本医疗保险药品目录内的药品、24 小时提供服务的能力。

（5）具有整洁的营业场所，营业用房使用面积在 60 米以上，具备与医疗保险经办机构微机联网的条件。

（6）定点药店应配备 1 名以上专职执业药师，能保证营业时间内至少有 1 名药师在岗，营业人员需经培训取得合格证书，并在执业药师或药师指导下提供服务。

（7）严格执行基本医疗保险有关规定，有规范的内部管理制度，配备符合基本医疗保险规定的相应的管理人员和设备。

（三）对基本医疗保险定点药店的管理

（1）社会保险经办机构要与定点零售药店签订包括服务范围、服务内容、服务质量、药费结算办法以及药费审核与控制等内容的有关协议，明确双方的责任、权利和义务。

（2）定点零售药店应配备专（兼）职管理人员，与社会保险办机构共同做好各项管理工作。对外配处方要分别管理、单独建账。

（3）定点零售药店应设立基本医疗保险用药专柜，实行专人专账管理，并将专柜药品与其他药品的购、销、存业务分开管理。参保的药品单独采购，分开存放，专人销售，并单独建账。

（4）外配处方必须由定点医疗机构医师开具，有医师签名，定点医疗机构盖章。处方要有药师审核签字，并保存 2 年以上以备核查。

（5）要求定点零售药店严格规范进货渠道，保证提供基本医疗保险用药的品种和数量，定点零售药店要实行药品分类管理。参保人员可持基本医疗保险 IC 卡和外配处方，到定点零售药店购药。如发现出售假药、劣药，社会医疗保险机构可拒付或取消其定点资格，所售药价格高于国家定价的差价部分社会医疗保险机构应予扣除。

（6）劳动保障行政部门要组织药品监督管理、物价、医药行业主管部门等有关部门，加强对定点零售药店处方外配服务和管理的监督检查。

任务三　连锁药店人员配置及主要职责

一、连锁药店人员配置

由于连锁药店经营有其特殊性，所以对于从业人员的素质要求较高，专业技术人员应占

药店从业职工总数的30%。根据药店经营的规模和经营范围，应配备执业药师或者执业中药师、主管药师（含主管中药师）、药师（含中药师）、药士（含中药士）或相关专业的同级工程技术人员。药店从事药品经营、保管、养护、验收人员均需专业培训、考试合格后方可上岗。

二、连锁药店门店的岗位设置

药店的岗位设置主要有：经理、执业药师、药库保管员、采购员、营业员、质量管理员、财务会计、物价员（图3-1）。

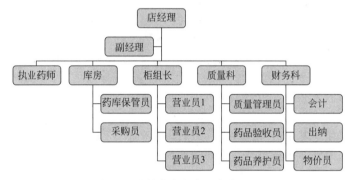

图 3-1　连锁药店门店的岗位设置

1. 经理（店长）

负责全面的经营管理工作。药店负责人应具有相应的专业技术职称，对所经营的药品质量负全部责任。

2. 执业药师

负责全面业务技术指导和药品质量管理。

3. 药库保管员

负责在库药品的保管和养护。

4. 采购员

负责医药商品的采购，保证所经营的品种不人为断档。采购计划应报经理审查批准。

5. 营业员

负责柜台药品的销售。

6. 质量管理员

专职或兼职，负责药店全过程的药品质量管理。

7. 财务会计

负责药品销售成本的会计核算等会计事务。

8. 物价员（规模较小的药店可以兼任）

熟悉国家的物价政策，根据物价部门的药品价格调整通知单，及时进行药品价格调整。

三、药店各级人员的专业技术要求

1. 经理

零售药店负责人必须是具备药学或相应专业知识、现代科学管理知识和一定药品经营实践经验的人员。企业法定代表人或药店负责人应当具备执业药师资格，并对所经营的医药商品质量负全部责任。

2. 药学技术人员

药店应有相应的专业技术人员，配备执业药师或相应的专业技术职称人员。专业技术人员应占药店从业职工总数的30%。大型药店应配备执业药师(含执业中药师)或主管药师以上(含主管中药师)或相关专业的同级工程技术人员。中型药店应有药师(含中药师)或相关专业同级工程技术人员。小型药店应有药士以上(含药士、中药士或相关专业的同级工程技术人员)及熟悉所经营药品的性能、经过培训合格的药工人员。

3. 执业药师

执业药师必须持证上岗,负责处方审核,指导合理用药。处方审核岗位的职责不得由其他岗位人员代为履行。执业药师应在职、在岗,不得在其他企业兼职。

4. 营业员、保管员

从事药品营业、保管和养护工作的人员均应具有高中以上文化程度,需经过专业或岗位培训,并经地市级(含)以上药品监督管理部门考试合格,发给岗位合格证书后方可上岗。

思考 3-1 德威治大药房"三级筛选"聘店长具体措施是什么?达到了什么目的?你如何理解药店店长的岗位要求?

内容回放:德威治大药房是一个快速发展的新兴企业。药店选址、新店开业时间等存在较多的不确定性,如果平时储备店经理人才,人力资源管理成本和难度都会加大。但是,如果临时招聘,也不容易找到合适人选。因此,从实际需求出发,加强公司内部的人才培养,店经理全部从内部招聘成为德威治的主要做法。

▲三级筛选

第一级筛选,主考人员是总公司各部门的主要负责人,除了提出专业的管理问题外,对参选人员还会做相应的指点。

第二级筛选,着重考核综合理论和发散思维,给出的问题没有标准答案。

第三级筛选,这是总经理级别的面试,我们把它叫做头脑风暴,是参选人员综合素质的全面展示。三轮过后,优胜者将进行分组讨论,对公司的现存问题进行讨论,并得出结论。这样的讨论,一方面让高层人士听到了基层人员对公司现状的看法以及相关的解决方案;另一方面在讨论过程中,也充分展示了每一个人为人处事的风格,为最终确定店长人选提供依据。(摘编自:2005年8月《医药经济报》)

四、连锁药店各级人员主要职责

(一)经理(店长)

药店经理(店长)是药店的代表者,也是药店经营目标的实现者,药店经营的直接负责人,并充当卖场的指挥者。其主要职责如下。

① 认真执行国家有关的政策和法规。

② 制订本药店的销售费用、上缴利税计划,落实各项年度计划。

③ 采取措施,调配好劳动力,合理安排各个工作岗位人员,以保证各项计划任务的完成。

④ 制订店规、岗位责任制、文明经商条约、服务公约等规章制度。

⑤ 根据有关规定,确定职工的福利分配。

⑥ 批准费用开支和权限范围内的药品报损,审查药品采购计划。

⑦ 处理经营、服务和管理中出现的问题。

⑧ 制订职工教育培训规划与计划,按照不同岗位的需要,对职工进行质量意识教育、质量管理知识和方法教育、业务技术教育等。副经理协助经理开展工作。

(二) 执业药师岗位职责

（1）**药品知识** 乐于并善于学习，熟识店内药品的功效、不良反应、配伍禁忌、使用注意、同类药品的不同特点。熟识临床医学知识。

（2）**信息咨询** 了解顾客病情、病史、用药情况、过敏史等；熟悉常见病情的健康保健知识，能为顾客提供合理指导。熟悉老顾客的健康档案内容，及时为其提供健康信息。

（3）**用药指导** 帮助顾客正确选购药品。确认患者知道如何服药，避免不良反应的发生。调整用药，改进治疗方案。

（4）**处方调配** 对针剂、二类精神药品要设专柜专锁；设处方药销售记录，购药者签字。对顾客处方中不合理之处及时指出，提醒顾客并记录。为顾客提供改善处方的建议。

（5）**顾客投诉** 完整记录顾客投诉的药物不良反应，及时跟踪处理并与顾客进行投诉反馈。化顾客投诉为顾客忠诚。

(三) 储存保管员的岗位职责

（1）经验收后入库的合格药品，负责按不同种类、不同性质、不同剂型分别采取相应的储存保管方法，妥善存放。

（2）全面掌握在库商品质量情况，对所有品种的有效期，哪些品种易发霉、虫蛀，哪些易泛油，哪些易挥发等要心中有数。分别采取重点检查、经常检查和定期检查等不同方法，把库存品有条理、有计划、有相应措施地管理好，尽量把变异损耗减少到最低限度。

（3）遇到医药商品变异性严重或数量较大时，应及时上报经理，以便采取挽救措施，避免更大的损失。

（4）依照制度做好商品购入、调出等账务登记。

（5）对西药中的精神药品和毒性药品，中药中的毒性药品、麻醉药品和贵重药品，要严格管理制度。

（6）对验收中发现质量或数量不符的代管品，负责代为妥善保存。未经解决前，不得调出销售，应另类存放，并挂上代管标签，避免错销错调。

（7）被确定为假药、劣药的在库药品，一律不准调出销售，要妥善管理。待上级做出处理意见后，遵照执行。

（8）根据本药店制度，定期组织人员盘点。

(四) 采购员的岗位职责

（1）在分管经理的领导下，认真学习和执行《药品管理法》及《药品经营质量管理规范》等法律法规，学习药品采购业务技术及药品知识，切实规范采购工作行为。

（2）购进药品必须从证照齐全的单位购进，同时应与供货方签订质量保证协议，对本人业务范围内出现的假劣药品负全部责任。

（3）编制进货计划应贯彻"按需进货"、"择优选购"的原则，定期分析市场需求和仓库库存药品情况，组织好货源，对盲目购进造成积压变质负全部责任。

（4）遵纪守法，廉洁奉公，不得以公司名义做个人生意，不得以任何方式向供货方索取回扣或接受供货方的财物。

（5）合理使用资金，做到先算后用，保持合理的库存定额，及时调剂余缺品种，不准购进生产日期超过规定期限的药品。

（6）对首次经营的药品负责填写"首营药品审批表"，经质量管理部门审查合格，报分管经理批准后方可购进。

（7）经常向分管经理汇报市场需求动态，调整药品品种结构，组织好新产品的采购，并积极宣传引导，做到供应及时、结构合理。

（8）建立供货客户档案，进货药品要按时填写购进记录，记录内容详细具体，并保存备查。

（9）注意多方听取群众对药品的需求意见，收集信息，积极为顾客提供质量高、疗效好、价格合理的药品。

（10）对购进的药品，如果验收时发现质量或数量不符，负责向原进货单位提出退货或索赔。

（11）注意首次药品供销、货源、价格及质量信息，做到心中有数，便于更好地开展采购工作。

（12）负责购进药品的提运，以保证药品及时运回。

（五）营业员的岗位职责

（1）销售药品　向顾客推销和推荐药品是营业员的主要责任。

（2）理解处方　营业员要学会辨认处方、分析处方、调配处方，注意配伍禁忌。

（3）识别药品真伪　营业员要学会如何用感官识别药品真伪。

（4）识别进口药品。

（5）指导患者用药　对常见疾病，营业员要能够指导用药。

（6）做好药品养护　掌握药品的本质属性，采取不同的储藏保管方法对药品进行养护。

（7）做好处方调剂工作，严格执行审方、划价、计算、收款、配药、复核、包装和发药一整套处方配制工作规程。

（8）及时对药品进行整理、添补、打包和分装，检查药品的价格标签等。

（9）做好工作交接　药品全天营业，一般分为两班。营业员每班下班时，均应结算好销售账目，清点销售款项。有专职收款员的药店，由收款员负责结账、点款，无专职收款员的，清点款项时必须有两名当班营业员在场。

 **如何成为一名合格的营业员**

第一步：多招并用强记忆

初入药店，面对上千种名称、规格不同的药品、保健食品、医疗器械等，面对有着不同购买需求的形形色色的顾客，新营业员往往感觉眼花缭乱、无所适从，此时新营业员应首先从基本工作着手，先熟悉商品的货位，记牢商品的价格，了解正确发售药品、开具小票等基本操作步骤。遇到不懂、不会的知识，不必慌乱。货位不知道在何处，可采取画图方式，记下什么货放在什么位置，今天记20个，明天记20个，不出一个月，准能把常卖的品种记全；记忆药品价格，可采取"价格相同的一起记，价格相近的一起记，价格相反的（如一个品种价格为7.30元，另一个品种价格为3.70元）一起记"，同时注意价格最高的是什么品种，价格最低的是什么品种。此外，还有一种记忆方法，就是分段记忆法，如10元以下的为哪些品种，10~20元的为哪些品种，直至100元以上的为什么品种。以上几种方法如果能在实际工作中交叉运用，效果会更好。掌握货位与价格后，新营业员就能够与顾客打交道了。

第二步：指导用药求对症

一种药品包含多种信息，有品名、规格、批号、效期、生产日期、生产厂家、适应证或功能与主治、用法用量、注意事项、不良反应、禁忌和药品的分类等多方面内容。虽然随着用药知识的普及，人们对购药、用药所注意的问题有所了解但受每个患者年龄、性别、体重、身体状况、经济能力、社会环境等多方面因素的影响，个体用药差异较大。为顾客提供正确、对症的药品信息，就成了新营业员面对的第二课题。

具体做法是，可以搜集相关药物知识，也可利用药品说明书达到初步了解药品信息的目的。自从国家食品药品监督管理总局对药品包装、标签和说明书实行强制规范以来，绝大部分药品说明书已经相当规范。因而新营业员可以此为基础，逐品种学习，熟悉药品的通用名和商品名。在向顾客介绍时做到表情自然、语言流畅、准确无误。这时归类记忆法较为适用，如维生素类各品种的联系和区别；消化系统用药中治疗慢性胃炎、胃痛胃胀各有什么药可用等。熟悉了每种药品的相关信息，就能为顾客提供高水平的服务。

第三步：善于运用软技巧

在日常营业中，新店员还应该注意以下几点。

（1）防止上当受骗　比较典型的，一是持假币以购药为名换取真币；二是用假药换取真药；三是诈骗钱财；四是偷盗货品。

（2）严格遵守制度　要想成为一名合格的营业员，应多学习门店管理制度，如：药品验收制度、药品养护制度、近效期药品催销制度、不合格药品处理制度等，此外，还必须严格执行进货退出、质量查询、缺货登记、处方登记留存等GSP相关制度，以及安全卫生、现金管理、发票管理、交接班制度等。另外，还必须加强微机知识及店内运营软件和程序的学习运用，做好清货、配货、收票、汇总销售数量和金额、上传数据信息、单品种销售形势报告等多种工作。

（3）提高服务技能　药品零售是"窗口"行业，营业员应具有与社会角色相适应的仪容仪表，具体要求就是干净整洁、端庄大方、朝气蓬勃。营业员在为顾客服务过程中，待人接物都有一定要求，不能慌里慌张、手忙脚乱，售药过程中言语要得体，动作幅度大小要适中。

（4）树立团队意识　门店是一个运营整体，无论做什么都应听从店长的统一安排，要树立协作意识，不能"各人自扫门前雪，不管他人瓦上霜"。在干好自己分内工作的同时，也应做一些看似无关紧要的小事，如打扫卫生、及时补充货品等。

如若具备了一定的专业知识，有了良好的接待礼仪和服务技巧，具备一定的防范知识和能力，且能与人进行良好的沟通和合作，那么，新员工就会很快成长为一名合格的营业员。

（摘自：中国海峡人才网，2007-7-5　作者：郭胜利　朱丽华）

（六）质量管理员的岗位职责

（1）在质管部部长的领导下，负责所分管的质量工作，并对本企业药品购进、验收、保管、养护、销售、运输等过程中质量管理工作进行具体指导，促进本企业质量管理工作规范化。

（2）对本公司购、销、调、存药品质量监督负责，并定期或不定期到仓库巡查，发现质量管理方面的问题应及时处理，并向领导汇报。

（3）负责收集质量标准，建立药品质量档案，并将各种质量台账和记录进行登记、汇编做分类管理。

（4）负责药品质量的查询和药品质量事故的处理，并建立档案，做到有案可查，对药品存在的质量问题应提出解决措施并指导实施。

（5）负责首营企业和首营品种的质量审核、登记和管理工作。

（6）根据掌握的质量信息和本企业进货评审的资料，参与药品购进计划的编制。

（7）收集药品质量信息，准确、及时地传播与反馈，并对收集的各种信息进行分析和处理。

（8）负责对质量不合格药品的审核，对不合格药品的处理过程实施监督。

（9）经常征求用户对药品质量的意见，分析质量状况，在实际工作中正确行使质量否决权。

（10）配合人事教育部门开展质量方面的法律法规培训和继续教育工作。

（七）验收人员的岗位职责

（1）及时准确完成本企业所购进药品和销后退回药品质量检查验收工作，确保入库药品质量。

（2）严格执行本企业制订的《药品验收管理制度》和《药品验收程序》，规范药品验收工作。

（3）按国家药品标准、购进合同规定的质量条款、入库凭证和药品验收程序完成购进药品和销后退回药品的验收工作。

（4）严格按规定的标准、验收方法和抽样原则进行验收，并在规定的场所和时限内完成。

（5）药品验收合格后，与保管员办理入库交接手续。如发现不合格药品，应及时上报质量管理人员复查处理。

（6）规范填写药品质量验收记录及其他记录或凭证，并签章负责，药品质量验收记录按规定保存备案。

（八）药品养护人员的岗位职责

（1）严格执行本企业制订的药品养护管理制度和药品在库养护程序，在质量管理部门指导下具体负责在库药品的养护和质量检查工作。

（2）指导保管员正确分库储存、分类存放和堆垛药品，实行色标管理，检查并纠正药品存放中的违规行为。

（3）按时做好仓库温度、湿度查看、记录，并配合保管员进行调控，保证药品在适宜的温湿条件下储存。

（4）坚持对库存药品质量情况每季进行循环检查，做到"以防为主，防治结合"，对易虫霉、怕热冻、近效期、质量易变药品应增加检查次数，并做好养护检查记录。

（5）每月汇总、分析和上报养护检查、近效期药品的质量信息，为业务部门提供切实可靠的依据，做好近效期药品的管理工作，按月填写近效期药品催销表。

（6）负责各种养护设备的维护保养工作，确保养护设备的正常运行。建立和健全养护设备使用记录和档案。

（7）每年一次会同质量管理部确定重点养护品种及养护方案，并负责建立药品养护档案，内容包括：养护记录台账、查询函件、质量报表等资料。资料归档保存，统一管理。

任务四　连锁药店的选址

连锁药店选址是企业市场开发的一个重要环节，也是经营者必须掌握的一门技能。因为连锁药店选址至关重要，它不仅关系到店铺的发展前途，还关系到企业的经营目标和经营策略，关系到企业的经营绩效，并且与企业的管理水平相关。

一、药店选址的位置类型

（一）按照目标市场细分原则分类

1. 城市药店选址

城市药店选址是指将药店选在较大范围的省市行政区域的目标市场。城市这个目标市场，市场容量大，城市人口购买力强，交通便利且运输繁忙，但租金贵，竞争程度也大。这类药店经营的商品从药品到营养健康保健品、化妆品以及日用生活品等，商品琳琅满目，种类齐全。

2. 城镇药店选址

这类药店主要指开设于县、镇（乡）一级的药店，这类药店主要以县城或乡镇所在地的居民，一些企业、事业单位的职工为服务对象，多以中型、小型药店为主。经营中西药品为主，也可以经营保健食品等。

3. 乡村药店选址

这类药店主要指开设于村一级的药店，多以小型为主。其主要服务对象是乡村的农业人口，由于这部分人群远离城市，医疗条件比较差，有的地方甚至缺医少药。

（二）按照商业群的不同分类

1. 中央商业区

地处繁华商业地带，大型百货商场、影剧院、餐饮店、专卖店云集，可满足顾客不同需求，客流量庞大，商圈影响范围可覆盖整个城市。这里寸土寸金，租金昂贵，但是营业额也高。在商业中心开设药店，一般要做到药品品种丰富，装修精致，服务周到，可以迅速扩大药店的知名度。

2. 办公区

指办公大楼上班族聚集文地区，在办公区开设药店，特别要考虑潜在的客流量以及商品的结构等因素。

3. 居民住宅区

居民住宅区的顾客主要是附近居民，在这些地点设置药店是为了方便附近居民就近购买药品、日用百货等，一般来说人流量比较稳定。

"店中店" 药店

从药店位置更加细化的角度，还有一种叫"店中店"的药店，所谓"店中店"药店是指在一些大型超市或者大型商场里开设的药店。这类药店的特点是依托城市大型商业网点的客源、信誉与知名度，便于工作的迅速开展。缺点是商场场地租金较高。

二、药店选址的原则

（1）顾客流量大且稳定

（2）药店地址的选择与其经营规模及品种相适应　大型、中型药店多选择城市繁华的商业区，此类药店经营中药、西药和中草药等尽量齐全，还可兼营保健品、化妆品等；而小型药店通常选在学校、车站、码头、居民区等周围，主要经营常用的西药和中成药等。

（3）药店地址的选择要与药店的经营目标一致　药店地址的选择要与企业未来发展战

略、市场策略、管理水平、资金状况等相适应。

（4）药店地址的选择要充分考虑与周围药店的相关性和互补性　一般来说，相关店少而互补店较多的区域比较合适。

三、药店选址应考虑的因素

1. 政策因素

《中华人民共和国药品管理法》第十四条第三款规定："药品监督管理部门批准开办药品经营企业，除依据本法第十五条规定的条件外，还应当遵循合理布局和方便群众购药的原则。"

在实践中，各地对合理布局这条原则理解不一，全国大多数省份，如广东、江苏、浙江等均未作距离限制。也有部分省份，如湖北、贵州、广西等未作统一要求，由各市、州自行规定。另有少数省、市在零售药店设置方面进行了明确的距离限制：北京市规定，新开办的两个药店之间必须相距350米以上；上海市规定，两个药店间半径必须相距300米以上，同时还必须满足0.7万～1万人设置1家药店的要求；天津市规定，两个药店间必须相距100米以上；太原市要求，城区、县城新开办药品零售企业间距一般为350米以上；成都市依据城镇建成区面积、人口总数、经济发展水平、城市化建设进程、地理环境等因素，参考人口流量，设置A、B、C三种区域类型进行布局和调控，规定了200米、300米、400米不同的距离；陕西西安规定两个药店之间必须相距150米以上；安徽合肥市规定两个药店距离必须相隔200米以上。

2. 房产因素

房产因素主要是考虑到租金和租约，对于店铺而言，房租是最固定的营运成本，尤其在寸土寸金的大城市，房租往往是开店的一大负担；而租约在我国一般是3～5年为一约。在大中城市，还得考虑拆迁和高层楼房的问题。

房产因素调查评估的内容：

① 房东是直接的房产人，或者拥有房屋的合法手续；

② 各项房产赔偿的权利；

③ 付款方式及租期情况；

④ 押金的给付时间及可进入建筑物的有效时间；

⑤ 分期上涨的租金幅度宜于合约期限内决定；

⑥ 协商优先承租续约权；

⑦ 使用者有权决定房产的使用方法等。

3. 交通因素

交通因素主要考虑店址的停车设施和店址附近的交通状况，即店外具备必要的送货用停车设施，如果是大型药店，还要考虑为开车顾客安排停车位置，店址是否接近主要公路等。

交通因素调查评估的内容：

① 通往预设点的主要交通干道及到达方式；

② 所处路段的施工情况；

③ 附近公交情况；
④ 门前人行道通行情况；
⑤ 停车设施情况；
⑥ 上下班路线。

4. 客流量因素

客流量大小是一个药店成功的关键因素，客流包括现有客流和潜在客流，药店最好设在潜在客流量最多，最集中的地点，以方便人们就近购买药品。商业中心、医院附近、大型社区是药店选址的黄金地段。这里客流量大、稳定、交通方便，药店可分享一部分从临近的商店或所在超市商场的分流，投资容易在短期内收回。但是这里竞争对手多，经营费用高。

客流量因素调查评估的内容：
① 人口密度高，居民集中、稳定，有多样化的需求；
② 处于客流量大的街面；
③ 交通便利，旅客上下车最多的车站或主要车站附近，顾客到达店铺的步行距离小；
④ 接近人们聚集的场所，如医院附近、大型商场、影院附近等。

5. 人口状况与购买力因素

欲开店应与所在商圈的购买力相适应。在高级住宅区里就不能设小型便利商店，在一般住宅区就不能高档饰品、珠宝商店。商圈内的购买力水平取决于商圈内的经济结构是否合理，经济的稳定性如何，居民收入的增长程度。同时，购买力也决定了当地的租金水平。

人口状况和购买力因素调查评估内容：
① 商圈所辐射区域人群疾病谱；
② 年龄；
③ 家庭结构；
④ 收入水平等。

6. 竞争店因素

药店店铺周围的竞争情况对经营的成败产生巨大影响，因此对药店店铺开设地点的选择必须要分析竞争形势。

竞争店因素调查评估内容：
① 店面结构及特色；
② 主力商品；
③ 价格；
④ 优缺点。

思考3-2 请分析下列美信加盟店在选址方面是否存在不恰当之处？如果存在，请指出。

内容回放：某家美信加盟店，又是美信在华中某省的主加盟商。它的选址靠近一个800户的中档居民小区的大门；旁边是交通要道。很显然，美信药房的这处选址决定了它主要是为这里的小区居民服务。

在2005下半年开业时，当天的营业额过万元。开业期后，每天的营业额维持在2000～3000元。有些天，如阴雨天等，日营业额甚至不足1000元。后来，这家美信药房又搞了"远程视频诊疗技术"，但实际效果不明显，因为附近没有医院，处方外流的好处美信药房几乎没有享受到。由于该药房不是医保定点，小区居民就不能来划卡消费。此外，虽然也按照美信的制度要求，也搞了些健康教育、健康管理项目和活动，但小区居民似乎并不领情，有病也照样往医院跑。

四、药店选址的过程与方法

（一）药店选址的一般流程

1. 确定药店商圈

（1）药店商圈的含义　从区域上讲，药店商圈是指药店能够服务顾客的区域范围，是指以药店所在地为中心，沿着一定方向向外延伸到某一距离，并以此距离为半径，形成不同层次的吸引顾客的区域。

（2）药店商圈的类型　药店商圈的类型包括中央商业区、一般商业街、居民住宅区。商圈的类型决定了客流量和租金水平，客流量越多的地方租金水平也越高。

（3）药店商圈的构成　任何一家药店都会有自己特定的商圈。按客流密度的分布，商圈的构成是相同的，即由核心商圈、次级商圈和边缘商圈组成。如图3-2所示。

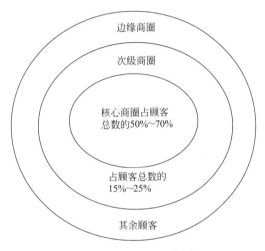

图 3-2　药店商圈的构成

2. 对药店商圈进行立地调查及评估

药店商圈的调查应主要以实地考察为主，一般采集以下几个方面的数据：房产情况、交通情况、客流量大小、消费者情况、竞争情况，并对这些情况进行分析和评估。例如：对客流量的考察，将考察时间分为周一至周五，周六和周日，法定节假日3个部分。对每个部分，早上8点至晚上10点，以2个小时为时间间隔掐表计算从店面经过的人流数。

除了以上几种情况外，还得对欲开店进行投资成本与收益分析。其中药店的投资成本包括租金、押金、折旧费、水电气费、上缴的管理费、销货成本、装潢费用、设备费用、贷款利息、制作广告费。对药店的收入进行预算是对营业额和财务状况进行评估，计算出预计营业额、损益平衡点销售额和经营安全率。

3. 建立完整的药店开发评估报告

一个成功的个案有赖于完整而组织健全的评估工作程序，以及周详记录各个环节所应注意的要点，无论是管理部门或相关发展单位或个人，均能据此考虑开设地点的可能性，因此评估报告内容除应包括房产情况分析、交通情况分析、客流量大小分析外、消费者情况分析、竞争情况分析外，还应附上房产合约、工程评估及大量现场图、相关执照、过户或移转证、税单、全景照片等。

（二）药店店址市场调查评估的作业程序

第一步：绕行观察　带上录音笔、照相机、地图等。

第二步：搜集各项资料 竞争者资料、城市规划资料等。
第三步：产权资料。
第四步：对既有店面状况加以确认。
第五步：可能据点的开发计划。
第六步：人口与交通资料。
第七步：营业额与投资成本预测。

项目小结

药品是一种特殊的商品，药店是一个特殊的经营场所，药店在开办过程中必须严格遵守国家所制定的系统、严格的药品经营方面的政策和法律法规，同时药店也具有一般商店的性质，因而在选址上和一般的商店也有共性之处。

主要概念和观念

◇ 主要概念
药品零售企业　开办　选址
◇ 主要观念
科学选址

项目课时安排

① 实训时间：6 学时。
② 讲授时间：3 学时。

项目考核与评分标准

① 考评者：授课教师。
② 考核内容及评分标准。
以小组为单位进行评分，满分为 100 分。具体为：
a. 连锁药店申办流程是否正确（20 分）；
b. 连锁药店申办所提交资料是否完整（35 分）；
c. 连锁药店选址是否合理（45 分）。

项目综合思考

◇ 思考题
结合所学内容对以下一些问题做出思考。
① 连锁药店应如何申请开办？
② 连锁药店各级人员的专业技术要求是什么？
③ 连锁药店店长的主要职责是什么？你如何理解？
④ 连锁药店在选址过程中应主要考虑哪些因素？
◇ 案例分析题

日本有一家名叫药黑衣库金的连锁药店，1981年，其经营的门店数已达512家，1987年营业额占到全日本零售药店营业额的11%，如今已是一家拥有1327个分店的知名医药连锁企业。就是这样一家药店在其创业初期也曾一度陷入困境，几家门店经营状况非常萧条，公司眼看就要支撑不下去了。为此，其创始人通口俊夫整天苦思冥想突破之道。

一天，通口俊夫沿京坂线坐火车去仅有的3个分店作工作巡查，他坐在火车车厢内，心事重重地想着企业经营的尴尬，很不是滋味。那时，这3家分店几乎呈"一"字形设置在京坂铁路沿线的京桥、干林、梅云这3个车站近旁。忽然，车厢内一名小孩在用指旋弄一个三角板的情形紧紧抓住了他的视线，只见这名小男孩将他一只手指伸进三角板中心的孔中，而用另一只手去拨弄、旋转三角板。他看着看着，忽然灵感顿生，想起了曾看过一部讲述前苏联红军和德军作战的书籍，书中有一句名言是："为了能密切配合友军作战，宜采取三足鼎立的布兵模式，这样，将此三点连接起来，就能有效呼应，保卫好中间的区域。"想到此，通口俊夫兴奋得如黑夜中觅得了耀眼闪电：是啊，企业经营布点配置，不也类同此理吗？

于是，通口俊夫果断决定，将公司过去主要沿铁路干线呈"一"字形设点的布局彻底抛弃，改为像三角板那样分3个顶点重设门店点位。结果，一经试用，经营状况明显好转。原因是这种呈三角状配置的分店格局，使得所围起来的中间区域的消费者不论去哪家分店，最后都成为本公司的顾客。此后，他新开门店时都是以先开一店为据点，然后就近在可以呼应的商圈距离内再开两家店，形成三角形格局，达到最大限度地扩大覆盖商圈且能相互支持的目的；或者以任何两个老店为三角形的两个固定点，再开一个新店，和两个老店构成一个新的三角形。后来，他又发现，这种布点法在门店的服务、配送、促销宣传、广告、药品调剂、人员调配等方面都具有低成本优势，为通口俊夫的连锁药店突破瓶颈、走向成功提供了非常有利的条件。

由通口俊夫创造的这一终端营销兵法——"三角布点法"一问世，便立即轰动了整个药品零售业界，药黑衣库金公司也由此而财源广进，经营规模像滚雪球般迅速发展壮大，并终于笑傲世界，跻身名企之列。

（摘自：http://www.globrand.com/2010/424693.shtml）

思考：药店的选址要考虑哪些因素？

项目实训

◇实训

以小组为单位，开展一次对某一药店的申报和选址调查活动。

项目四　连锁药店营业场所设计

技能目标

能独立对营业场所平面图进行设计

知识目标

1. 掌握药店店面设计的原则、药店招牌设计的注意事项、出入口类型及注意事项、药店橱窗展示的要求、顾客通道的设计、货架与柜台布局、药品的品类与位置
2. 熟悉药店招牌的类型、命名方法、橱窗主要类型、药店的功能区域划分、人工照明的方式、运用灯光照明应注意的事项、药店装饰用色的注意事项、色彩与顾客感受的关系、声音与音响配置
3. 了解药店招牌的文字设计、人工照明的类型、气味设计

项目内容

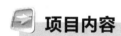

1. 连锁药店店面设计
2. 连锁药店内部布局设计
3. 连锁药店店内环境设计

项目组织与实施环境

（一）项目组织

① 全班自由结合分组，每组5～6人，自行确定各组组长，并进行分工。
② 小组成员可自行选择连锁药店，并从店面设计、内部布局、店内环境等角度整体观察连锁药店，分析其各自的优点与缺点。
③ 以小组为单位完成营业场所平面图设计。

（二）实施环境

① 实训室。
② 教室。
③ 校外连锁药店。

学习情境二　连锁药店设计

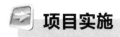 **项目实施**

 **AI DRUG：以爱为转型指针**

AI DRUG 集团创立于 1978 年，是日本的一家医药分销集团，除了处方配药业务、医药品销售业务以及化妆品和健康食品等商品销售事业，也开展了由于居家疗养需求高涨而显得重要的居家医疗、高龄者应对的看护支援事业，以及经营了专为视觉障碍者而设的日间全日制看护服务设施。成立之初仅为一家仅 30 米² 的药店，从自发经营到平价大卖场模式（1992 年），从平价大卖场转为处方配药专门药局（1999 年），然后再到为高龄者护理经营的三个居家疗养设施（2000 年），对地域居民的爱一直是 AI DRUG 集团的转型指针。

在 1992 年开设了达到 300 米² 的美式药店，通过大量陈设商品进行平价销售的策略深受客户欢迎。考虑到将来附近类同平价销售药店的竞争，认为凭借药剂师来提供专业的咨询解答服务才是药局应有的核心。1999 年，AI DRUG 决定把经营了 7 年多的 300 米² 的药店转型为以处方配药业务为核心的"铃兰药局"，开展处方配药业务、看护业务、健康食品和营养辅助食品的咨询解答业务，引入了无菌配药室，还有以药品、健康类商品、化妆品为中心的其他门店。

随着高龄人口的增多，为了给需要看护的高龄者提供护理服务，公司加入到看护领域，对现经营药店进行改造，建设 3 个设施，包括：最多可应对 20 名高龄者的全日制看护服务设施"花桃"；最多接收 10 名的少人数制的、特别为视觉障碍者而设的全日制看护服务设施"秋樱"；让高龄者可以练习站立、就座、行走、更衣、拿取物件等日常生活必需动作，并且利用机械进行锻炼的半日制的看护服务设施"LETs 俱乐部"。这三个设施利用了原来 300 米² 药店的三分之一的面积开设，并与本部相邻，因而可以随时得到药店职员的应对和帮助。这里的经营目标是让高龄者过上"更加舒适和自立自理的生活"，受到地域居民的极大拥护。（摘自：山本武道据《中国药店》2014 年 9 月上半月刊，总第 182 期）

思考：
药店设计自己的营业场所的依据是什么？

本案例表明：在现代商业经营活动中，药店外部的门面装饰、招牌设计、橱窗布置等，药店内部的设备设施、货架布局、灯光照明、色彩运用等，都是围绕着消费者需求开设的。本项目就连锁药店的营业场所设计作详细阐述。

任务一　连锁药店店面设计

顾客经过或进入药店，首先映入眼帘的是店面设计，也就说药店的店面对于药店形象就像人的脸面对于人的形象一样重要，宜人清新的设计，能吸引顾客并留下好的第一印象。总的来说，现代的药店店面设计，主要包括招牌设计、出入口设计、橱窗设计三方面内容。

一、药店店面设计的原则

要设计一个完整的药店店面,其一般遵循的原则是:突出行业特点并能体现医药企业的文化和经营者素养;形成自我的风格;稳中求变的外观装饰;要有较高的能见度;药店店面风格必须与经营的药品品位一致。

二、药店出入口设计

药店的出入口设计,应该本着既方便顾客而又美观的原则。入口选择的好坏是决定药店客流量的关键,怎么进去,从哪里进去,就需要正确的导入,告诉顾客,使顾客一目了然。

(一)药店出入口的类型

这里介绍常见的几种类型。

1. 封闭型出入口

这种类型的药店面向大街的一面用陈列橱窗或有色玻璃遮蔽起来,入口尽可能小些。顾客在陈列橱窗前大致品评后,进入药店内部,可以安静地挑选药品。

2. 半开型出入口

药店入口适中,玻璃明亮,使顾客能看清店内,然后被吸引入店内。这种药店在经营一般药品的同时,可以经营药品延伸的中档药品,橱窗里除了摆放药品外,还可以把经营的其他物品摆放进去,如化妆品、装饰品等。顾客一般从外边看到橱窗,对经营的药品感兴趣才进入店内,但开放的程度不要太高,要保证顾客在店内安静的挑选药品。

3. 开放型出入口

药店店面正对大街的一面全部开放,没有橱窗,顾客出入随便,没有任何障碍。这种类型的药店除了经营药品外,还可以经营生活必需品,如食品、水果等日用品。在我国南方,实行全开放型的药店多而北方则少一些,这是由两地不同的气候决定的。

4. 出入分开型出入口

出口和入口通道分开设置,一边是进口,顾客进来之后,必须走完药店才能到出口结算,这种设置对顾客来说不是很方便,有些强行的意味,但是对商家管理是非常有利的,有效地阻止了物品的偷盗事件发生。同时这种类型出入口对顾客的接待效率也很高。这种出入设置与营业位置、营业规模等有关,一般比较适用于开放货架,顾客自选药品的药店。

(二)药店出入口设计应注意的问题

1. 要考虑行人流动线

店门要设在顾客流量大、交通方便的一边。店门的位置放在店中央,还是左边或右边,这要根据具体人流情况而定。

2. 要有出入口指示

出入口最好能清楚地看清药店的内部,陈列要有强烈的吸引力,以便引起顾客的购买欲望。对于一些开设在楼上或地下室的药店,其入口要设立醒目而有特色的标志,并采取人员促销等方式克服出入口的"先天不足"。

3. 要方便顾客出入

出入口一定要方便顾客进出,因为药店的出入口既有出店的顾客又有进店的顾客。所以必须排除药店门前的一切障碍,如顾客停放的车辆、路牌广告放置的位置、促销展台等。如果药店门前车辆安排不好,杂乱无章,进入药店就很困难。特别是店员在药店门前接待,跟随来店的顾客出入药店,就更加困难。

4. 考虑出入口的大小与季节的变化

出入口大小设置要考虑当地气温情况。一般情况下,应尽可能避开季节变化的影响,但是不同的季节应略有变化。在寒冷的地区和寒冷的季节里，开放程度应当小一些。冬季可把门集中到药店的中央，不完全开放两边的门。夏季可以将门全部打开，保持通风，如果是采用空调调节店内温度，也要考虑门的开放程度。

5. 考虑日光照射和灰尘污染情况

由于日光照射会引起药品变质、变色，开放度大了，药品容易蒙上灰尘。出入口设计时要充分考虑这些因素。

三、招牌设计

在繁华的商业区里，顾客往往首先浏览的是大大小小、各式各样的店铺招牌，寻找自己的购买目标或值得逛的店铺。因此，具有高度概括力和强烈吸引力的药店招牌，对顾客的视觉刺激和心理影响是很重要的。

（一）药店招牌的主要类型

（1）横眉招牌　即装在药店下面的招牌，这是药店的主力招牌。

（2）广告塔　即在药店的建筑顶部竖立广告牌，以吸引消费者，宣传自己的店铺。

（3）壁面招牌　即放置在药店下面两侧的墙壁上，把经营的内容传达给过往行人的招牌，用来增强药店对行人的吸引力。

（4）遮阳篷招牌　即在药店遮阳篷上施以文字、图案，使其成为药店的招牌。

（二）药店招牌命名的方法

（1）以企业的名称命名　这种命名能反映药店经营药品范围及优良品质，树立药店声誉，使顾客易于识别，并产生一睹为快的心理，达到招徕生意的目的。所有的连锁药店都是使用统一的名称。

（2）以服务精神命名　命名反映药店文明经商的精神风貌，使顾客产生信任感。

（3）以经营地点命名　以经营地点命名反映药店经营所在的位置，易突出地方特色，使顾客易于识别。

（4）以人名命名　这种命名能反映经营者的历史，使顾客产生浓厚兴趣和敬重心理。

（5）以美好愿望命名　以美好愿望命名能反映经营者为达到某种美好的愿望而尽心服务，同时包含对顾客的良好祝愿，引起顾客有益的联想，并对药店产生亲切感。

（6）以新奇幽默命名　命名的风趣诙谐，也容易让顾客记忆，也是赢取市场的重要环节。

（7）以花卉或动物名称命名　以花卉或动物名称命名也是企业命名的一种方法。

各种命名方法举例

以企业名称来命名——北京永安堂大药房

以服务精神命名——医药百信连锁、老百姓大药房

以经营地点命名——东北大药房

以人名命名——时珍阁大药房

以美好愿望命名——金康药店

以新奇幽默命名——福生堂

以花卉或动物名称命名——双鹤同德堂连锁大药房

（三）药店招牌命名应注意的事项

药店招牌在命名的过程中要注意以下几项。

（1）易读、易记　它是对药店店名的最根本的要求，药店店名只有易读、易记，才能高效地发挥它的识别功能和传播功能。

（2）促使顾客联想　它是指店名要有一定的寓意，让顾客能从中得到愉快的联想。

（3）口语化已成时尚　近年命名的趋势开始迈向口语化，比如"太太药业"、"联邦"、"三金"等命名为企业省下了大量的传播费用。

（4）莫被人拿来开玩笑　一个招牌名称要是被别人拿来开玩笑的话，证明该命名存在着很大的弱点。

（5）室外标志物牢固结实　室外标志物如招牌灯箱等，要牢固结实，要经过安全检查，能防止强风吹落伤人，以免引起责任事故。

（四）药店招牌的文字设计

药店招牌的文字设计越来越被重视，一些以标语口号、隶属关系和数目字组合而成的艺术化、立体化和广告化的药店招牌不断涌现。药店招牌文字设计应注意以下几点。

（1）药店招牌的字形、大小、凹凸、色彩、位置上的考虑应有助于店门的正常使用。

（2）文字内容必须与本店所销售的商品相吻合。

（3）文字尽可能精简，内容立意要深，又要顺口，易记易认，使消费者一目了然。

（4）美术字和书写字要注意大众化，美术字的变形不要太花太乱，书写字不要太潦草，否则不易辨认，又会在制作上造成麻烦。

（五）药店招牌的色彩设计

色彩运用要温馨明亮、醒目突出。消费者对于招牌的识别往往是先从色彩开始再过渡到内容的。所以招牌的色彩在客观上起着吸引消费者的巨大作用。因此，要求色彩选择上应做到温馨明亮，而且醒目突出，使消费者过目不忘。

小资料

北京"同仁堂"乐家老铺创立于1669年，分号遍布全国各地，素以自制丸散膏丹著称于世。清代乾隆年间，"同仁堂"已誉满京都，进入近代更获得供奉御药房用药的"皇家药店"之优势地位，长期占据我国药业的第一把交椅。

同仁堂虽以经营传统产品而闻名于世，但并不故步自封，而是注重采用先进的营销方法，除旧布新，以奇取胜，使企业保持了旺盛的进取势头。最早的同仁堂店处大栅栏内，地理位置很不理想。为了克服地处偏僻之处的不足，他们在大栅栏胡同东口竖立起一座金光闪闪的铜牌楼，上面写有斗大的"同仁堂药店"五个字。人们一看到牌楼上的字，便知道鼎鼎有名的同仁堂在胡同里面。旧时的北京，市政荒疏，没有电灯照明，晚上一片漆黑，污秽遍地。同仁堂别出心裁，巧妙地利用中华民族挂红灯笼的传统习俗，在北京的一些主要街头巷口挂起红灯笼，五只一排，每只上书一个金色的大字，合起来就是同仁堂药店，使店铺的名号深深印入人们的脑海。这种别致典雅的宣传手法，成为北京最早的市政广告。

（摘自：廖晓中《消费心理分析》）

四、药店橱窗设计

橱窗是以商品为主体，通过背景衬托，并配合各种艺术效果，进行商品介绍和宣传的综合性艺术形式。一个主题鲜明，风格独特，色调和谐的药店橱窗，能激发顾客的购买兴趣，促进顾客的购买欲望，达到增强顾客的购买信心的目的。

（一）橱窗主要类型

根据橱窗的布置方式和空间的分配变化，主要有以下五种类型。

1. 综合式橱窗

综合式橱窗是将许多药品的包装综合陈列在一个橱窗内，以组成一个完整的橱窗广告。这种橱窗布置由于药品之间差异较大，设计时一定要谨慎，否则就给人一种"什锦粥"的感觉。可以分为横向橱窗、纵向橱窗、单元橱窗。

2. 系统式橱窗

大中型药店橱窗面积较大，可以按照药品的类别、性能、用途等因素，分别组合陈列在一个橱窗内。

3. 专题式橱窗

专题式橱窗是以一个广告专题为中心，围绕某一个特定的事情，组织不同类型的物品进行陈列，向顾客传递一个主题。它多以一个特定环境特定事件为中心，把有关商品组合陈列在一个橱窗，又可分为以下几种。

① 节日陈列　以庆祝某一个节日为主题组成节日橱窗专题。

② 事件陈列　以社会上某项活动为主题，将关联药品组合起来的橱窗。

③ 场景陈列　根据药品用途，把有关联性的多种药品在橱窗中设置成特定场景，以诱发顾客的购买行为。

4. 特定式橱窗

特定式橱窗指用不同的艺术形式和处理方法，在一个橱窗内集中介绍某一药品，例如，单一药品特定陈列和药品模型特定陈列等，从而获得好感。

5. 季节性橱窗

根据季节变化把应季药品集中进行陈列，如节日的保健品，秋末冬初的感冒类和风湿类药品，春末夏初的肠胃类药品展示。这种手法满足了顾客应季购买的心理特点，有利于扩大销售。但季节性陈列必须在季节到来之前1个月预先陈列出来，向顾客介绍，才能起到应季宣传的作用。

值得注意的是，现代橱窗陈列的布局更加强调其立体空间感和空间布置。例如，由于药品的摆放多集中于橱窗的中下部分，上部空间可以利用药品广告张贴或悬挂吊旗等办法增加其空间感。

（二）药店橱窗的建立和设备

建立橱窗的第一步就是保证它有足够的光源，因此玻璃的高度、深度、宽度要视城市大小、街道宽窄、店面大小等而有所不同。至于设备，灯光设备是橱窗设备的一个重要组成部分，一个照明良好的橱窗对于吸引顾客、帮助广告宣传，常常会收到良好的效果。橱窗还可以有一些陈列用具，陈列用具的种类、功能、样式都有所区别。

（三）药店橱窗陈列工作的开展

开展药店橱窗陈列工作有以下五个步骤：①构思；②构图；③陈列的准备；④具体布置；⑤管理。

（四）药店橱窗展示的要求

在现代商业活动中，橱窗既是一种重要的广告形式，也是装饰药店店面的重要手段。一个构思新颖、主题鲜明、风格独特、手法脱俗、装饰美观、色调和谐的药店橱窗，与整个药店建筑结构和内外环境构成的立体画面,能起美化药店和市容的作用。具体要求如下。

(1) 橱窗横渡中心线最好能与顾客的视平线相等,使整个橱窗内所陈列的药品都在顾客视野中。而且长度和宽度的比例一定要符合视觉习惯,一般高、宽的比例以 1∶1.62 为佳,这便是通常所说的"橱窗的黄金定律"。

(2) 在橱窗设计中,必须考虑防尘、防热、防淋、防晒、防结冰、防风、防盗等,要采取相关的措施。

(3) 不能影响店面外观造型,橱窗建筑设计规模应与药店整体规模相适应。

(4) 橱窗陈列的药品必须是本药店出售的,而且是最畅销的药品。

(5) 橱窗陈列季节性药品必须在季节到来之前 1 个月预先陈列出来,向顾客介绍,这样才能起到应季宣传的作用。

(6) 陈列药品时,应先确定主题,使人一目了然地看到所宣传介绍的药品内容,千万不可乱堆乱摆分散消费者视线。

(7) 一般药店橱窗陈列的是药品精美的外包装,特别是容易液化变质的药品以及日光照晒下容易损坏的药品,要用其模型代替。

(8) 橱窗应经常打扫,保持清洁。肮脏的橱窗玻璃,橱窗里面布满灰尘,会给顾客不好的印象,引起顾客对药品的怀疑或反感而失去购买的兴趣。

(9) 橱窗陈列需勤更换。

任务二 连锁药店内部布局设计

店堂是药店的重要组成部分,店堂布局本身即具有较强的促销功能。其考虑的基点是把进入药店的顾客群看作是消费流,把店堂布局看作是以出入口为连接的消费通道。最佳的店堂内部布局要设立不同的功能区域,可以科学地组织消费通道,使消费者合理地流动,促进药品消费的实现。

一、药店的功能区域划分

根据店面的实际情况、经营特点及国家有关部门的要求,店堂布局应划分为以下几个区。

1. 营业区

营业区的面积应占到整个店堂的绝大部分。营业区应宽敞、明亮、整齐。

2. 服务区

在靠近门窗附近开辟服务区,设置服务台,放置顾客意见簿,并有专人负责对顾客的咨询进行解答。

3. 办公区

大、中型药店都应设有经理、会计、采购员等人员的办公室,小型药店可采用装饰材料隔开一个办公区,供经理、会计人员办公之用。

4. 员工休息区

药店工作人员可在休息区内更衣、存放个人的物品,既可方便职工也符合规范管理的要求。

5. 仓库

一般情况下,药店都把仓库设在营业厅的后面。仓库的面积视药店的规模而定,一般不应该少于 20 米^2。仓库的设置要做到清洁,门窗要坚固,防风雨侵蚀。

二、顾客通道的设计

通道由柜台与柜台、货架与货架、柜台与展示台之间的空间组成，是顾客在店内的活动空间。它是顾客行走、站立在柜台或货架前挑选及购买商品所需空间的总和。

一般来说，通道有以下几种形式。

1. I型（即直线式）

即柜台和通道呈矩形分段布置。这种规则化方法布置使顾客易于寻找货位地点，也易于采用标准化柜台，但容易造成冷淡气氛，易使顾客产生被催促的感觉，顾客自由浏览受到限制。

2. 口字型

对于中小规模的药店来说，要尽可能地采用"口字型"，也可以采用"日字型"的通路设计。即在店堂内将货架摆放成口字或日字型，这种客导线有利于顾客在店内的回游，让顾客多浏览药品，增加顾客的购买机会。

3. "回"字型

即通道布局以流畅的圆形或椭圆形按从右到左的方向环绕整个药店，使顾客依次浏览药品，购买药品。在实际运用中，"回"形通道又分为大回型和小回型两种线路模型。大回型通道适合于营业面积在400米^{2}以上的药店。顾客进入药店后，从一边沿四周"回"形浏览后再进入中间的货架。它要求药店内部一侧的货位一通到底，中间没有穿行的路口。小回型通道适用于营业面积在200米^{2}以下的药店。顾客沿一侧前行，不必走到头，就可以很容易地进中间货位。

4. 曲线式

即呈不规则的曲线通道，可任意布置货位。开架销售常用这种形式。曲线式通道能创造活跃的药店气氛，便于顾客选购时浏览，可任意穿行，增加随意购买的机会，但易浪费场地面积，顾客寻找货位不够方便。

三、货架和柜台布局

（一）货架设计

货架的制造材料有很多种，如玻璃、木头、金属、塑料等，一般药店使用的是金属货架，坚固耐用，不会变形。货架最好可拆卸组装，每层隔板能上下调节，能适应不同形状大小药品摆放的需要。

店内使用的货架应尽量适合所要放置的位置。紧靠墙壁放置的货架高度一般为1.6~2.2米，放置在店堂中间的货架一般来说高度为1.5米左右。

陈列台一般置于药店的入口或货架的两端比较显眼的地方，陈列台展示特价药品、打折药品或新药，主要是用来吸引顾客。

至于药店使用哪种规格的货架或柜台比较合适，要结合店堂具体的情况和经营风格而定。一般说来，中央陈列货架不宜太高，以方便顾客环视，靠近店堂四周的货架可稍高一些，使顾客远远地就能看见药品。

（二）柜台设计

柜台是药品陈列和销售人员的工作场所，主要由前面的饰柜柜台、后面的壁柜和二者中间构成售药人员的走道三部分组成。柜台多是透明的玻璃，可设置多个层次，柜台的最下层有时是做成橱柜的。柜台的高度一般为80厘米。

(三) 货架和柜台布局的类型

1. 格子式布局

格子式布局这是传统的药店布局形式。格子式布局是药品陈列货架与顾客通道都呈长方形状分段安排，而且主通道与副通道宽度保持一致，这种布局有两种情况：一种是开放型的布局，所有货架相互呈并行或直角排列，店员与顾客的空间是混合在一起的；另一种是半封闭型的布局，货架紧靠四周墙壁，货架前面放置了柜台，店员站在货架和柜台之间，营业场所四周属于封闭型，店堂中间采取开放型的布局，放置了并列的货架，这种布局是把处方药陈列于四周的封闭型货架内，店堂中间则陈列了OTC、保健品或食品等，购物者转个弯就可以到达另一条平行的通道上，这种直的通道和90度的转弯，可以使顾客以统一方向有秩序地移动下去。

2. 岛屿式布局

岛屿式布局是在营业场所中间布置成各不相连的岛屿形式，在岛屿中间设置货架陈列药品。这种形式一般主要陈列体积较小的药品，有时也作为格子式布局的补充。现在国内的药店在不断改革经营手法，许多药店引入各种品牌专卖柜，形成"店中店"形式，于是，岛屿式布局被改造成专卖柜布局形式正被广泛使用着，这种布局是符合现代顾客要求的。专卖柜布局可以按顾客"一次性购买钟爱的品牌药品"的心理设置，一般把某一品牌的保健品、化妆品或医疗器械等采取这一方法在店内布局，效果不错。形成几个系列药品专区，如儿童系列产品专区（儿童药品、器械、保健品、儿童护肤洗涤用品等），糖尿病系列产品专区（降糖药品、血糖仪、血糖试纸、降糖食品等）。

3. 自由流动式布局

自由流动式布局是以方便顾客为出发点，它试图把药品最大限度地展现在顾客面前。这种布局有时既采用格子形式，又采用岛屿形式，使顾客通道呈不规则路线分布。药店的四周可以设计成封闭性的货架和柜台的组合，而中间采取的是开放性的形状多变的货架或者是层次分明的展台等。

(四) 中药百子柜

中药百子柜装药的排斗顺序称为斗谱。中药百子柜药斗的排列有一定的规律和要求，斗谱编排是否科学合理，直接影响配方的效率和质量。以下介绍两种常用的排斗方法。

1. 按入药部分排列

将药物按其入药部分分为根、茎、叶、花、果实、种子、动物、矿物等若干类，每类药材按一定顺序排列在格斗内。

特点是分类清楚，配方人员接到处方后，便能知道每一味药的大概位置所在，无需到处寻找。适用于业务量小，中药品种少的药店。

2. 按药物功效分类并结合习惯用药排序

（1）按药物的功效分类　解表药、清热药、泻下药、祛风湿药、芳香化湿药、利水渗湿药、温里药、理气药、消食药、驱虫药、止血药、活血祛瘀药、化痰止咳平喘药、安神药、平肝息风药、开窍药、补虚药、收涩药、涌吐药、外用药及其他等。

（2）结合习惯用药排序

① 常用中药饮片置于中上部；

② 冷背及体轻用量少的品种置于上部；

③ 量大体轻泡的宜装在底部大斗中；

④ 体重的矿物药宜置于下部大斗格中分存；

⑤ 外用药应置于远端大斗格分存；

⑥ 蜜炙类饮片，若装于斗内，应有容器另装加盖，或另柜用容器陈列。

小资料

货架、陈列台、柜台、中药百子柜等的选定和配置，通道的宽度和容易进入通行都是要加以细心考量的。可以多多参考店铺设计的有关书籍。

四、药品品类与位置的配置

（一）药品品类的配置

药品品类配置目标有三个：第一个是给顾客生活带来便利；第二个是能满足顾客生活必需；第三个就是让顾客买起来方便和愉悦。

对于药店来说，要实现"丰富有弹性的商品"配置，有三个重要因素。

其一，就是将多种类的商品按照其理想配置（在符合 GSP 的基础上）做分类，其商品的组合目标就是要让顾客觉得这些商品对他们生活有很大便利性。

其二，将已经分类的商品充分地备齐品目，以便让顾客能充分选择他们生活上所必需的商品。

其三，将已经分类的商品中比较有关联性（附属性）的安排在一起，让顾客买起来方便和愉快。以上是落实"丰富有弹性的商品"的三大重点。

如何将药店多种类的商品按照其理想配置（在符合 GSP 的基础上）做分类呢？不同行业有不同的分类方法。由于药店属于零售业，具有普通零售商店的特点。因而在药店经营过程中，除应符合 GSP 的分类要求外，更应结合零售业的归类原则来管理药店的商品。一般来说，在零售业，一般按照消费者的消费习惯归类，把消费者可能购买的关联性产品放在一起。

一般而言，药店的商品通常可划分为大、中、小、细目四个分类层次。整个药店的商品由几个大分类构成，而大分类则是由数个中分类组成，中分类则是由数个小分类组成，小分类则是由几十个甚至几百个单品品项组成。细目则是小分类下的更细分。分类的层次关系如图 4-1 所示。

在分类过程一般需遵循以下几大原则。

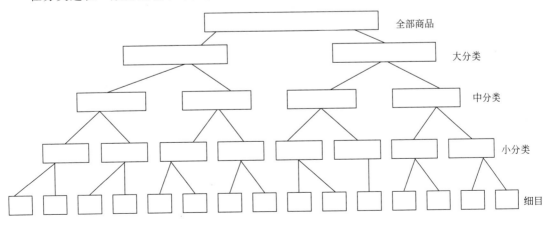

图 4-1　商品分类层次

1. 大分类的分类原则

在零售业，大分类的划分最好不要超过 10 个，这样比较容易管理。不过，这仍需视经营者的经营理念而定，若想把事业范围扩大到很广的领域，可能就要使用比较多的大分类。大分类的分类原则通常依商品的特性来划分。如生产来源、生产方式、处理方式、保存方式等。类似的一大群商品集合起来作为一个大分类。

2. 中分类的分类原则

（1）依商品的功能、用途划分　依商品在消费者使用时的功能或用途来分类。

（2）依商品的制造方法划分　有时某些商品的用途并非完全相同，若以用途、功能来划分比较困难时，可以就商品制造的方法近似来加以划分。

（3）依商品的产地或制造商划分　在经营策略中，有时候会希望将某些商品的特性加以突出，又必须特别加以管理，因而发展出以商品的产地来源作为分类的依据。

3. 小分类的分类原则

（1）依功能用途划分　此种分类与中分类原理相同，也是以功能用途来作更细分的分类。

（2）依规格、包装形态划分　分类时，规格、包装形态可作为分类的原则。

（3）依商品的成分划分　有些商品也可以商品的成分来分类。

（4）依商品的口味划分　以口味作为商品划分的依据。

4. 细目的分类原则

商品细目是对商品品种的详尽区分，它更能具体地反映出商品的特征。它的分类原则：可依商品的功能、用途或要求划分；依商品的制造方法划分；依商品的产地划分；依规格、包装形态划分；依商品的成分划分；依商品的口味划分；依销售的排名划分（A\B\C 三类）等。

分类的原则在于提供做分类的依据，它源自于商品概念。而如何活用分类原则，编订出一套适合自己的好的分类系统，正是此原则的真正重点所在。

思考 4-1：药店的大、中、小分类以及细目如何？

（二）药品的货位布局

走进一家药店，总会看到不同种类的商品陈列在药店的不同位置，各自占药店营业面积的比例也各不相同。比如非处方药类通常在药店的中央部分陈列，货架多，营业面积大；医疗器械类产品则陈列在药店最靠里的部分，营业面积要比非处方药类小。那么如何确定不同种类商品在药店中的位置和营业面积呢？这就涉及药店内部的商品货位布局问题。

商品货位布局是关系到药店经营成败的关键环节，假如布局不当，顾客想要的商品，不能方便快捷地找到，那么就会大大降低购物意愿，对药店经营业绩产生影响。

1. 不同种类商品的面积分配

要较正确地确定不同种类商品的营业面积分配，必须对来药店购物的消费者的购买情况做出正确的判断与分析。下面是一份某药店商品面积分配的大致情况：处方药 30％、感冒咳嗽类 5％、肠胃类 5％、止咳化痰平喘药 6％、保健品 20％、医疗器械 10％、其他商品 10％～24％等。

这样的商品面积分配比例，是建立在多次调研基础上的，能基本满足消费者的要求。但需要说明的是，我国幅员辽阔，地区消费水平差异较大，消费习惯也不尽相同，每个经营者必须根据自己所处商圈的特点和药店本身定位及周边竞争者的状况做出商品面积分配的选择。具体可以有以下几种方法。

（1）第一种：参照法。即参照当地同等规模、业绩较好的药店的商品营业面积分配。

（2）第二种：需求导向法。通过调研药店所在商圈内消费者数量、构成、购买力、购买习惯、潜在需求等，来确定自己药店的商品面积分配。

（3）第三种：实践法。先开业一段时间，之后再根据实际情况进行营业面积分配。最简单的方法就是，给销路好的商品分配更多的陈列面积。

2. 药品的位置配置

针对药店药品种类繁多的特性，药品品类的关联性配置按消费者的购买习惯来确定较好，并且相对地固定下来，方便消费者寻找。一般来说，长期的行为习惯使消费者到药店时也不自觉地沿着逆时针方向行走，因此在一个有许多支道的药店里，一般购买处方药的顾客比较少，处方药一般不需花时间比较，因此通常摆放在各个逆时针方向的入口处或营业场所的四周；而根据经常被购买的感冒类和慢性病药品，购买时消费者较挑剔，一般花较多的时间，这类药品通常应摆放在距离逆时针入口较远的地方。也可以把一些季节性的热门药品放在一般的货架上，放在顾客最容易看到的地方。实验证明，销路较差的药品移到同顾客眼睛平行的货架上，销量可增加 20%。如果为了加速资金周转和获得更多利润，则需要把那些价格贵、利润高的药品放在最显眼的地方。

（三）磁石理论与货位布局

1. 磁石理论

所谓磁石，药店中最能吸引顾客眼光注意力的地方，磁石点就是顾客的注意点。要创造这种吸引，必须依靠商品的配置技巧来完成。在不同的磁石点放置适合的商品，促进销售，并引导顾客逛完整个药店。

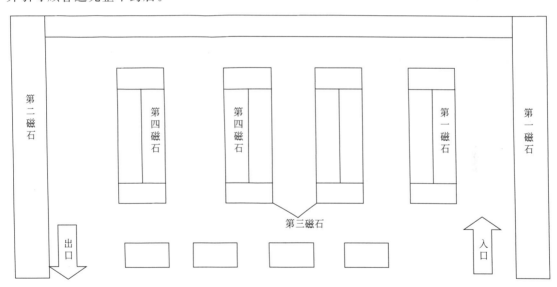

2. 磁石理论与货位布局

磁石理论与货位布局见表 4-1。

表 4-1 磁石理论与货位布局

磁石	位置	作用	特点	货位布局
第一磁石	主通道两侧	强有力的刺激消费	商品销售最主要的地方	① 主力商品 ② 购买频率高的商品 ③ 销售量大的商品 ④ 采购力强的商品

续表

磁石	位置	作用	特点	货位布局
第二磁石	穿插在第一磁石之间,延续到药店末端	引导顾客进入最里端	引导消费,延长顾客逗留时间	① 流行商品 ② 引人注目的商品 ③ 季节性强的商品
第三磁石	药店货架两头的端架,尤其朝向出口的端架	刺激顾客、留住顾客	利润来源	① 特价商品 ② 厂商促销商品 ③ 季节商品 ④ 高利润商品
第四磁石	副通道的两侧		陈列线中引人注意的位置	① 有意大量陈列的商品 ② 有醒目促销标志的商品 ③ 非主流商品

任务三　连锁药店店内环境设计

药店内部环境的美化与装饰可以增加药店的吸引力,使顾客在优雅的购物环境中流连忘返,购买自己满意的商品;可以减轻营业员的疲劳程度,提高劳动效率。店内环境装饰设计主要包括灯光照明设计、色彩运用、声音和音响配置、气味设计等内容。

一、灯光照明设计

药店灯光照明的目的在于正确传达药品信息,展现药品魅力,吸引顾客进入药店,达到促销目的。

药店营业场所一般主要采用自然光,既可以展示药品原貌,又能够节约能源。但自然光源受建筑物采光和天气变化影响,远远不能满足营业场所的需要,特别是大型药店多以人工照明为主。

(一) 人工照明的类别

药店的人工照明分为基本照明、特殊照明和装饰照明。

(1) 基本照明　为使整个店堂及各个部分获得一定的能见度而进行的照明,需要范围较广、比较均匀的照明,以照亮整个店堂。如天花板上的荧光灯、吊灯、吸顶灯、壁灯就是基本照明。

(2) 重点照明　重点照明也称特殊照明,是为了突出药品优异的品质、增加药品的吸引力而设置的照明。常用的重点照明有聚光灯、彩色灯、探照灯等灯具定向照射,其配置一般根据药品特性或药店所需要突出的风格来确定。重点照明还需要根据药品种类、形状及性能等方面选择好照射角度,不同的照射角度能制造出不同的效果。

(3) 装饰照明　为求得装饰效果或强调重点区域而进行的照明。装饰照明多采用彩灯、壁灯、吊灯、落地灯、霓虹灯等造型别致的灯具。装饰照明能宣传药品、美化药店、渲染气氛,从而为顾客提供愉悦的购物环境,同时这也是药店塑造其视觉形象的一种有效手段。

(二) 人工照明的方式

灯光的使用上,可采用直接照明、间接照明、半间接照明、集束照明、彩色照明等方式,以增强某些特定药品对顾客的吸引力,争取取得良好的推销效果。

(1) 直接照明　光源垂直往下或者直接照射在陈列的药品上,需要高亮度的大型药店可采取此方式。

(2) 间接照明　又称建筑化照明，是将光源隐藏于天花板或墙壁内，借着反射出的亮度照明的方式，比较适用于中小型零售药店。

(3) 半间接照明　利用托架照明或垂吊照明之类的器材，借着天花板、墙壁，以反射光源的方式来照明，某类药品的专卖店、小型药店可以采取此种照明方式。

(4) 集束照明　采用几组灯光交叉射向某处。

(5) 彩色照明　利用彩色灯泡或彩色光片加在灯前，变幻出五颜六色的灯光，这种方式使用很少，基本上无人使用。

这些特殊的照明设备既美化了药店的环境，又起到了吸引顾客注意力，引发其购买欲望的作用，可谓一举两得。

（三）运用灯光照明时需注意的事项

(1) 药店照明重视亮度分布　整个营业场所的照明不是一律相同的，而是根据不同的区域有所强调。零售店面和店内照明亮度的均衡分配应是：以全体照明的店内平均照度为1，店面橱窗为2～4倍，店内正面深处部分为2～3倍，药品陈列面为1.5～2倍，另外，需要加倍亮度的地方，只要加上局部照明即可。

(2) 防止照明对药品的损害　需要注意的是，在运用灯光时，一定不能使用过高光源。过高光源不利于商品的安全。

(3) 选择灯光要恰当　对灯泡的一般要求是光源隐蔽，色彩柔和，避免用过于鲜艳、复杂的色光，尽可能反映药品的本来面貌，给人以良好的心理印象。

二、色彩运用

"红花虽好，还需绿叶衬"，不同的色彩对顾客的心情产生不同的影响和冲击，因此很多商品及包装都采取各种各样的色彩搭配以吸引顾客的注意力，给顾客留下赏心悦目的印象。

（一）色彩的基本知识

1. 色彩的分类

(1) 有彩色系与无彩色系

有彩色系是光谱上呈现出的红、橙、黄、绿、青、蓝、紫，再加上它们之间若干调和出来的色彩。只有有彩色才具备色彩的三要素：色相、明度、纯度。

无彩色系有黑、白、灰色，色度学上称之为黑白系列。无彩色系没有色相和纯度，只有明度变化。色彩的明度可以用黑白来表示，明度越高，越接近白色；反之亦然。

(2) 类似色、对比色与互补色

类似色，在色环60度之间，其搭配给人以雅致、和谐的感觉。

对比色，在色环120度之间，属色相中强的对比，有鲜明的色相感，其搭配给人以强烈、活泼的感觉。

互补色，在色环180度之间，色相中最强的对比，这样的对比饱满、生动、活跃，其搭配和对比色搭配一样，给人响亮、炫目的感觉。

2. 色彩的混合

颜料中有三种色是不能由其他色调和出来的，而用这三种色可以调和出任何一种色彩。这三种色就是红、黄、蓝，被称为色彩的三原色。红色系与黄色系相调得到一系列橙色；红色系与蓝色系相调得到一系列紫色；黄色系与蓝色系相调得到一系列绿色。

（二）色彩的感情

色彩的感情见表4-2。

表 4-2　色彩的感情

名　　称	色彩的感情
红	快乐、甜蜜的、罗曼蒂克、健康、勇敢、活泼、吉祥、激昂、热情、愤怒、干燥、仇恨
橙	成熟、谦和、轻巧、甜蜜的、炫耀、活泼、暖和、慈祥、冲动、妒忌、虚伪
黄	愉快、可爱、幼稚、希望、明朗、高贵、贵重、娇嫩、轻佻、猜疑
绿	健康、安全、细嫩、爽快、生长、年轻、纯真、和平、舒服、信任、亲情
蓝	优雅、理智、清高、尊严、和平、轻柔、淡泊、深奥、自由、永恒、忧郁、哀愁、孤僻、沮丧
紫	忧婉、含蓄、清秀、华贵、神秘、富贵、恋爱、大方、温柔、自傲、不安、衰老、虚伪、矛盾
白	洁净、光明、神圣、同情、平等、守制、空虚、冰冷、恬淡、失败
灰	温和、中庸、谦让、平凡、中立、粗糙、遗忘、暖昧、阴影、灰心、顺服
黑	寂静、严肃、沉默、结实、虔诚、信仰、忠毅、坚硬、悲哀、恐怖、罪恶、黑暗、绝望

（三）色彩与顾客的感受

人们对色彩的感觉来自于物理的、生理的、心理的几个方面。

由于人们从火和太阳那里获取温暖，自然就形成了一种直觉的心理反应：红色给人们温暖的感觉；蓝色给人以清凉的感觉；白色使人想到冰天雪地，给人冷清的感觉；黑色则吸收了光热，能给人以暖和的感觉。

色彩的冷暖是最基本的心理感觉。掺杂了人们复杂的思想感情和各种生活经验之后，色彩也就变得十分富有人性和人情味。

色彩设计中的色彩感觉与色彩情感见表 4-3。

表 4-3　色彩设计中的色彩感觉与色彩情感

色彩种类	色彩感觉	色彩情感
红色	热	刺激
绿色	凉	安静
青色	较冷	较刺激
紫色	中性	少刺激
橙色	暖	较刺激

一般说来，暖色给人以温暖、快活的感觉；冷色给人以清凉、寒冷和沉静的感觉。如果将冷暖两色并列，给人的感觉是：暖色向外扩张，前移；冷色向内收缩，后退。

在色相方面，红、橙、黄色具有兴奋感，青、蓝、蓝紫色具有沉静感，绿与紫为中性。偏暖的色系容易使人兴奋，即所谓"热闹"；偏冷的色系使人沉静，即所谓"冷静"。

总的来说，暖色有膨胀感、重感、硬感、前进、华丽、兴奋的意象，但容易使人感到疲惫和烦躁不安；冷色有收缩、轻感、后退、冷静、朴素的意象，但灰暗的冷色容易使人感到沉重、阴森、忧郁；只有清淡明快的色调才能给人以轻松愉快的感觉。

（四）色彩的可视度

当光照强弱和物体大小一定时，物体能否被辨别清楚，则取决于物体色与背景色在明度、色调、彩度上的对比关系。

日本根据配色原理，做了一个相关的研究，取红、橙、黄、绿、青、蓝、紫及黑、灰、白十个纯色作为图形色和底色。

研究结果，可视度高的配色顺序如表 4-4 所示。

表 4-4 可视度高的配色顺序

图形色	黄	黑	白	黄	白	白	白	黑	绿	蓝
底色	黑	黄	黑	紫	紫	蓝	绿	白	黄	黄
顺序	1	2	3	4	5	6	7	8	9	10

研究结果，可视度低的配色顺序如表 4-5 所示。

表 4-5 可视度低的配色顺序

图形色	白	黄	绿	蓝	紫	黑	绿	紫	红	蓝
底色	黄	白	红	红	黑	紫	灰	红	绿	黑
顺序	1	2	3	4	5	6	7	8	9	10

（五）药店装饰用色的注意事项

在色彩布置上，药店应以让顾客感到舒适、轻松为前提，不同的药品可以用不同的颜色做背景。如将中药柜中的中药饮片和部分中药材布置成金黄色的背景，而将注射剂等药品柜布置成浅蓝色背景，让顾客身临其境，勾起强烈的购买欲望。不过药店的色彩应以淡色调为主，若药店的面积不大，就不应用太多的色彩。相反，若面积较大甚至有多层，则可视药品、楼层的不同而采用不同的色彩。色彩运用的原则如下：①色彩运用要在统一中求变化；②避免大面积单纯用色；③药店不宜单独使用黑色；④色彩要随季节作相应的变化；⑤根据不同地区的气候特点调配颜色；⑥利用色彩影响顾客视觉。

三、声音和音响配置

1. 药店声音的作用

药店的声音，能够吸引顾客对商品的注意，指导顾客选购商品，药店向顾客播放商品展销、优惠出售信息，可引导顾客选购。营造特殊氛围，促进商品销售。随着时间的不同，药店定时播放不同的背景音乐，不仅给顾客以轻松、愉快的感受，还会刺激顾客的购物兴趣。

药店应该建立背景音乐系统。国外一项调查研究显示：在药店里播放柔和而节拍慢的音乐，会使销售额增加 40％，快节奏的音乐会使顾客在店里流连的时间缩短而减少购买物品。

2. 使用音响的注意事项

药店在使用音响的过程中要注意以下几点。

（1）音乐的播放要注意时间　音乐的选择应依时段不同，如上班前、开店迎客、人流低潮期、员工紧张工作而感到疲劳时、临近营业结束时，而作不同的搭配。

（2）音乐的种类对药店的销售产生积极的影响　音乐要与药店想创造的气氛协调，一般而言，仍以轻快的轻音乐为主，甚少选用歌曲的乐曲，当然亦应避免色彩太浓的音乐，以减少部分顾客反感。

（3）音乐的密度要适度　音乐的密度指的是声音的强度和音量。如果掌握不好，声音过高，则会令人反感，声音过低，则不起作用。因此，音乐的响度一定要与药店力求营造的店内环境相适应。

四、气味设计

药店内的气味，对创造最大限度的销售额来说，也是至关重要的。如果药店内气味异常，药品销售不会达到可能达到的数量；气味正常，会吸引顾客购买这些药品。

药店里同样也有令人不愉悦的气味，这类气味会把顾客赶出药店。如发霉的地毯味，纸烟的烟味，强烈的染料味，残留的尚未完全熄灭的燃烧物的气味，汽油、油漆和保管不善的清洁用品的气味，洗手间的气味等。邻居的不良气味，也像外部的声音一样，会给药店带来不好的影响。总之，药店里的气味，一定要能够促进顾客购买。

项目小结

良好的门面能够给消费者良好的印象。优美的橱窗可以激发消费者浓厚的购买兴趣和购买欲望。药店的通道设计、货架布局、光线照明、色彩运用、音响调节等能影响消费者的心理感受。

主要概念和观念

◇ 主要概念
店面设计　内部布局　环境设计
◇ 主要观念
营业场所设计

项目课时安排

① 实训时间：6 学时。
② 讲授时间：8 学时。

项目考核与评分标准

① 考评者：授课教师。
② 以小组为单位完成营业场所平面图设计。
小组成员可自行选择连锁药店，并从店面设计、内部布局、店内环境等角度整体观察连锁药店，分析其各自的优点与缺点。
③ 考核内容及评分标准。
以小组为单位进行评分，满分为 100 分。具体为：
a. 对所选择的连锁药店的店面设计的优缺点是否分析到位（15 分）；
b. 对所选择的连锁药店的内部布局的优缺点是否分析到位（15 分）；
c. 对所选择的连锁药店的店内环境的优缺点是否分析到位（15 分）；
d. 药店营业场所平面图设计是否合理（30 分）；
e. 药店营业场所平面图设计是否有创意（25 分）。

项目综合思考

◇ 简答题
结合所学内容对以下一些问题做出思考。
① 格子式布局与岛屿式布局有何不同？
② 药店的橱窗设计要注意哪些内容？
③ 药店应该如何按照品类进行商品配置？

◇选择题

1. 药店入口适中,玻璃明亮,使顾客能看清店内,然后被吸引入店内。顾客一般从外边看到橱窗,对经营的药品感兴趣才进入店内,属于(　　)。

　　A. 封闭型出入口　B. 半开型出入口　C. 开放型出入口　D. 出入分开型出入口

2. (　　)是以一个广告专题为中心,围绕某一个特定的事情,组织不同类型的物品进行陈列,向顾客传递一个主题。它多以一个特定环境特定事件为中心,把有关商品组合陈列在一个橱窗。

　　A. 综合式橱窗　　B. 系统式橱窗　　C. 专题式橱窗　　D. 特定式橱窗

3. (　　)是药品陈列货架与顾客通道都成长方形状分段安排,而且主通道与副通道宽度保持一致。

　　A. 格子式布局　　B. 岛屿式布局　　C. 自由流动式布局　D. 斜线式布局

4. (　　)将光源隐藏于天花板或墙壁内,借着反射出的亮度照明的方式,比较适用于中小型零售药店。

　　A. 直接照明　　　B. 间接照明　　　C. 半间接照明　　　D. 集束照明

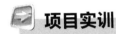

项目实训

◇实训

调查当地药品零售连锁企业门店设计情况并画图。

学习情境三

连锁药店运营

项目五　连锁药店药品陈列与标价管理

技能目标

1. 能熟练并有技巧地陈列药品
2. 能对药品进行标价与补上货管理

知识目标

1. 了解药品陈列的含义、作用
2. 熟悉陈列药品的标价、补上货管理以及维护
3. 掌握药品陈列的原则和要求
4. 掌握药品陈列的方式与技巧

项目内容

1. 药品陈列认知
2. 陈列的原则与要求
3. 药品陈列的方式与技巧
4. 陈列药品的标价、补上货管理以及维护

项目组织与实施环境

（一）项目组织

① 将全班分为若干组，指导老师指定所需陈列的药品。
② 小组成员可自行选择货架或柜台，根据所选择的药品的特点，进行不同类型的技巧陈列。

（二）实施环境

① 实训室。
② 教室。

项目实施

 **应对突发事件，药店如何做好商品陈列？**

B药店营业面积400米^2，最近由于保健品"四非"检查，撤了许多非药品，导致货架上的商品稀稀落落，有的地方甚至空荡荡的。药店光线也比较晦暗，门口虽然摆放了枸杞子、菊花、麦冬、阿胶等促销产品，但由于没有其他道具配合（POP广告、海报等），并没能吸引顾客的眼球。

（资料来源：http://www.yyjjb.com/html/2013-07/01/content_194670.htm）

思考：
应对药店的突发事件，应如何做好商品陈列尤其是生动化陈列？

案例表明：药品陈列是否美观，陈列位置是否有利于消费者迅速寻找，都直接影响到消费者的购买。本项目就药品陈列作详细阐述。

任务一 药品陈列认知

一、药品陈列的含义

药品陈列是以药品为主题，来展示药品，突出重点，反映特色，以引起顾客注意，提高顾客对商品了解、记忆和信赖的程度，从而最大限度地引起顾客的购买欲望。

二、药品陈列的作用

1. 药品陈列是达到药品销售目标的一种重要手段

好的陈列可以统筹安排空间、协调产品分类和提升顾客感受，提高药品综合销售率。由于医药市场的特殊性，药品陈列与一般商品专卖店陈列有很大不同，一般商品专卖店陈列是以展示为主，销售为辅；而药品陈列的目的则是最大限度地促进销售，提高产品的市场竞争力。陈列是否合理将直接影响销售。合理的陈列可以方便顾客购物，刺激销售，节约人力，充分利用空间，美化环境，降低成本。因而药品陈列是达到药品销售目标的一种手段。

2. 药品陈列是药品广告的有效补充

一方面药品广告只是向顾客告知一种药品或品牌，而药品陈列则是使顾客身临其境（他们可以通过视觉、触觉和嗅觉等方式来了解药品）；另一方面药品广告的影响产生在人们在家休息或从事别的活动时（例如：乘坐公共汽车），而药品陈列的影响则产生在顾客的购买地点。可见，通过药品广告，药品陈列能更有力地把信息传递给顾客。此外，药品陈列还可以勾起顾客对药品广告的回忆，进而影响消费。所以说药品陈列是药品广告的有效补充。

任务二　药品陈列的要求与原则

一、药品陈列的要求

在药店陈列药品，必须符合《药品经营质量管理规范》(GSP)的要求。

GSP中有关药品陈列的要求是，药品应按剂型或用途以及储存要求分类陈列和储存，即：

（1）药品与非药品分开；

（2）处方药（Rx）与非处方药（OTC）分开；

（3）内服药与外用药分开；

（4）易串味药品与一般药品分开；

（5）中药饮片装斗前应做质量复核，不得错斗、串斗，防止混药，饮片斗前应写正名正字（参照《中华人民共和国药典》）；

（6）拆零药品要集中存放于拆零专柜，并保留原包装的标签；药品拆零销售使用的工具、包装袋应清洁和卫生，出售时应在药袋上写明药品名称、规格、服法、用量、有效期等内容；

（7）危险品不能陈列；

（8）特殊药品要单独存放。

二、药品陈列的原则

1. 易见易取原则

顾客看不到的药品以及不方便顾客拿取的药品，都不会被顾客考虑购买，除非顾客非使用这种药品不可。由此可见，陈列时不仅要考虑如何让顾客看得清楚，而且还要让顾客手拿得到，这非常重要。具体的做法是：药品正面面向顾客，不被其他药品挡住视线；货架最底层不易看到的药品要倾斜陈列或前进陈列；整箱药品不要上货架，中包装药品上架前必须全部打码上架。对卖场主推的新品或DM上宣传的药品突出陈列，可以陈列在端架、堆头或黄金位置，容易让顾客看到药品，从而起到好的陈列效果。

2. 满陈列原则

药品陈列种类与数量要充足，以刺激顾客的购买欲望。药品品种丰富是吸引顾客、提高销售额的重要手段之一。品种单调、货架空荡的药店，顾客是不愿进来的。因此，要及时补货，避免出现"开天窗"的现象。

3. 先进先出、先产先出的原则

药品按照效期或购进记录进行销售。药品效期或购进记录在前，优先陈列，易变质药品也应放在货架前端优先推荐。

4. 关联性原则

将功能相同的药品放在一起陈列。尤其是自选区非常强调药品之间的关联性，如皮肤科用药和皮肤科外用药相邻、维生素类药和钙制剂在一起等，这样陈列可使顾客消费时产生连带性，方便了顾客购药。

5. 同一品牌纵向（垂直）陈列原则

纵向陈列与横向陈列相对而言，是指将同一品牌的药品，沿上下垂直纵向方向陈列在货架的不同高度的层位上，优点为：①因为人在挑选药品时视线上下移动较横向移动方便，所以垂直纵向陈列既可满足顾客的方便性，又能满足药品的促销效果；②货架的不同层次对药品的销售影响很大，垂直纵向陈列可使各药品平等享受到货架不同的层次，不至于因某药品占据好的层次而销量很好，而其他药品在比较差的层次销量很差。

6. 季节性陈列原则

在不同的季节将应季商品（药品）陈列在醒目的位置（端架或堆头陈列），其商品陈列面、量较大、并悬挂POP广告，吸引顾客，促进销售。

任务三　药品陈列方式与技巧

一、药品陈列的方式

1. 陈列点

又称为陈列位，即陈列的位置，只有将药品以适当的形式（考虑数量、价格、空间、组合方式）陈列在适当位置，才能最大限度的提高销量，提升品牌，因为现在患者购买行为随机性很大。

连锁药店较好的陈列点有：①客流量大的位置；②靠近柜台玻璃的位置；③消费者进入药店，第一眼看到的位置，即正对门口处；④货架第二（黄金位）和第三层位置；⑤光线充足的位置；⑥各个方向都不阻挡消费者视线；⑦著名名牌药品旁边的位置；⑧同类药品的中间位置。

2. 陈列线

陈列线就是药品实物陈列和POP广告药盒陈列要形成一种线性关系，即有连续性，可以引导患者的购买行为。一些厂家的药盒在卖场的位置很引人注目，如果正是患者关心的，会引起患者一丝注意，但转了一下，没有发现药品后，会马上取消进一步查看的念头，转去购买别的药品或者向店员咨询自己适应证药品。所以，如果条件许可的话，POP广告形式的药盒陈列尽量和实物药品陈列接近些，另外，配合其他POP广告、指示牌等或者导购员引导消费者。

3. 陈列面

陈列面是指面向消费者的药品的单侧外包装面。

二、药品陈列的技巧

药品陈列技巧是在陈列点、陈列线、陈列面的基础上，尽可能利用各种陈列技巧多方位、多角度陈列药品，以便增强视觉效果。在药店里可选择的陈列地点有：柜台、背架、自选货架、橱窗、灯箱、收银台、陈列架、陈列台、陈列柜、堆头等。同时药品陈列技巧要能诱导顾客的购买欲望和动机，满足顾客的购买心理。顾客购买心理有以下8个阶段的诉求，即注意、兴趣、联想、欲望、比较、信心、购买、满足。通过药品陈列技巧调节顾客心理，最终达到顾客满意，有利于药品的销售。

（一）集中陈列技巧

按药品规格大小、价格高低、等级优劣、花色繁简、使用对象、使用价值的关联性、品牌产地等顺序进行陈列，便于指导顾客选购。应遵循规格由大到小，价格由贱到贵，等级由低到高，花色由简到繁、由素到艳的顺序，也可按使用对象（如老人用药、小儿用药、妇科用药）等进行陈列。可采用纵向分段陈列，即将货架纵向分成若干段，每段陈列不同的药品，以表现出药品的色彩调节作用，给顾客以品种多的感觉。此外，还可进行横向分段陈列，即每层陈列不同药品，以突出中间段的药品。当然，也可将两种方式结合起来。

（二）特殊陈列技巧

1. 橱窗陈列

利用药品或空包装盒，采用不同的组合排列方法展示季节性、广告支持、新药品及重点销售的药品。

2. 专柜陈列

按品牌设立，将同一厂商的各类药品陈列在同一专柜，如史克专柜、立达专柜；按功能设立，将功能相同或相关联的药品陈列在同一专柜，如男性专柜、减肥专柜、糖尿病专柜。融合了归类陈列与关联陈列思想在内。

3. 利用柱子的"主题式"陈列

一般而言，柱子太多的店铺会导致陈列的不便，但若将每根柱子作"主题式"陈列，不但形式特别，而且还能营造气氛。

4. 端架陈列

端架即货架两端，这是销售极强的位置。端架陈列可以是单一、大量的药品陈列，也可几种药品组合陈列，以后者效果为最佳。端架陈列做得好可以极大刺激顾客的购买冲动。端架陈列可以引导顾客购物，缓解顾客对特价药品的怀疑和抵触感，同时起着控制药店内顾客流动路线的作用。端架陈列一般展示季节性、广告支持、特价药品以及利润高的药品、新药品、重点促销的药品。在进行端架陈列过程中要注意以下几项内容。①品项不宜太多，一般以5个为限。②品项之间要有关联性，不可将互无关联的药品陈列在同一端架内。③端架周围有充分宽敞的通道。④尽可能地向消费者明确优惠点。

5. 分段陈列

上段陈列希望顾客注意的药品、推荐的药品、有意培养的药品；中段陈列价格较便宜、利润较少、销售量稳定的药品；下段陈列周转率高、体积大、重的药品或需求弹性低的药品。

6. 黄金位置的陈列

黄金段为人最易看到、最易拿取的位置。最易注视的范围为80～120厘米，称为黄金地带。这个空间可用于陈列重点推荐的药品，如高毛利率、需重点培养、重点推销的药品以及自有品牌药品，独家代理或经销药品、广告药品。

7. 量感陈列

包括岛型陈列、堆头陈列、多排面陈列等。量感陈列可使消费者产生视觉美感和"便宜"、"丰富"等感觉，从而刺激购买欲望。它分为规则陈列和不规则陈列两种。规则陈列是将药品整整齐齐地码放成一定的立体造型，药品排列井然有序，通过表现药品的"稳重"，使顾客对药品的质量放心，扩大销售。不规则陈列，则是将药品随意堆放于篮子、盘子等容器里，不刻意追求秩序性。这种陈列给顾客一种便宜、随和的印象，易使顾客在亲切感的鼓舞下触摸、挑选药品。适于量感陈列的药品包括：特价药品或具有价格优势的药品、新上市的药品、新闻媒介大量宣传的药品。对于采用量感陈列的药品，在卖场药品数量不足时，可在适当位置用空的包装盒做文章，设法使陈列量显得丰富。

（1）岛型陈列　在主通道附近设置平台或推车堆放药品，可以起到吸引顾客注意、刺激购买的作用。如果平台的四面都能被顾客看到，可以大量陈列3～4种药品以吸引来自不同方向顾客的注意。但面向顾客所面向的主要方向的正面位置应陈列最重要的药品，同时陈列的数量也应最多。要进行岛型陈列一定要注意主通道要够宽。

（2）堆头陈列　在主通道附近堆叠多层药品的方法。要求顾客在取货时不会造成药品垮塌，并且取货也比较方便。

8. 质感陈列

着重强调药品的优良品质特色，以显示药品的高级性，适合于高档、珍贵的药品。质感陈列的陈列量极少，甚至一个品种只陈列一件。主要通过陈列用具、灯光、色彩的结合，配合各种装饰品或背景来突出药品特色。

9. 集中焦点的陈列

利用照明、色彩、形状、装饰制造顾客视线的集中。顾客是药品陈列效果的最终评判者，陈列应以视线移动为中心，从各种不同的角度，设计出吸引顾客、富于魅力的陈列法则，并且将陈列的"重点面"面向顾客流量最多的通道。

10. 突出陈列法

将价格相差较大、不同厂家的同类药品放在一起。陈列时着重突出某一种或几种药品，其他药品起辅助性作用。着重陈列的药品有：药店的主力药品；流行性、季节性药品，反映药店经营特色的药品，名贵药品等。这些药品或者应占用较大比例的陈列空间，或者要用艺术手法着重渲染烘托气氛，或者陈列于比较显眼的位置上。

11. 悬挂式陈列

将无立体感的药品悬挂起来陈列，可产生立体效果，达到其他特殊陈列方法所没有的效果。

12. 除去外包装的陈列

瓶装药品（如口服液等）除去外包装后的陈列，使顾客对药品的内在质地产生直观的感受，激发购买欲望。科学的、独具匠心的药品陈列形式，可以使药品具有生命力和自我推销的能力。因此，需掌握药品各种陈列类型，广拓思路，进行灵活、综合运用，以收到良好的效果。

13. 关联陈列

当看到某种事物时，我们会根据自己的经验、知识进行联想。如果将这部分用途相关的产品或品类进行相邻陈列，就很容易刺激顾客的冲动性购买和连带销售，使顾客在买A品时也会顺便够买B品。关联陈列可以促进药店门店活力，也可以使顾客的平均购买点数增加，是一个好的陈列技巧。关联陈列实现了附加销售，使几种相关产品的销售量比单独陈列时更高。

任务四　陈列药品标价、补上货管理以及维护

一、陈列药品标价

药品价格标签是药店门店提供给顾客最直接的药品信息。一种药品如果没有明确的价格标识，就很可能失去一些随机性的交易机会，药店在药品销售过程中务必做好价签的管理。

（一）标价流程管理

1. 标签打贴位置

标签的位置一般最好打贴在药品正面的右上角（因为一般药品包装其右上角无文字信息），如果右上角有药品说明文字，则可贴在右下角。一般来说，药店内所有药品的价格标

签位置应是一致的,这是为了方便顾客在选购时对售价进行定向扫描,也是为了方便收银员计价。但有时我们会发现在收银处,收银员不断翻弄药品寻找药品价格标签,这是标签打贴位置不一致带来的时间浪费,降低了收银速度。

2. 特殊商品标签管理

(1)灌装商品,标签打贴在罐盖上方。

(2)瓶装商品标签打贴在瓶肚与瓶颈的连接处。

(3)礼品则尽量使用特殊标价卡,最好不要直接打贴在包装盒上。因为送礼人往往不喜欢受礼人知道礼品的价格,购买礼品后他们往往会撕掉其包装上的价格标签,由此可能会损坏包装,破坏了礼品的包装美观,从而导致顾客的不快,这是理货员特别要注意的,应从细微之处为顾客着想。

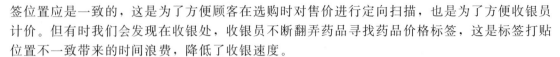
思考 5-1:中药饮片如何标价?

3. 打折商品标签管理

打价前要核对商品的代号和售价,核对进货单盒陈列架上的价格卡,调整好打价机上的数码。

4. 价格标签纸管理

价格标签纸要妥善保管,为防止个别顾客偷换标签,即将低价格标签贴在高价格商品上,通常可选用仅能一次使用的折线标签纸。

5. 调价品标签管理

商品价格调整时,如果价格调高,则要将原价格标签纸去掉,重新打价,以免顾客产生抗衡心理;而价格调低,可将新标价打在原标价之上。每一个商品上不可有不同的两个价格标签,这样会招来不必要的麻烦和争议,也往往会导致收银作业的错误。商品的标价作业随着 POS 系统的运用,其工作性质和强度会逐渐改变和降低。标价作业的重点会向正确摆放标价牌的方向发展。

(二)价格标签管理

目前在商品价签管理上出现问题最多的就是丢失、价货不符等。其中的原因有:如有的是因为商品新上架、移换位置等,药店商家没能及时把价签贴上或移换,造成有货无价或有价无货等现象;有的是因价签破损没能及时发现并更换等。另外,还有相当一部分是人为造成的,在各家药店竞争的过程中,采价是极普通的现象,而直接把价签偷走是采价者既方便又快捷的方法。在药店里偷商品犯法,但拿几张小纸条并不会引起人们的注意,于是药店大批价签被盗的情况时有发生。科学合理地管理价格标签是药店应该重视的问题。

(1)新商品进入药店时必须由相关部门或相关人员将商品报告单录入,同时把价签打印出来。然后将打印好的价签交到专门负责人手中,告知这批新货的进店日期,并让其签收,明确责任。由专人负责妥善保存,并及时张贴。

(2)每位售货员在每天下班前 1 小时把自己负责区域内的所有价签检查一遍,如有丢失和破损,将条码统计好交到专门负责人手中,由专门负责人统一交到相关部门打印,然后取回补齐,以保证每天营业时价签的完整和准确。

(3)如果商品价格有变动,需要更换新的标签,相关部门应把做好的一份变价单连同新的价签交到专门负责人的手中,并确切告知生效时间以便及时更换。

(4)促销商品的特价价签 由相关部门把做好的促销单交由相关人员制作特价牌,然后把促销单和特价牌一起交到专门负责人手中,以及时张贴。

(5)加强防损职能 药店应把价签视为商品完整的一部分而加强管理。如果发现有采价者破坏或偷窃价签的行为,应视同和偷窃商品一样严肃处理。

二、陈列药品的补上货管理

当药品第一次在货架上陈列后，随着时间的推移，药品不断地被销售出去，这时，就需要进行药品的补上货。药品补上货要遵循先进先出的原则。首先，要将原先陈列的药品取下来，用干净的抹布擦干净货架；然后，将新补充的药品放在货架的后排，原先的药品放在前排。因为药品的销售是从前排开始的，考虑到药品生产的有效期，补充药品必须从后排开始。其次，当某一药品即将销售完毕时，如果暂未补充新药品，就必须将后面的药品移至前排陈列（销售），绝不允许出现前排面空缺的现象，这就是要做到先进先出的原则。如果不按照先进先出的原则，那么后排面的药品将会永远卖不出去。药店的药品是有安全使用期限的，因此，采用先进先出的方法来进行药品补上货管理，可以在一定程度上保证顾客购买药品的新鲜度，这也是保护消费者利益的一个重要方面。

三、陈列药品的维护

（一）陈列药品维护的要求

1. 清洁又整齐

货架、柜台及其上面摆放的药品应清洁、干净，要随时除去包装上的灰尘、污点、污垢等。陈列的药品外包装齐整完好，有破损的不准上架，包装变色或染上污点的不准上架，标识模糊不清者不准上架。此外还要及时补充新产品，撤换、淘汰旧样品。

2. 生动化

按季节变化举行不同的促销活动使药店更生动化，不断创造出新颖的药店布置，如富有季节感的装饰。设置药品相关的说明看板，相关药品集中陈列，通过照明、音乐渲染购物氛围，演示实际使用方法以促进销售。

3. 考核陈列成本

为了提高收益率，要考虑将高品质、高价格、收益性较高的药品与畅销品搭配销售，在提高效率的同时，防止了药品的损耗。

（二）药品陈列维护的要点

药品陈列维护的要点主要有：

① 药品是否有灰尘；
② 棚板、隔物板贴有胶带的地方是否弄脏；
③ 标签是否贴在规定位置；
④ 标签及价格卡的售价是否一致；
⑤ POP广告是否适用；
⑥ 药品最上层高度是否太高；
⑦ 药品是否容易拿，容易放回原位；
⑧ 棚架是否间隔适中；
⑨ 药品分类别标示板是否正确；
⑩ 是否遵守先进先出的原则；
⑪ 药品是否快过期或有毁损、异味等不适销售的情况；
⑫ 样品是否和实际药品有差异；
⑬ 陈列位置是否位于热卖点；
⑭ 陈列位置的大小、规模是否合适；
⑮ 是否有清楚、简单的销售信息；

⑯ 价格折扣是否突出、醒目并便于阅读；
⑰ 是否妥善运用了陈列辅助器材。

项目小结

本项目主要讲述了如何经济而高效地进行药店陈列的管理，包括药品陈列的 GSP 要求、药品陈列的基本原则、药品陈列的技巧、药品陈列的维护等。

主要概念和观念

主要概念和观念
◇ 主要概念
药品陈列　药品陈列 GSP 的维护　药品陈列的原则
◇ 主要观念
药品陈列的维护

项目课时安排

① 实训时间：4 学时。
② 讲授时间：6 学时。

项目考核与评分标准

① 考评者：授课教师。
② 考核内容及评分标准。
以小组为单位进行评分，满分为 100 分。具体为：
a. 药品分类是否摆放正确（30 分）；
b. 药品陈列是否合理（40 分）；
c. 药品陈列是否富有创意（15 分）；
d. 是否对药品陈列进行维护（15 分）。

项目综合思考

◇ 思考题
1. 结合所学内容对以下一些问题做出思考。
① 根据药品品种类型的用途和剂型特点，药品应该如何分类？
② 按零售现场的条件、药品用途和剂型特点、预测的销售规律和消费者可能的购买习惯，在遵守相关法规的前提下，该药品应陈列在实训场所（药店）的哪个区域？
③ 不同类型的药品应以什么方式陈列来促进销售？
④ 如果确定了陈列位置与陈列方式，应进行哪些准备工作？
⑤ 在陈列过程中要考虑陈列符合哪些 GSP 的要求？
2. 在某一闹市区有甲乙两家药店，甲药店面积较大约 300 米^2，乙药店面积较小约 60 米^2。试分析阐述甲乙两店各应采取什么样的药品陈列方法、形式；在设计商品陈列策略上

有何不同？

◇ 选择题

1. 拆零药品集中存放于拆零专柜，并保留原包装的（　　）。
   A. 合格证　　　　　B. 标签　　　　　C. 生产批准文号　　　　D. 外包装
2. 除去外包装的陈列适合于（　　）商品。
   A. 包装破损商品　　B. 体积大的商品　C. 怕热商品　　　　　　D. 瓶装商品
3. 按货架上、中、下分段陈列时，上段应陈列（　　）药品。
   A. 销售量稳定的　　B. 希望顾客注意的　C. 周转率高的　　　　D. 体积大的
4. 在一个陈列柜上，由上至下摆满同一种药品的陈列方法属于（　　）。
   A. 垂直陈列　　　　B. 纵向陈列　　　C. 专柜陈列　　　　　　D. 多处陈列

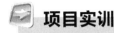

项目实训

实训主题：药品陈列

1. 实训目的

了解药品陈列和卖场生动化布置对促进药品销售的重要作用，掌握药品陈列的基本要求和基本原则以及技巧。

2. 实训内容

① 进行实训的学员，对需进行陈列的药品品种类型进行抽签，决定其操作对象。

② 根据其所抽出的药品品种类型的用途和剂型特点进行分类，并按零售现场的条件、药品用途和剂型特点、预测的销售规律和消费者可能的购买习惯，在遵守相关法规的前提下，提出该药品应陈列在本店的哪个区域？以什么方式陈列来促进销售？说明理由。

③ 确定了陈列位置与陈列方式后，进行哪些准备工作？

④ 对药品进行陈列操作。

⑤ 对所完成的陈列工作进行检查，看是否符合原有要求。

3. 实训要求

以小组为单位进行陈列。

4. 考核标准与方法（见项目考核与评分标准）

5. 实训指导

复习GSP药品陈列的原则和有关规定，以及书本中药品陈列的技巧，借鉴一些比较成功的药店的药品陈列方法。

项目六　连锁药店盘点管理

技能目标

树立连锁药店盘点重要性意识,理解连锁药店盘点工作流程和要点

知识目标

1. 了解盘点的含义、盘点的方法
2. 熟悉盘点流程
3. 掌握连锁药店盘点实施过程
4. 了解连锁药店盘点后分析及改进

项目内容

1. 连锁药店盘点认知
2. 连锁药店盘点前准备
3. 连锁药店盘点实施
4. 连锁药店盘点后管理

项目组织与实施环境

（一）项目组织

① 将全班分为若干组,指导老师指定所需盘点的药品。
② 小组成员对所指定的药品进行盘点。

（二）实施环境

① 实训室。
② 教室。

学习情境三　连锁药店运营

项目实施

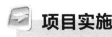 

今天盘点

小英初到连锁药店实习，繁忙的工作让她还有点适应不过来。特别是晚上10点后的商品盘点，一盘就是两三个钟头，真是累啊！不过盘点过后发现，对商品的认识还真清晰了不少。

思考：
连锁药店盘点管理为什么重要？

在连锁药店门店管理中，盘点作业可以说是一项最繁重、最花时间的作业；同时连锁药店运用了现代化电脑技术系统管理，部分店员认为所有进、存、销数据一目了然，因而并不喜欢和重视盘点工作。事实上，盘点工作是对现有药品库存实际状况的具体清点，与电脑反映的数据不一定一致，通过盘点保障库存财产的安全与利用，为将来药店管理的改进提供很有价值的参考资料。

任务一　连锁药店盘点认知

一、盘点的概念

盘点就是门店依据账面记录对未销售的全部或部分库存药品或其他商品进行定期或不定期地清点活动，以了解门店药品损坏、滞销、存货积压或缺货等真实情况，掌握该期间内的经营业绩，保证账实相符，并据此加以改善，加强管理。

通过盘点作业可以计算出连锁企业门店真实的存货率、丢失率、破损率等经营指标，盘点的结果是衡量连锁药店经营管理状况好坏的尺度之一。

二、盘点作业的目的

就连锁药店而言，每次盘点的基本目的有两个：一是控制存货，以指导门店日常经营业务；二是掌握损溢，以便店长真实地把握经营绩效，并及时采取防漏措施。具体地说，盘点作业可达成以下目的。

（1）确认门店在一段经营时间内的销售损溢情况。
（2）掌握门店的存货水平、积压药品的状况。
（3）了解目前药品的存放位置和缺货状况。
（4）发现并清除门店已到近效期药品、过期药品、残次药品或滞销药品等。
（5）对经常出现异常的柜台或小组，采用抽查的方式，发现其弊端，杜绝不良行为。
（6）环境整理并清除死角。

三、盘点的原则

1. 计划原则

盘点之前应先制订盘点计划，确定盘点的项目、范围、时间、方式、执行人员及监督人员等。

2. 全面原则

盘点时逐类逐项进行，为避免疏忽或遗漏，必须逐库、逐项、逐架、逐柜依次清点，且对盘点过的商品做记号。

3. 真实原则

凡同一药品，不论其来源如何，必须按所有存量实物、账面逐一盘点，如在盘点过程中发现明显的差异，应反复求证。

4. 时效原则

为不影响连锁药店经营以及其他作业，盘点必须力求迅速，讲求时效性。这就要求盘点要按照事先规划的最短路线图进行，这样记载的资料井然有序，不致发生重复或漏盘，复盘时也可按此路线图核对。

5. 协调原则

指盘点人员的配合。盘点小组至少有几人相互配合，一组负责点数商品，另一组负责记录。另外，盘点与被盘点单位管理人员必须彼此协调配合。这就要求仓储或柜组管理人员应事先将商品进行整理、排列顺序，以便盘点。并将有关商品收发单据整理入账，以确定法账面结存数量。

6. 及时反馈原则

盘点时，如发现变质或毁损而不堪使用的商品应列入盘亏栏，并注明发生的原因及拟定处理的方法。盘点完毕后应填制"商品盘点单"，注明亏损原因，经确认核实后，调整账面数字。

四、建立连锁门店盘点制度

盘点制度是由连锁企业总部统一制订的，其内容一般包括以下几方面。

（一）盘点的周期

1. 定期盘点

定期盘点，即每次盘点间隔期间一致，如一周、一个月盘点一次。采用定期盘点可以事先做好准备工作，因而一般连锁药店都采用这种方式，但是该方式未能考虑节庆假期等特殊情况。

2. 不定期盘点

不定期盘点，即每次盘点间隔期间不一致，机动性较大，主要考虑到节庆假期、经营异常或意外事件的发生等特殊情况。它是在调整价格、改变销售方式、人员调动、发生意外事件、清理残货等情况下进行的盘点。

（二）盘点的具体时间

从盘点的时间与营业时间的关系来看，盘点的具体时间可以安排在营业前、营业中或者停业后。

1. 营业前盘点

即在门店开门营业之前或关门之后盘点。这种方法可以不影响门店的正常营业，但是有时会引起员工的消极、抵触情绪，而且连锁药店有时需要额外支付给员工相应的加班费。

2. 营业中盘点

也称即时盘点原则，即在营业中随时进行盘点，营业和盘点同时进行。不仅"停止营业"以及"月末盘点"是"正确"的盘点，连锁药店可以在"营业中盘点"，这样可以节省时间、节省加班费用等，但在一定程度上可能影响顾客的购物。

3. 停业盘点

即连锁门店在正常的营业时间内停止营业进行盘点。这种方法员工较易接受，但对于连锁门店来说，会减少一定的销售业绩，同时也会在一定程度上造成顾客的不便。

（三）盘点方法

连锁药店门店盘点的方法依盘点形式与应用，可以分为以下几类。

1. 按货架表盘点

在盘点前事先定义好各个货架，并整理好这些药架存放的药品。每个货架被分配到一张页表和一张明细表中，用计算机分页打印空白的对照表，后期的盘点结果完全参考和参考计算机打印内容，因此盘点工作效率和数据输入效率都很高。该方法的优点在于盘点工作效率和数据输入效率都很高。缺点在于必须事先定义和维护货架分部表。

2. 手工表盘点

 **现代化的盘点作业方法的改进**

盘点作业最使人感到头痛的是点数，其工作强度极大，且差错率也较高。在手工盘点的连锁药店门店中往往会产生这样一种通病，在正式盘点的前几天，门店为了降低盘点的差错率，就较大幅度地降低向总部配送中心要的订货量，从而直接影响了门店的正常销售。通常为了改变手工盘点的不利影响，可采用这样两种主要方法。

（1）使用现代化技术手段来辅助盘点作业，如利用掌上型终端机可一次完成订货与盘点作业，也可利用收银机和扫描器来完成盘点作业，以提高盘点人员点数的速度和精确性。

（2）成立专门的总部盘点队伍进行手工盘点，这种形式较适应于小型连锁药店。

手工盘点针对每一个商品进行盘点并输入电脑，统计实际数量。优点在于盘点前使用计算机系统打印出空白的盘点表，事先不用做其他准备工作。缺点在于电脑是按照条码或者商品编码来排序打印的，这些商品实际存放的位置可能是天南地北，这样盘点人员经常不得不反复来回查找货物，工作量大、效率低。

3. 盘点机盘点

为了避免重复盘点，在盘点机扫描输入数据以后，就手工撕掉不干胶标签，这样就从根本上避免了重复盘点数据。优点在于工作方式简单，工作效率很高。缺点在于，需要一次性投入资金购买盘点机（激光条码采集设备）。

 **盘点机类型**

根据盘点机的使用用途不同，大体上可分为两类：在线式盘点机和便携式盘点机。在线式盘点机在盘点机与计算机之间由电缆连接传输数据，不能脱机使用。在线式盘点机必须安装在固定的位置，并且需把条码符号拿到扫描器前阅读。由于在线式盘点机在使用范围和用途上造成了一些限制，使其不能应用在需要脱机使用的场合，如库存盘点、大件物品的扫描等。为了弥补在线式盘点机的不足之处，便携式盘点机应运而生。

便携式盘点机是为适应一些现场数据采集和扫描笨重物体的条码符号而设计的，适合于脱机使用的场合。识读时，与在线式盘点机相反，它是将扫描器带到条码符号前扫描，因此，又称之为手持终端机、盘点机。它由电池供电，与计算机之间的通信并不和扫描同时进行，它有自己的内部储存器，可以存一定量的数据，并可在适当的时候将这些数据传输给计算机。几乎所有的便携式盘点机都有一定的编程能力，再配上应用程序便可成为功能很强的专用设备，从而可以满足不同场合的应用需要。

五、盘点作业流程

连锁企业的盘点作业流程可用图 6-1 表示。

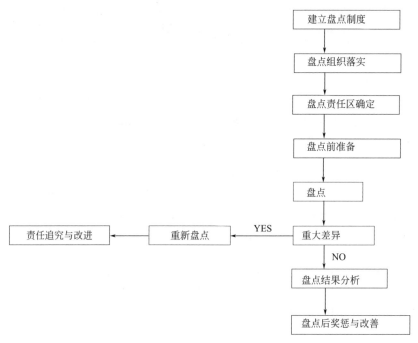

图 6-1　连锁企业的盘点作业流程图

任务二　连锁药店盘点前准备

"凡事预则立"。连锁药店盘点工作必须有充分的准备，才能在盘点工作开展时有条不紊，尽量减少错盘、漏盘。盘点前准备工作主要有盘点计划制订、盘点小组的落实与人员培训、盘点责任区确定，以及盘点前的整理工作。

学习情境三 连锁药店运营

一、盘点计划制订

盘点一般要召开盘点会议，必要时成立盘点领导小组，主要目的在于，划清盘点区域和负责人，确定盘点各项工作的分工，并按照时间顺序或者按照倒计时的方法将盘点所需要进行的工作以清单的形式列印出来。

例如，以某连锁药店门店 2014 年 12 月月末盘点计划制订为例（表 6-1、表 6-2）。

表 6-1　2014 年 12 月某药店盘点的时间安排表

项　目	时　间
初盘	12 月 29 日（星期一）08:00～17:30
复盘	12 月 30～31 日（星期二、星期三）08:00～盘点结束

表 6-2　2014 年 12 月盘点人员计划表

时间	执行事项	相关人员
12 月 23 日～12 月 28 日	强调盘点意义，引导全体员工重视	各柜台盘点负责人员
12 月 29 日	举办先前讨论会，详细讲解盘点的方式、注意事项、盘点卡与盘点单的填写要求（盘点卡、盘点单由各初点负责人填写），并了解各部门可能出现的问题	各盘点区域负责人
12 月 30 日～12 月 31 日	复盘人员工作安排	复盘人员

注：如无特别变更通知，望各相关人员务必准时参加。

此次盘点须由全体店员共同协作，尤其是需要各柜台主管做好宣传及教育工作，公司总部将会依各部门的需求全力配合。

二、盘点的人员组织与培训

盘点作业人员组织通常由各连锁药店门店自行负责落实，总部人员则在各门店进行盘点时分头下去指导和监督盘点。一般来说，在盘点当日原则上不允许任何人提出休假，要求门店全员参加盘点。同时为保障盘点工作顺利进行，必须加以组织分配，并进行短期的培训，使每一位人员在盘点工作中确实能够了解并担当好其职责。

（一）确定盘点人员及其责任

盘点人员的确认主要是选定总盘人、主盘人、初盘人、复核人及监控人。

1. 总盘人

负责盘点工作的总指挥，监督盘点工作的进行及异常事项的裁决，确保整个盘点质量进度，合理安排各分区盘点组任务，协调盘点期间工作和出现的问题，解决临时、突发问题，负责与财务、售后服务部门现场协调。

2. 主盘人

负责实际盘点工作的推动。其主要职责有确保各分区内盘点工作进度与质量，盘点各分区内盘点小组任务分配，审核盘点单，保证盘点单信息完整可读，负责安排盘点单的及时领取与上交，负责现场确定盘点方式（最小包装、称重等方法选择等）。

3. 初盘人

负责数量点计，并填写盘点单中数量记录。其主要职责是保证及时、准确的完成盘点、调整数据的系统录入，负责盘点工作的量统计，负责准备盘点单并及时提交盘点分区组长，对盘点单发放和回收进行监控，跟踪。

4. 复核人

复核人与盘点分段核对填表人填写情况，确保数据准确性。其主要职责有分析差异产生原因，确定复核商品清单，编写盘点报告，确认系统调整数据。

5. 监控人

由店长派人员担任，负责盘点过程的抽查监督。其主要职责有抽查盘点人员盘点质量，检查单据填写是否规范，及时给盘点人员支持，及时与盘点组长沟通商定特殊零件的盘点方式。例如：某连锁药店门店2014年12月月末盘点人员分工安排表（表6-3）。

表6-3　某连锁药店门店2014年12月月末盘点人员分工安排表

职责		姓名	分工
总盘人		莫小雷店长	盘点工作总指挥
主盘人		李明	各分区内盘点工作进度与质量
监控人		张云	盘点过程的抽查监督
初盘人	处方药柜组	李丽	负责处方药柜组药品数量点计
	非处方药柜组	王强	负责非处方药柜组药品数量点计
	中药柜	王文	负责中药柜组药品数量点计
	保健品柜组	赵阳	负责保健品柜组药品数量点计
	化妆品柜组	吴红	负责化妆品柜组药品数量点计
	其他	刘清	负责其他柜组药品数量点计
复核人	处方药柜组	张燕	负责处方药柜组药品核对
	非处方药柜组	李环	负责非处方药柜组药品核对
	中药柜	肖伟	负责中药柜组药品核对
	保健品柜组	郭庆	负责保健品柜组药品核对
	化妆品柜组	张志国	负责化妆品柜组药品核对
	其他	李建伍	负责其他柜组药品核对
机动		张元	负责盘点时辅助

（二）培训盘点人员

盘点人员的培训分成两部分：一部分是认识商品的培训；另一部分是盘点方法的培训。

1. 认识商品的培训

重点在于复核人员与监控人，因为复核人员与监控人大多说对商品品种规格不太熟悉。加强复核人员与监控人对商品认识的方法有：

① 将易于认识的商品分配给商品认识不足的复核人员和监控人（如财务、行政人员）；

② 对所分配复盘的商品，加强复盘、监盘的商品认识培训；

③ 对商品认识不足的复核、监控人员，每次盘点所分配的商品内容最好相同或相当接近，每次盘点不要变更。

 **第三方盘点**

随着连锁药店经营规模的扩大，盘点工作更加专业化，即由专职的盘点小组来进行盘点。盘点小组的人数根据其门店营业面积的大小来确定。例如一般来说，50米²左右的连锁门店，盘点小组至少需要有6人，作业时可分三组同时进行。盘点小组均于售中进行盘点，如采用盘点机进行盘点，6人小组一天可盘1～2家门店。盘点后所获得的资料立即输入电脑进行统计分析。确立了盘点组织之后，还必须规划好当年度的盘点日程，以利于事前准备。

2. 盘点方法的培训

门店盘点流程与盘点方法经过会议通过后，即成为制度。参与初盘、复盘、抽盘、监盘的人员根据盘点管理程序加以培训，必须对盘点的程序、盘点的方法、盘点使用的表单等整个过程充分了解，这样盘点工作才能得心应手。

三、盘点责任区确定

盘点作业要将所确定的连锁门店盘点责任区域落实到人，并且告知各负责人员，为使盘点作业有序有效，一般每个门店应作盘点配置图，图上应标明店内的通道、陈列架，同时，在实际通道、陈列架上标有与盘点配置图相同的编号（图6-2）。盘点配置图便于详细分配与落实盘点人员的责任区域，使得盘点人员明确自己的盘点范围。

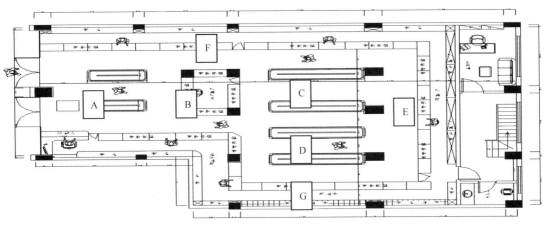

图6-2　盘点配置图

盘点配置图的制作办法是：
① 确定连锁药店店内货架及商品的位置；
② 根据货架位置编制盘点配置团；
③ 对每一个货架及区位进行编号；
④ 将编号做成贴纸，粘贴于陈列架的右上角。

做好了上述工作之后，就可以详细地分配责任区域，使盘点人员确实了解工作范围，并控制盘点进度。同时，在落实责任区域的检查时，还可用互换的办法。即处方药柜组的作业人员盘点非处方药柜组的作业区域，依次互换，以保证盘点的准确性，防止由于"自盘自"而可能造成的情况不实。

按照盘点配置图，制作盘点责任区域分配表，目的在于将盘点作业责任区域落实到每一个人，责任区域分配表制作如表6-4所示。

表6-4 盘点责任区域分配表

姓　　名	盘点类别	责任区域
合计		

四、盘点前的整理工作

盘点前连锁药店门店要告知总部，以免总部配送中心在盘点时送货，造成不便。如果采用的是停业盘点，门店还必须贴出告示告知顾客，以免顾客在盘点时前来购物而徒劳往返。除了这两项门店盘点作业的准备外，盘点前的准备工作主要还有以下几项。

（一）环境整理

门店一般应在盘点前一日做好环境整理工作，主要包括：检查各个柜组的商品陈列和编号是否与盘点配置图一致，并给出明显标识；划分非盘点区域，清除卖场和作业场的死角，将非盘点物品转移至非盘点区域。将各项设备、备用品、工具存放整齐。

（二）商品整理

在实际盘点开始前1~2天，对药品进行整理，这样会使盘点工作更有序、更有效。重点整理以下部位。

1. 中央陈列架端头的药品整理

中央陈列架前面（靠出门处）端头往往陈列的是促销商品，商品整理时要注意该处的商品是组合式的，要分清每一种商品的类别和品名，进行分类整理，不能混同于一种商品。

中央陈列架尾部（靠卖场里面）的端头往往是以整齐陈列的方式陈列一种商品。整理时要注意其间陈列的商品中是否每一箱都是满的。要把空的箱子拿掉，不足的箱子里要放满商品，以免把空箱子和没放满商品的箱子都按满箱计算而出现盘点差错。

2. 中央陈列架的药品整理

中央陈列架上的商品陈列得多，每一种商品陈列的个数也是规定的，但要特别注意每一种商品中是否混杂了其他的商品，以及后面的商品是否被前面的商品遮挡住了，而没有被计数。

3. 附壁陈列架药品的整理

附壁陈列架一般都处在主通道上的位置，必须按照商品陈列规则进行。

4. 库存药品的整理

库存商品的整理要特别注意两点：一是注意整理时把小箱子放到大箱子前面；二是要注意避免把一些非满箱的箱子当作整箱计算。

5. 盘点商品的最后整理

一般在盘点前两个小时对商品进行最后的整理，这时陈列在货架上的商品，其顺序是绝对不能改变的，即盘点清单上的商品顺序与货架上的顺序是一致的。

（三）盘点工具准备

将有关的盘点工具与用品加以准备，若使用盘点机盘点，需先检验盘点机是否可正常操作，如采用人员填写的方式，要准备盘点表及红、蓝圆珠笔。

（四）单据整理

为了尽快获得盘点结果（盘亏或盘盈），盘点前应整理好如下单据：①进货单据；②变价单据；③报废品单据；④赠品汇总单据；⑤其他单据。

任务三　连锁药店盘点实施

连锁药店盘点从实物盘点开始，分区、分类、分组地进行。常见的方法是通过对商品进行点数，来确定实际存储的数量。一般对计件商品要全部清点；对大量价低量重的散垛和散装商品，可用估计和测量方法确定其数量；对包装完整的物资，可凭原始凭证和包装上的数量标记进行校对。

一、门店盘点具体实施流程

1. 下发盘点执行通知

一般由主盘人负责发号施令，负责盘点表的发出，盘点文具的准备，核实盘点表是否符合规定等。

2. 人员报到领取盘点表格（表6-5）

所有参加盘点的各个分控制组长，在盘点小组办公室领取资料，各个盘点人员则分别到各个区域进行报到，明确本次盘点的任务和完成时间。各个分区的组长将盘点资料分发到盘点人和会点人手中。

表6-5　盘点单

部门：　　　　　　　　　　　　　　　　　　　　　　　　　货架编号：

品号	品名	规格	数量	零售价	金额	复点	抽点	差异
小计								

抽点：　　　　　　　　　　复点：　　　　　　　　　　初点：

3. 陈列区域和库区盘点

按盘点方法和程序进行。

4. 监点

监点人对盘点的品项进行检查，检查有问题的必须重新盘点。

5. 回收盘点表

所有完成的盘点表，经过分控制台的审核，完成所有手续后，汇总到总控制台。

6. 封存仓库、盘点表

盘点完成后，不仅将所有仓库进行封存，还要将所有盘点表进行封存，以待恢复营业。

二、门店盘点的流程分段

按照门店盘点的阶段可将盘点实施流程分为初点、复点和抽点。

（一）初点作业

盘点人员在实施盘点时，应按照负责的区位，由左而右、由上而下展开盘点。利用盘点配置图盘点时，最好两人一组进行盘点，一人点数并用蓝色圆珠笔记录，另一人核对；盘点单上的数据应填写清楚，以免混淆；不同特性商品的盘点应注意计量单位的不同；盘点时应顺便观察商品的有效期，过期药品应随即取下，并做记录。若在营业中进行盘点，应注意不高声谈论或妨碍顾客通行；店长要注意掌握好盘点的进度；做好收银机处理工作。

（二）复点作业

复点可在初点进行一段时间后再进行。复点人员应手持初点盘点表，依序检查，把差异填入差异栏；复点人员须用红色圆珠笔填表。复点时应再次核对盘点配置图是否与现场实际情况一致。

（三）抽点作业

对各柜组和责任人员的盘点结果，门店店长以及监控人要认真加以抽查。要求每一类商品都已盘点出数量和金额，并有签名。抽点的对象可选择卖场内的死角，或不易清点的商品，或单价高、数量大的商品，做到确实无差错。对初点与复点差异较大的商品要加以实地确认。同时，做好复核过期商品和包装破损药品的处理工作。

表6-6为某连锁超级市场门店盘点操作规范检查表。

表6-6　某连锁超级市场门店盘点操作规范检查表

门店：　　　　店长：　　　　　　　　　　　　　　　日期：　年　月　日

项目	内容	执行情况	
		是	否
盘点前	是否告知顾客		
	是否告知供应商		
	区域划分、人员配备是否到位		
	盘点单是否发放		
	是否做好环境整理		
	是否准备好盘点用具		
	单据整理：进货单		
	单据整理：销货单		
	单据整理：报废品单		
	单据整理：赠品单		
	单据整理：其他单据		
	商品整理：货架商品是否排列整齐		
	商品整理：不允许上架商品是否已经撤下		
	商品整理：是否一物一架、物价相符		
	商品整理：待处理商品是否专属存放		
	商品整理：通道是否有商品		
盘点中	盘点顺序是否按照区位逐价逐排、从左至右、从上至下		
	盘点清单是否一初点、一复点（初点蓝笔，复点红笔）		
	复点时候更换责任人		
	每一商品是否盘点出数量和金额		
盘点后	盘点单是否全部收回		
	检查盘点单签名是否齐全		

续表

项 目	内 容	执 行 情 况	
		是	否
盘点后	检查盘点单上商品数量是否正确		
	营业现金、备用金是否清点登陆		
	盘点结果是否集中输入电脑		
	是否进行正常的营业准备		
	是否清扫完毕地面		
	对盘点损溢结果是否说明		

三、盘点实施注意事项

盘点是为了检查在柜药品数量与账面药品数量的一致性，保证药品销售顺利进行，促进门店的经营。如果每次盘点出来的结果有较大的出入，则不利于门店经营活动。如果做到遵守盘点注意事项，就可以使盘点工作误差减少许多。

（1）通常情况下，在一定时间内，每一药品均有固定的货架，不得随便储放，一定要将其归位。药品未归位而任意放置，是造成盘点不准确的主要原因之一。一般可以设立药品货架编号联系图。药品货架编号联系图可使药品顺利归位及盘点，减少漏盘与重盘。

（2）决定药品陈列或储存方法时需考虑盘点时的便利性。现代商品包装越来越标准化，大大提高了盘点的方便性。比如说每一包装规格相同时，其包装数量即相等。商品储放时，需依规定方式摆放，以免盘点时计算错误，如每层放几箱，每一仓位堆放几层均需有规定，并依规定储放。

（3）事先估计盘点所需人力。盘点人力不足时，宜采取分类分批盘点。

（4）确定盘点起始准确时间，避免重复计算或遗漏计算盘点时间前商品调拨差异。

（5）盘点盈亏数量差异较大时，需提高重盘比例。特别需注意由于商品未归位所造成的盈亏。更正盘点盈亏数量或将盘点盈亏数量以成本转换成金额，均需经高阶主管签名确认。

（6）盘点出损坏、过期商品时，应报请主管处理。

（7）两人以上在柜组人员陪同下，同时盘点同一商品，当盘点数量与账目不符时，且无法进行复盘时，宜以较低的数量为盘点数量。

四、盘点记录的善后工作

在确认盘点记录无异常情况后，就要进行第二天正常营业的准备和清扫工作。这项善后工作的内容包括补充商品，恢复到原来的状态，清扫通道上的纸屑、垃圾等。

任务四　连锁药店盘点后管理

连锁药店盘点工作完成后，剩余工作主要集中在盘点数据统计、盘点差异分析、盘点结果处理、盘点考核以及盘点后改进等方面。

一、盘点数据统计

盘点后，根据盘点表（表6-7）统计存货数量，故盘点表上确实记录盘点状况是确保盘点正确性的唯一方法。

表 6-7 盘点统计表

地点：　　　　　　　　　　　　　　　　　时间：

药品品名	规格	单位	账存量	实存量	受损数	完好数	说明	复盘数	差异

盘点人：　　　　　　　　　　复核人：　　　　　　　　　说明：

上述盘点记录表，运用计算机统计，可以增强盘点的准确性。将统计结果填写相应盘点差异表（表 6-8），统计各项商品的损溢数量、金额和总金额等。

表 6-8 盘点差异表

地点：　　　　　　　　　　　　　　　　　时间：

部门	药品品名	规格	单位	单价	账面数	盘点数	盘盈		盘亏		盈亏合计	差异原因	
							数量	金额	数量	金额	金额	说明	对策

盘点人：　　　　　　　　　　复核人：　　　　　　　　　工作说明：

二、盘点差异分析

门店盘点所得统计表与账目核对结果，如发现账物不一致的现象，则应积极追究账物差异的原因，提出分析意见，并实时追查。一般是先当班店员查问，因这些人员熟悉实情，易发现不符原因，可予适当解释，立即加以纠正。若店员无法解释不符原因或说明正当理由，即可列为疏忽，如发现显著不符，应审查存量卡，核对各有关记录、账表，并对各种不符项目加以确定并追究。差异原因的追查可从以下几点着手进行。

（1）盘点作业是否存在操作不当　因盘点人员事先培训工作进行不全面、安排不到位等原因而造成错误的操作指令。盘点人员工作态度不认真或不慎造成重盘、漏盘、误盘等。

（2）账目管理是否存在不足　账目不一致是否确实，是否因商品管理账务制度有缺点而造成账物无法确实表达商品实际数目；账务管理人员存在工作失职，记账时发生漏登错误、多登错误、编号错误、数量计算错误或进货、发货的原始单据丢失造成账物的不符。

（3）商品本身情况发生变化　原装箱商品再批发时，发现情况改变；保管不良，遇到商品恶化、遗失或恶意损坏；接收商品时，检验人员对于商品的规范鉴别错误；基于需要，商品类别变更，装配或拆分等造成账目与实际的差异。

（4）盘点与料账的差异在容许范围之内。

（5）对盘点的原委加以检查，盘盈、盘亏是否由于盘点制度的缺陷所造成。

（6）发生盘盈、盘亏的原因，今后是否可以事先设法预防或能否缓和账物差异的程度。

三、盘点结果处理

盘点结果处理主要做好以下两方面的工作。

（一）修补改善工作

（1）在盘点时凡发现错误，应予以纠正。发现商品存量不正常，要根据销售情况调整库存标准。

（2）当发现商品的标号、规格、型号窜混时，应彻底查明原因，并调整账面数字，商品也随即调整仓位或货位。

（3）如果商品变质、耗损，应详查原因、存储时效，必要时应会同检验部门复检，加强商品的清洁保养。凡损坏者应在发现时立即处理，以防损害扩大，如不能利用者，即当做废弃品处理。可能发生损耗的，参考以往记录与经验，予以核定后调整出账。

（4）对于盘盈、盘亏的商品，以实际存在数量为依据，审查确定后，即转入盘存处理，准备账户抵消，并更正各有关材料账卡。

（5）对商品加强整理、整顿、清扫、清洁工作。

（6）依据管理绩效，对分管人员进行奖惩。

（二）预防工作

（1）废弃商品比率过大，要研究办法，使其降低废品率。

（2）当商品销售周转率极低，存货金额过大而造成财务负担过重时，应设法降低该商品库存量。

（3）商品短缺率过大时，设法强化销售部门与库存管理部门以及采购部门的配合。

（4）货架、仓储、商品存放地点足以影响到商品管理绩效时，应设法改进。

（5）门店加工商品中原材料成本比例过高，应予以寻找价格偏高的原因，设法降低采购价格或设法寻找廉价的代用品。

四、盘点考核

盘点结束后，主要盘点负责人根据盘点中出现的问题进行汇总，分析差异，总结盘点中的经验、不足，并针对盘点发现的运营问题提出改进措施，出具盘点报告，形成书面文件作为以后盘点标准。

同时，根据各个盘点区域组织及盘点质量、效率进行评比，作为药店管理绩效考核的一项内容。并将盘点结果上报总部，总部财务部将所有盘点数据复审之后，可以得出该门店的营业成绩，结算出毛利和净利，就是盘点作业的最后结果。

五、盘点后奖惩

根据盘点结果实施奖惩措施，商品盘点的结果一般都是盘损，即实际值小于账面值，但只要盘损在合理范围内应视为正常。

商品盘损结果可表现出门店内从业人员的管理水平及责任感，所以有必要对表现优秀者予以奖励。对表现差者予以处罚。一般做法是事先确定一个标准盘损率与盘损金额，当实际盘损率超过标准盘损率时，门店各类人员都要负责赔偿；反之，则予以奖励。

六、盘点后改进

根据盘点结果找出问题点，并提出改善对策。一般情况下，各个连锁药店都有盘损率的基本限额，如超过此限额，就说明盘点作业结果存在异常情况，要么是盘点不实，要么是企业经营管理状况不佳。采取的对策是，重新盘点或查找经营管理中的缺陷。因而，各个门店店长必须对缺损超过指标的商品查找原因（表6-9），并说明情况。

表 6-9　盘点损溢结果情况说明表

品名	规格	原盘点数额	实际数额	差额	复点数量	与实际数量差额
原因						
对策						

项目小结

- 连锁药店门店盘点是门店管理的必修课，直接影响门店的经济效益。本项目重点讲述了盘点概述、盘点准备工作、盘点的实施以及盘点后工作等内容。
- 盘点就是针对门店未销售的库存药品，定期或不定期地对店内的药品进行全部或部分的清点，以了解门店药品损坏、滞销、存货积压或缺货等真实情况，确实掌握该期间内的经营业绩，并据此加以改善，加强管理。
- 盘点前准备工作主要有盘点计划制订、盘点小组的落实与人员培训、盘点责任区确定以及盘点前的整理工作。
- 连锁药店盘点工作完成后，剩余工作主要集中在盘点数据统计、盘点差异分析、盘点结果处理、盘点考核以及盘点后改进等方面。

主要概念和观念

◇ 主要概念

盘点　盘点配置图　盘点责任区　货架表盘点

◇ 主要观念

盘点与盘点后改进

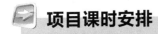

项目课时安排

① 实训时间：2 学时。
② 讲授时间：2 学时。

项目考核与评分标准

① 考评者：授课教师。
② 考核内容及评分标准。
以小组为单位进行评分，满分为 100 分。具体为：
a. 连锁药店药品盘点方法是否正确（40 分）；
b. 连锁药店药品盘点实施是否合理（20 分）；
c. 连锁药店药品是否正确（40 分）。

项目综合思考

◇ 简答题

1. 简述人盘点管理的含义与内容。

2. 怎样做好盘点前准备工作？
3. 如何进行盘点整理？
4. 盘点的实施程序如何进行？

◇ 讨论题
1. 你认为怎样确保盘点顺利实施？
2. 你认为怎样分析盘点差异？
3. 你认为怎样才能将本项目所学到的盘点技巧运用到日常连锁药店门店管理中去？

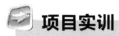项目实训

实训主题：连锁药店门店盘点实训

1. 实训目的
盘点技能实践。
2. 实训内容
为校内模拟药店进行盘点，根据盘点准备、盘点实施和盘点后工作，完成盘点流程。
3. 实训要求
以小组为单位进行盘点，做好盘点。
4. 考核标准与方法
方案可行，符合实践要求。
5. 实训指导
查阅网络、报纸等连锁药店盘点报道，结合本教材盘点要求，对连锁药店盘点做详细讲解。

项目七　连锁药店 POP 广告设计

 技能目标

能够手绘设计药店 POP 广告

 知识目标

1. 了解药店 POP 广告含义、起源及发展趋势
2. 熟悉药店 POP 广告功能
3. 熟悉药店 POP 广告分类
4. 掌握药店 POP 广告设计

 项目内容

| 1. 药店 POP 广告基本认知 |
| 2. 药店 POP 广告的分类 |
| 3. 药店 POP 广告的设计 |

 项目组织与实施环境

（一）项目组织

① 将全班分为若干组，指导老师指导学生进行药店 POP 设计。
② 各小组根据背景资料进行药店 POP 广告设计（手绘）。

（二）实施环境

① 实训室。
② 教室。

项目实施

"豪爽"的顾客

一位顾客在药店门口促销展示牌边站了一会,就进入药店来说要10盒双料喉风散,嚷嚷地说,早就盼着促销了,今天刚好八折,多买点储备。

思考:
药店门口促销展示牌对顾客有何影响?对药品销售起到什么作用?

本案例表明有效的POP广告展示,能够引起顾客消费心理的系列变化,促进购买。本项目就药店POP广告的内容及设计进行详细阐述。

任务一 药店POP广告基本认知

一、POP广告的含义

POP广告是英文"point of purchase advertising"的缩写,意为售点广告,简称POP广告。

药店POP广告的含义有广义和狭义两种。广义的药店POP广告,指凡是药店、药店周围以及在药品陈列的地方所设置的广告物,都属于药店POP广告。如:药店的牌匾、店面的装饰和橱窗,店外悬挂的充气广告、条幅,药店内部的装饰、陈设、招贴广告、服务指示,店内发放的广告刊物,进行的广告表演,以及广播、录像电子广告牌广告等。狭义的药店POP广告,仅指在零售药店内部设置的展销专柜以及在药店周围悬挂、摆放、陈设的可以促进药店销售的广告媒体。

二、药店POP广告的起源及发展趋势

POP广告起源于美国的超级市场和自助商店里的店头广告。1939年美国POP广告协会成立后,POP广告获得了正式地位。20世纪30年代以后,POP广告在超级市场、连锁店等自助式商店频繁出现,于是逐渐为商界所重视。60年代以后,超级市场这种自助式销售方式由美国逐渐扩展到世界各地,所以POP广告也随之走向世界各地。在我国古代,药店门口挂的药葫芦、膏药或画的仁丹,都可谓药店POP广告的鼻祖。90年代我国开始出现医药代表,进行销售促进,药店POP广告发展至今也就是十年左右,发展空间仍然非常巨大。

为了配合促销活动,在短期内形成强劲的销售气氛,单一的POP广告已经难以胜任,为此,多种类型的系列POP广告同时使用,可以使营业额急速上升,因此,现在POP广告呈现出从单一化向系列化发展趋势。此外,随着科学技术的发展,新技术、新工艺、新材料不断涌现,将声、光、电、激光、电脑、自动控制等技术与POP广告相结合,POP广告注重新技术的吸收与综合,产生一批全新的形式,其效果是普通药品POP广告所无法比拟的。

三、药店 POP 广告的功能

作为一种有效的终端促销手段，药店 POP 广告直接面对消费者，它具有以下功能。

1. 具有新产品告知的功能

大部分药品 POP 广告都属于新产品的告知广告。当新产品出售之时，配合其他大众宣传媒体，可以吸引消费者视线，刺激其购买欲望。

2. 具有唤起消费者潜在购买意识的功能

尽管各厂商已经利用各种大众传播媒体，对于本企业或本产品进行了广泛宣传，但是有时当消费者步入药店时，已经将其他的大众传播媒体的广告内容遗忘，此刻利用药店 POP 广告在现场展示，可以唤起消费者的潜在意识，重新忆起商品，促成购买行动。

3. 具有取代售货员的功能

POP 广告有"无声的售货员"和"最忠实的推销员"的美名。在药店当消费者面对诸多同类药品而无从下手时，摆放在周围的 POP 广告，忠实、不断地向消费者提供商品信息，起到吸引消费者并促成其购买决心的作用。

4. 具有创造销售气氛的功能

利用药店 POP 广告强烈的色彩、美丽的图案、突出的造型、幽默的动作、准确而生动的广告语，可以创造强烈的销售气氛，吸引消费者的视线，促成其购买冲动。

5. 具有提升企业形象的功能

现在，国内外一些企业不仅注意提高产品知名度，同时也很注重企业形象的宣传。药店 POP 广告同其他广告一样，在销售环境中起到树立和提升企业形象，进而保持与消费者的良好关系的作用。

任务二　药店 POP 广告的分类

一、按时间性来进行的分类

药店 POP 广告在使用过程中的时间性及周期性很强。按照不同的使用周期，可分为三大类型，即长期 POP 广告、中期 POP 广告和短期 POP 广告。

1. 长期 POP 广告

长期 POP 广告是使用周期在一个季度以上的 POP 广告类型。其主要包括如门招牌 POP 广告，柜台及货架 POP 广告、企业形象 POP 广告。由于时间上的限制，所以其设计必须考虑得极其细致，而且在产生的成本上也相对提高。

2. 中期 POP 广告

中期 POP 广告是指使用周期为一个季度左右的 POP 广告类型，主要包括季节性药品广告、药店以季节性为周期的 POP 等。中期 POP 广告的设计与投资，可以在长期 POP 广告的档次下作适当的考虑。

3. 短期 POP 广告

短期 POP 广告是指使用周期在一个季度以内的 POP 广告类型。如柜台展示、POP 展示卡、展示架以及药店的药品大减价等。对于这类 POP 广告的投资一般都比较低，设计也相对不太讲究。当然就设计本身而言，仍应在尽可能的情况下，做到符合商品品味。

二、按材料的不同来进行分类

POP 广告所使用的材料也多种多样，根据产品不同的档次，可有高档到低档不同材料的使用。就一般常用的材料而言，主要有金属材料、木材、塑料、纸材等。由于纸材加工方便，成本低，所以在实际的运用中，是POP广告大范围使用的材料。

三、按陈列的位置和陈列方式的不同来进行分类

POP广告除使用时间的特殊性外，其另一特点就在于陈列空间和陈列方式上。陈列的位置和方式不同，将对POP广告的设计产生很大影响。依据陈列位置和陈列方式的不同，可把POP广告分为柜台展示POP广告、壁面POP广告、吊挂POP广告、柜台POP广告和地面立式POP广告五个种类。

（一）柜台展示POP广告

柜台展示POP是放在柜台上的小型POP广告。由于广告体与所展示药品的关系不同，柜台展示POP又可分为展示卡和展示架两种。

1. 展示卡

展示卡可放在柜台上或药品旁，也可以直接贴在稍微大些的药品包装上（图7-1）。展示卡的主要功能是标明药品的价格、产地、等级等，同时也可以简单说明药品的特点、功能等，其文字内容不宜太多，以简短的三五个字为好。

图7-1　展示卡POP广告

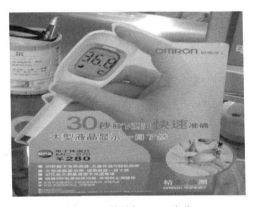

图7-2　展示架POP广告

2. 展示架

展示架是放在柜台上说明药品价格、产地、等级的（图7-2）。

它与展示卡的区别在于：展示架上必须陈列少量药品来直接说明广告的内容，陈列的药品相当于展示卡上的图形要素。展架上放的药品一般是体积比较小，而且数量以少为好。

（二）壁面POP广告

壁面POP广告是陈列在药店的壁面上的POP广告形式（图7-3）。在空间上，除墙壁外，活动的隔断、柜台和货架的立面、柱头的表面、门窗的玻璃等都是壁面POP可以陈列的地方。运用于药店的壁面POP广告，在形式上有平面的和立体的两种形式。平面的壁面POP广告，实际上类似招贴广告，而立体的壁面POP广告，实际上类似浮雕的造型。

（三）吊挂POP广告

吊挂POP广告是在各类POP广告中用量最大、使用效率最高的一种POP广告，是对药店上部空间

图7-3　壁面POP广告

及顶棚有效利用的一种 POP 广告类型（图 7-4、图 7-5）。此外，从空间角度考虑，吊挂 POP 广告必须考虑位置能否有效利用，是否影响顾客流通与顾客的视角。吊挂 POP 广告主要包括吊旗式（平面造型）和吊物式（立体造型）。

图 7-4　吊挂 POP 广告（一）

图 7-5　吊挂 POP 广告（二）

（四）柜台 POP 广告

柜台 POP 广告是置于药店地面上的 POP 广告体（图 7-6）。柜台 POP 广告的主要功能是陈放药品，与展示架相比，其以陈放药品为目的，而且可供陈放大量的药品，在满足了药品陈放的功能后再考虑广告宣传的功能。由于柜台 POP 广告的造价一般都比较高，所以用于以一个季度以上为周期的药品陈列。柜台 POP 广告的设计，从使用功能出发，还必须考虑与人体工程学有关的问题，比如人身高的尺度，站着取物的尺度以及最佳的视线角度等尺度标准。

（五）地面立式 POP 广告

地面立式 POP 广告是置于药店地面上的广告体（图 7-7）。如：药店门口、通往药店的

图 7-6　柜台 POP 广告

图 7-7　地面立式 POP 广告

主要街道等也可以作为地面立式 POP 广告陈列的场地。与柜台 POP 广告相比，柜台 POP 广告的主要功能是陈列商品，而地面立式 POP 广告是完全以广告宣传为目的的广告体。由于地面立式 POP 广告是放于地上，而地面上又有柜台存在和行人流动，为了让地面立式 POP 广告有效地达到广告传达的目的，不被其他东西所淹没，所以要求地面立式 POP 广告的体积和高度有一定的规模，而高度一般需超过人的高度，在 1.8~2.0 米以上。另外，地面立式 POP 广告由于其体积庞大，为了支撑和具有良好的视觉传达效果，一般都为立体造型。因此在考虑立体造型时，必须从支撑和视觉传达的不同角度来考虑，才能使地面立式 POP 广告稳定具有广告效应。

任务三　药店 POP 广告的设计

一、药店 POP 广告设计的特殊性

药品是特殊的商品，因为它关系到人类的健康。它从生产到最终的销售都受到相关法律、法规及制度的限制。这就使药品广告包括药品 POP 广告在设计过程中要遵守相关的法律规定。

二、手绘 POP 广告

制作药店 POP 广告的方法很多，大致可分为手绘和机械处理两种。手绘药店 POP 广告是指以手绘形式设计、制作的药店 POP 广告，是药店内 POP 广告的一种（图 7-8）。正因为其花费少，无需精美印刷加工，只需少许创意和一些简单的工具，就可以随手绘写出漂亮的 POP 广告，其效果有时会超过机械制作的 POP 广告，所以在药店中得到广泛运用。

手绘药店 POP 广告的制作是相对简单快速的，完成后有较强的视觉冲击力，可以达到药店销售产品的目的。大部分的 POP 广告是用水性的马克笔或是油性的麦克笔和各颜色的专用纸制作，具有绘制快、更新快、成本低、即时更新的特点。

图 7-8　手绘药店 POP 广告

三、药店 POP 广告设计要点

药店 POP 广告的制作要把握的基本原则是引人注目、容易阅读、一看便知诉求重点、具有美感和个性、统一协调且有效率。

（一）设计原则

1. 醒目突出

为了让 POP 广告醒目，应该从用纸的大小和颜色上想办法。在药店中都会陈列着各种大小不同颜色各异的药品，在这个五光十色的环境中，要运用突出的表现形式，避免千人一面。

2. 简洁易识

POP 广告的画幅面积有限，如何将想要宣传的内容准确完整地表达出来就是个问题。

虽然传达的信息需要尽量详细，但是如果将很多的内容都用小字写在POP上，顾客则可能会因为看不清而不看。因此，一方面，要注重POP广告的核心表达，应该尽量将顾客的关注点和兴趣点进行总结，如药品的特点、功能主治总结成条目，一般不超过五条，既便于阅读，也便于了解商品。另一方面，POP广告的绘制最好控制在三种颜色以内，如果字体、颜色太多，会令顾客眼花缭乱，不易看清而影响阅读效果。

3. 易懂易记

POP广告是在一般广告形式的基础上发展起来的一种新型的商业广告形式，在介绍药品的语言上要尽量做到让顾客一目了然、易懂易记，不含混晦涩。

4. 创意求新

激发顾客最终购买药品是药店POP广告的核心功能。现如今缺少差异化的POP广告视觉设计没有自己独特个性，无法与竞争对手的产品产生有效的区分，也就不能有效的促进药店药品的销售。如：POP广告上的装饰图片选择雷同，补脑的全穿博士服，补钙的全是老人或儿童；字体缺乏变化，文字都喜欢使用特别粗大的字体，一堆粗大的字体摆在一起，毫无冲击力可言。

在药品分类明确的前提下，使药品陈设不断创新，如：店员把药品包装盒用胶水粘在一起，做出不同的造型，"孔雀开屏"、"帆船"、"圣诞树"等既可以迎合主题，也可以迎合节日。药店POP广告设计具有震撼力与视觉冲击力，这无疑会吸引顾客的注意力，诱发顾客的兴奋点，既达到宣传药品的作用，也促成最终的购买。

（二）设计步骤

第一，决定何种药品在何处设置POP广告。要清楚是对药店的宣传还是对某药品的促销宣传，从而有针对性地制作POP广告。

第二，决定使用何种文案和词句。力求简明、生动、易读，重要内容先写，简明扼要地表达出药品所能提供的特殊利益、优点、特征等内容（即提炼药品卖点），以充分吸引消费者注意力，同时，这些重要的内容最好分开逐条书写，在内容前方添加特殊符号，每行以不超过10字为宜，文中尽量少用外文。

第三，决定POP广告的形态、材料、大小、色彩、字体。如果要使POP广告最大程度地发挥其刺激购买欲望的目的，其形态、材料、大小、色彩、字体的选择尤为重要。首先，根据POP广告位置来决定其形态，立体、平面、吊挂、壁面、还是展示。其次，依据POP广告的时效、对象等来决定其材料，一般来说，手绘POP广告因其成本低、方便、亲切、特别的特点常被运用，且以浅色并具有耐久性的色纸为宜。再次，根据消费者喜好、药品的大小、特点来决定其大小、色彩、字体，对于成堆摆放的特价药品，应该采用大型的POP广告，而对于货架摆放的小型药品，则要注意用纸的大小要以不将药品全部挡住为好；颜色调配以不超过三色为宜，顾客对不同颜色有不同的感觉，黄色给顾客一种价格便宜的感觉，淡粉色和橘黄色的效果也相当不错，颜色过多过杂反而使人眼花缭乱，产生反效果；此外，字体的选择要富有美感、特色，要跳出条条框框。

第四，决定POP广告造型，根据主题，配合季节、喜庆节日等，造型、配件等必须符合不同工艺加工要求，同时要考虑运输、布置、管理的方便，以及色彩的搭配。

项目小结

主要讲述药店POP广告的含义、内容、类型及设计。

主要概念和观念

◇ 主要概念
POP 广告　分类　设计
◇ 主要观念
POP 广告促销

 项目课时安排

① 实训时间：2 学时。
② 讲授时间：2 学时。

 项目考核与评分标准

① 考评者：授课教师。
② 考核内容及评分标准。
以小组为单位进行评分，满分为 100 分。具体为：
a. POP 广告的设计是否切合产品（20 分）；
b. POP 广告的设计能否体现引人注目、容易阅读、一看便知诉求重点、具有美感和个性、统一协调且有效率（60 分）；
c. POP 广告的设计是否富有创意（20 分）。

项目综合思考

手绘一则药店 POP 广告，药品可自选或由指导教师指定。

项目八　连锁药店顾客心理促销

技能目标
观察顾客消费心理，对顾客进行针对性心理促销，满足顾客心理需求

知识目标
1. 熟悉不同年龄顾客的心理、不同性别顾客的心理
2. 掌握顾客的心理过程、非处方药品销售的基本步骤和方法

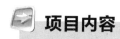
项目内容

1. 顾客的心理过程认知
2. 不同年龄顾客的心理促销
3. 不同性别顾客的心理促销

项目组织与实施环境

（一）项目组织

① 全班自由结合分组，每组5～6人，自行确定各组组长，并进行分工。

② 进行角色扮演，小组成员可自行确定顾客和营业员的人数及安排，按照所选择（或所抽中的）的不同年龄段、不同性别演示非处方药品销售的情景。

（二）实施环境

① 实训室。

② 教室。

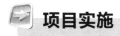

项目实施

"感性"的顾客

小王是民康药店的熟客,她非常信任该药店的秦药师。缘于一次她感冒发热时到药店得到了秦药师的一声温暖的问候及一杯热水。秦药师由于热情及专业服务成为该店服务之星,销售额位居第一。

思考:
药店店员的服务对顾客心理有何影响?对药品销售起到什么作用?

本案例表明顾客消费心理是有一定的规律性,药店可以在一定程度依据顾客的消费心理,促进销售。本项目就药店顾客的消费心理进行详细阐述。

任务一 顾客消费心理过程认知

一、顾客的心理过程

药品销售技巧从掌握顾客心理开始。消费者在购买动机驱动下步入药店,从对药品的选择、评价到购买,在心理上大致要经历以下8个阶段。

1. 观察阶段

消费者跨入店门前及进入门店后,通常都会有意或无意地环视一下药店的门面、橱窗、货架陈列、营业厅装饰、环境卫生以及营业员的仪表等,初步获得对店容店貌的感受,这个阶段为观察阶段。

根据进店意图的不同,一般可将消费者分为4类。第一类是有明确购买目标的确定型顾客。这类顾客进店迅速,进店后目光集中,脚步轻快,迅速靠近货架或药品柜台,向营业员开门见山地索取货样,急切地询问药品价格,如果满意,会毫不迟疑地提出购买要求。第二类是有一定购买目标的半确定型顾客。这类顾客有购买某种药品的目标,但具体选购什么类型以及对药品的功效不是很清楚。进店后一般会认真巡视,主动向店员询问各种药品的功效及用途。第三类是难为情的顾客。这类顾客通常有某种特殊购买目的,但对应该买什么药品却没有主意,又羞于向营业员询问。这类顾客通常四周巡视,在店内滞留很久而又不提出任何购买要求或进行咨询。第四类是以闲逛为目的的随意型顾客。这类顾客进店没有固定目标,甚至原先就没有购买药品的打算,进店主要是参观、浏览,以闲逛为主。

2. 兴趣阶段

有些消费者在观察药品的过程中,如果发现目标药品,便会对它产生兴趣。此时,他们会注意到药品的质量、产地、功效、包装、价格等因素。当消费者对一件药品产生兴趣后,他不仅会以自己主观的感情去判断这件药品,而且还会加上客观的条件,以作合理的评判。

3. 联想阶段

消费者在对兴趣药品进行研究的过程中,自然而然地产生有关药品的功效以及它可能满足自己需要的联想。联想是一种由当前感知的事物引起的对与之有关的另一事物的思维的心理现象，消费者因兴趣药品而引起的联想能够使消费者更加深入地认识该种药品。

4. 欲望阶段

当消费者对某种药品产生了联想之后，他就开始想购买该种药品了。但是这个时候他会产生疑虑，这种药品的功效到底如何呢？还有没有比它更好的药品呢；这种疑虑和愿望会对消费者产生微妙的影响，使他虽然有很强烈的购买欲望，但却不会立即决定购买这种药品。

5. 评价阶段

该阶段主要解决的问题是"从众多品牌的药品中决定其一"，具体又可以分为三个步骤：

（1）全面了解药品　如药品的用途、规格、价格、质量、商标、包装等方面。

（2）与同类药品比较　如药品的基本属性的比较，也可以从社会、心理、经济学的角度比较（即从社会属性比较）。

（3）从中选出购买对象　即决定购买某种品牌的药品。

该阶段对消费者来讲是有决定意义的，因此，企业应在商品陈列、售货方式等方面创造各种条件，使消费者顺利实现上述三个步骤。

6. 信心形成阶段

消费者做了各种比较之后，可能决定购买，也可能失去购买信心。这是因为：①店内药品的陈列或营业员售货方法不当，使得消费者觉得无论怎样挑选也无法挑到满意的药品；②营业员药品知识不够，总是以"不知道"、"不清楚"回答顾客，使得消费者对药品的质量、功效不能肯定；③消费者对门店缺乏信心，对售后服务没有信心。

也就是说该阶段要解决的问题是"是否购买"和"怎样购买"，决定是否购买的约束条件有：商品本身的特点；消费者的经济条件；消费者对购买对象的需求程度。此阶段如果有良好的对待和高质量的服务，可以使交易过程变得和谐愉快，还能提高企业的信誉和知名度。

7. 行动阶段

消费者决定购买，并付清货款的行为叫做成交。成交的关键在于能不能巧妙抓住消费者的购买时机。如果失去了这个时机，就会功亏一篑。

8. 感受阶段

此阶段就是消费者实际对药品的消费使用，对自己的选择决定是否明智进行检验和反省，就形成购后感受，购后感受主要包括以下几个方面：购买该药品的经济合理性；所购买药品的消费适用性；所购买商品的设计欠缺性；购买中营业服务的周到性。购后感受既是消费者本次购买的结果，也是下次购买的开始。消费者如果对本次购买的结果满意，就有可能进行下一次购买。

二、非处方药品销售的基本步骤和方法

根据消费者购买过程中的几个心理阶段，药品销售大体可以分为以下几个步骤。

（一）准备

指等待消费者进店的这段时间的准备。在这段时间里，为了让消费者在最初的观察中得到一个满意的印象，营业员应做好环境的准备及销售物资的准备及个人销售准备。

环境的准备包括对药店环境的清洁、打扫、台面的整理、温度与灯光的调节、设备设施的摆放等，整洁、明亮、舒适的环境是吸引顾客的第一印象条件。

销售物资的准备则包括对陈列商品的整理、检查、补货及售货工具（如收银工具、计量工具、包扎工具、宣传资料等）的准备等，这是销售工作顺利进行的保证。

对于营业员个人的准备则包括个人形象、态度及技术准备等，具体有以下几点。

（1）营业员应站在规定的位置上　每个营业员都有一个或数个属于自己看管的柜台。营

业员在药店所站立的位置以能够照顾到自己负责柜台最为适宜,同时还要显眼,易为顾客发现,以便随时准备向顾客提供帮助。

（2）要以良好的态度迎接顾客　在没有顾客的时候,营业员也应保持良好的站立姿势和饱满的精神状态。最好站在离柜台10厘米远的地方,双手在身前轻握或轻放在柜台上,双目注视大门方向,时刻准备迎接顾客。严禁看报、聊天、吃零食或无精打采等会给顾客带来不愉快感觉的行为。

（3）在天气不好或其他原因导致顾客稀少的时候,不应因无所事事而影响情绪,应安排其他工作,如检查药品、整理与补充货架或清洁货架及柜台。这样,一方面可以稳定营业员的工作情绪,另一方面借以吸引顾客的注意。

（4）营业员应该时时把顾客放在第一位。无论正在做什么,只要顾客一进门,就应放下手头的工作,注意顾客的一举一动,随时为顾客提供服务。

（二）观察顾客,相机接近

所谓观察顾客,是指判断顾客所属类型,以采取相应的接待方法。对于确定型顾客,营业员首先要业务熟练,熟知同类药品的价格及摆放位置,对于顾客提出的购买要求,可以迅速而准确地进行取货、报价、包装、收银等操作。对于半确定型顾客,应熟悉各种药品的功效、适用人群及价格,热情介绍、对答如流,必要时转给驻店药师进行处理。对于难为情的顾客,应细心观察顾客主要留意哪一方面的药品,不怕尴尬,大方主动地进行询问及推介,但应注意控制音量,以免引起顾客尴尬。对于随意型顾客,应顺其自然,不主动向顾客询问或推介,应让顾客自然、舒适地在店内浏览,一旦顾客发现兴趣药品,有所示意,应立即上前服务。

所谓相机接近,是指选择适当的时机、阶段去接近顾客。当顾客的视线与营业员相遇时,要主动点头微笑,或说"早上好"等问候语。

当顾客寻找某种药品时,营业员应快步走向顾客,并对其说您需要什么等。

顾客花较长的时间观察特定的药品,是对此药品产生兴趣的证明,可能很快将心理过程转移到联想过程,此时是招呼顾客的好时机。

顾客观察药品一段时间后抬起头,有两种可能。一是寻找营业员进行询问。此时营业员应把握住这个机会。二是顾客决定不买了,想要离去。此时如果营业员接近顾客,还是有挽回顾客的机会的。

当顾客顺路经过,看到货架、柜台或橱窗里的药品停下来时,也是接近顾客的机会。这时一定是某种药品吸引了顾客,如果没有人招呼,顾客极可能继续往前走。因此,营业员千万不能放弃这个接近顾客的机会,应毫不犹豫地招呼顾客,但必须注意到顾客观察的药品,以便做出相应的介绍。

营业员在接近顾客的同时,应注意与顾客保持一定距离。距离太远容易使顾客产生离开的想法,而太近会产生威胁感,会使顾客不安。一般来讲,保持两人双手平举的距离是初次接触最安全和最易令人接受的距离。

（三）推介、展示药品

营业员在适当时机同顾客初步接触成功之后,接下来要做的是药品的推介及展示。目的在于让顾客了解药品种类、功效及价格,同时给顾客一个直观的印象,激发顾客的购买兴趣。此时,为了满足顾客自尊心的要求,应对同类药品从低价至高价进行推介,同时应该熟悉各种药品的功效及适用人群,以便有针对性地向顾客进行介绍。在介绍药品时,必须注意说话的语调和口气,态度应诚恳,介绍要恰如其分、简明扼要、速度平稳,语气应坚定、不容置疑,以坚定顾客的信心。应注意,对药品的功效应实事求是,绝对不能信口开河,夸大其词,以免破坏药店信誉,失去顾客信任。

(四)诱导劝说

对于药品介绍后仍犹豫不决的顾客,应在细致观察顾客的感知反应后进行诱导劝说。

消费者走进店内都是带有一定动机和欲望的,但进店的消费者并没有全部实现购买。据日本三越百货商店的调查,进店的顾客只有20%发生购买行为。其原因在于,消费者的欲望有两种:一种是"意识的欲望",即有明确购买目标;另一种是"潜在的欲望",即虽然需要某种商品,但没有明显意识到,因而没有做购买预定。有潜在欲望的消费者,常常由于外界的刺激而由一个看客变为买主。实现这一转化,除了受店堂环境、灯光装饰、商品陈列、商品适销度等因素影响外,很重要的还受营业员的仪表、神态、语言、示范影响,即营业员的诱导,能使消费者的心理力量向购买的方向发展。

诱导劝说,一般有以下几种做法。

1. 证明性诱导

主要包括实证诱导、证据诱导和论证诱导。

(1) 实证诱导 即当场提供实物证明的方法。

(2) 证据诱导 即向消费者提供间接消费效果证据的方法。有些商品不适于采用实证方法,就可以运用证据方法诱导。证据诱导要使用消费者所熟知的、有感召力的实际消费证据,才能使消费者相信所购商品靠得住。

(3) 论证诱导 即以口语化的理论说明促进信任的方法。这种方法要求营业员有丰富的商品学知识,对所出售商品的理化成分、生产工艺、性能质量、使用方法有清楚的了解,讲话要确实,切忌信口开河。劝说诱导要恰到好处,简明扼要地向消费者介绍商品;要视消费者的需要进行劝说诱导,方能收到诱导效果。

2. 建议性诱导

它是指在一次诱导成功后,相机向消费者提出购买建议,达到扩大销售的目的。提购买建议一般有下列机会:顾客目光转向其他商品的时候;顾客询问某种商品本店是否有售的时候;顾客提出已购商品的使用、维修问题的时候;顾客向营业员话别的时候。

建议性诱导的内容一般有以下五个方面。

(1) 建议购买高档商品 营业员要在对顾客的购买预算作出判断的前提下提这类建议,以免建议不妥伤了顾客的自尊心。

(2) 建议购买替代商品 提这类建议的条件是消费者预购买的商品无货,但有在质量、用途、价格上相当的商品,但建议时不要强求顾客购买。

(3) 建议购买互补商品 提这类建议时要注意两项商品的主次之分。

(4) 建议购买大包装商品 同类商品大包装比小包装在费用上较为经济。对于某些可连续使用的消耗性商品,这种建议容易成功。

(5) 建议购买新产品 新产品对于消费者来讲,没有使用经验的参照,购买欲望难以形成。营业员要做好宣传,并保证退换、保修。

进行建议性诱导时,营业员要时刻记住顾客有潜力可挖,消除实现一次销售就等于接待完一位顾客的观念。在行动上要表现出提建议的动机是为顾客着想,措词言简意赅,出语恳切自然,即使销售未获成功,至少会在顾客心中留下良好的印象。

3. 转化性诱导

运用以上两类诱导方式方法时消费者可能会提出问题，甚至针锋相对，使买卖陷入僵局，这时就需要通过转化性诱导缓和气氛，重新引起消费者的兴趣，使无望的购买行为变为现实。常用的转化性诱导有以下几种。

（1）先肯定再陈述　先肯定顾客言之有理的意见，使顾客得到心理上的满足，然后再婉言陈述自己的意见。这样可以取得较好的诱导效果。

（2）询问法　即找出顾客不同意见的原因，再以询问的方式转化对方意见。询问时态度要和气，切忌用质问的口气，以免伤了顾客的自尊。

（3）转移法　即把顾客不同意见的要点直接联系到出售商品的特点上去，使顾客的注意力集中到销售商品的特点上。

（4）拖延法　遇到顾客所提意见难以回答时，不能急于用不充分的理由去诉说，可以先给顾客看商品说明书，用短暂的时间考虑有说明力的回答。

（五）促成交易

在与顾客接触的过程中，要注意掌握最佳成交时机。所谓最佳成交时机，是指顾客购买欲望最强、最渴望占有药品的时机，也就是各方面条件都成熟的时候。当这个时机来临时，顾客的言行表情会发出相应的信号。

信号1：顾客突然不再发问。顾客从一开始起就不断地问各种问题，过了一段时间后突然不再发问，此时顾客正在考虑是否购买，营业员从旁劝说，将促使其购买。

信号2：顾客话题集中于某一种药品。顾客想买某一类药品，营业员会拿出好几种作为比较，当顾客渐渐放弃了其他几种，专注于某一种药品进行发问时，说明顾客已开始形成对此药品的信心。此时，如果营业员稍微劝说，则可能成交。

信号3：顾客征求同伴意见。在营业员作完介绍后，如果顾客征求同伴意见，则表明顾客基本上已有购买的意愿了。

信号4：顾客不断点头。当顾客一边看药品，一边点头时，就表示他对该药品很满意。

信号5：顾客关心药品售后服务。如当顾客提出这种药真能祛除黄褐斑吗，无效可否退款一类的话时，便是成交机会来临的标志。

当有成交的机会，而顾客又犹豫不决时，营业员一定要坚守立场，努力说服顾客。以下是两种促使顾客购买的方法。

① 将介绍的药品逐渐集中在两三个品种上，而把其他都收回去，这样不但可以防止顾客犹豫不决，而且还可以掌握顾客的偏好。

② 注意观察，确定顾客所喜欢的品种。如果营业员能推荐顾客所喜欢的品种，则不仅可以加速成交，还会使顾客对其产生好感。顾客对于喜欢的品种有以下几种表现：视线焦点会集中在所喜欢的品种上，而对其他品种一带而过；通常将喜欢的品种放在手边的位置，以便随时触摸或与其他品种进行比较。

对于犹豫中的顾客，营业员应采取措施促使其尽快下决心。例如，使用"二选一法"，问顾客"你需要这件或是那件"，而不要问"你要这件吗"；使用动作法，如拿起发票准备填写或拿塑料袋准备包装；使用感情法，以真诚、恳切的态度打动顾客的心，让顾客觉得你确实是在为他着想，从而下决心购买，如说"这产品真的不错，你可以买小包装的试用一下"之类的话。

（六）成交

当顾客做出购买决定后，营业员应尽快做好以下几项工作。

1. 表示谢意与赞许

顾客做出购买决定后，营业员应对其明智行为做出恰当的赞许、夸奖，并表示谢意，增添成交给双方带来的喜悦气氛。

2. 包装药品

要求整洁美观，便于携带。包装前应先检查药品包装有无破损，如有破损，应及时调换，并应尽量满足顾客的包装要求。

3. 取货款

收取货款前一定要再看一次标签，确认价格，接过现金时要说出金额，否则可能遇到麻烦；找钱不能丢到柜台上，而应再数一遍交给顾客。

4. 交药品

认真检查无误后，按先找钱后递药品的顺序，将药品双手递交给顾客，或帮助顾客放在包装袋里。

（七）成交后欢送顾客

成交之后，应当双目注视顾客，有礼貌地向顾客道别，要微微点头，这样才能使顾客在整个购买过程中始终处于心情愉快的气氛里。

（八）客户档案管理

客户档案可以帮助药店关注每一位客户，了解客户的需求及提供专业精准服务，留住客户，获取效益，药店可采用会员的模式建立，完整填写客户档案，了解客户详细信息。

任务二 不同年龄顾客的心理促销

一、老年顾客的心理

（一）老年顾客

老年顾客由于生理的变化，老年顾客的消费习惯、兴趣、爱好都具有明显的特殊性，其消费心理的文化构成表现为：惯性强，对传统商业字号、商标忠实性强。俗话说："江山易改，本性难移。"老年顾客由于多年生活阅历，随着年龄的增长，年轻时代的远期记忆比较深刻，而近期记忆则明显弱化，因此对传统商品商标、厂牌记忆犹新，而对新商品商标、厂牌、性能、特点往往记不住。出于习惯性的消费心理需要，他们较忠实于使惯了的商品商标，经常光顾去惯了的老字号商店。仅以1994年对北京市场化妆品消费需求情况的调查为例，随着我国经济的发展，人民生活水平日益提高，化妆品已经成为北京市民消费需求的一大类热点商品。许多生产厂家纷纷瞄准北京市场，推出了众多品牌的洗发、护肤、美容等多系列产品，使年轻消费者目不暇接，不断追随各种新品种。但老年消费者的需求却明显地趋向传统品种。比如当问到您经常使"大宝"、"紫罗兰"、"玉兰油"等护肤养颜商品中的哪一类时，就有相当数量的老年消费者偏爱"上海友谊香脂"，认为这种传统产品货真价实，甚至表示自己使用该产品几十年了，印象颇深。所以老字号、老品牌、老商标具有传统文化特色，最能适应老年消费者的消费文化心理。对于这一点，企业在经营活动中应予以特别重视。

（二）老年顾客具有与其他年龄层次顾客不同的心理特点

1. "失落"心理

许多老年人从工作刚位退下来后，心态比较复杂，尤其是那些患有慢性病或失去伴侣的老年人，极易对生活失去自信和兴趣。因此，企业应以延年益寿、强身健体、丰富晚年生活的各类产品作为老年市场的开发重点以吸引和诱导他们。

2. 怀旧心理

许多老年消费者一提起过去的生活经验就难以忘怀,感慨不已。他们对老字号,对平生惯用的商品、商标有所偏爱,消费习惯也不易改变。那些对青壮年具有吸引力的新产品,对老年人不见得有同样的吸引力,因此他们往往是老字号、老商品、老商标的忠实追随者。

3. 保健心理

由于老年人的生理特点,他们对吃穿用等商品不仅要求满足一般需求,还要有特殊的舒适、方便、安全及保护作用。比如我国设计生产的多功能保健手杖,如老年人或病残人跌倒后,手杖自动发出呼救信号,在特制的手杖名片上有使用者的姓名及住处,另外兼有按摩、助听、照明等功能,远销美国、日本、新加坡等国家,被誉为"中国神杖"。

4. 执拗心理

由于老年消费者生活经验丰富,一般不轻信广告宣传或时尚传播。他们习惯于长期形成的生活规律,到熟悉的商店购买商品,同那些认识多年的老售货员打招呼,请他们为自己当参谋。掌握了老年人购物的这一特点,售货员要有尊老意识,如讲话既要响亮又要柔和,行为要谦恭,不然,那些老年顾客便不会再光顾。

5. 做主心理

老年人很少发生类似青年人的冲动性购买,他们的理智购买动机较强,在某一新产品上市后,如果被列入购买计划,他们总是以审视谨慎、甚至怀疑推敲的态度对待,不易受他人影响,而是以经济实惠为购买准则。

6. 自尊心理

老年人在购买中希望得到别人对自己的尊重,对自己选择商品的赞同。售货员笑脸相迎、耐心答题会令他们大为感动,产生强烈的惠顾动机。另外,安静宽松的购物环境也会吸引他们,适合他们的心理及生理特点,同时有利于向他们推荐新产品。

7. 节俭心理

这主要表现在对价格的敏感程度上,尤其是我国的老年消费者,一般都经过艰苦日子的磨炼。至今沿袭"节俭型"生活方式,选购商品时注重价格,面对同种同质商品,会选择价格最低的购买。

8. "还童"心理

即有些老年消费者的心理年龄老化迟于实际的生理老化现象,他们虽到暮年,但童心不泯。像青年人一样对新鲜事物充满兴趣,因此企业在开发"银色市场"时,最好要想方设法吸引"银包阶层"中的"带头者",由他们去说服和影响同龄人,这样促销效果会更好。

二、中年顾客的心理

(一)中年顾客

中年顾客在家庭中一般是购买商品的决策者。这是由于他们的子女在经济上尚未完全独立,购买商品的决策权往往由其父母承担;又由于中年人的父母都已经步入老年,外出选购商品不太方便,并且获得商品的信息少,也把购买商品的决策权交给了他们的儿女。因此,中年消费者不仅掌握着家庭消费的决策权和购买权,同时左右着未独立子女及老年人消费的决策权和购买权,在消费活动中处于重要的位置。

(二)中年顾客的心理特点

1. 注重便利心理

中年顾客大多是家庭经济的主要负担者,他们肩负着抚养子女、赡养老人的双重重担。因此,当家理财相对合理支配、量入为出,是中年顾客消费行为的一大特点。

中年人是家庭的支柱,承担着抚幼赡老的责任,生活处于经济负担沉重时期,而工作和事业也正处于人生中的鼎盛时期。为了减轻劳动力和缩短劳动时间,在日常生活用品和副食品方面,中年顾客更欢迎便利、耐用的商品。

2. 理性购买,注重计划心理

随着科技水平不断提高,商品信息反映出传递快捷、更新频繁、准确性高的特点。中年消费者在对商品信息接收和分析的过程中,大大提高了消费的理性水平,对消费市场和消费商品更能够谨慎审视、理性分析。

中年顾客一般上有老、下有小,家庭生活经济负担较重,长期的艰苦奋斗使他们养成了勤俭持家、精打细算的良好习惯。他们既要把家庭生活安排好,又要考虑经济合理,懂得理财当家、量入为出的消费原则。因此,他们的消费行为计划性强、盲目性少,具有较强的求实心理和节俭心理。

3. 注重实用心理

商品的实际效用、合理价格、外观造型等的统一,是刺激中年消费者购买的动因。他们已不再像青年人那样追求时尚和新颖,相比之下更加注重商品的使用价值和实际效用。

(1) 求质量　52%的中年消费者把商品的质量放在消费决策因素的首位,即使价格偏高或款式普通,也愿意选购质量优良的商品。

(2) 求商品的使用价值　51%的中年消费者注重商品的使用价值,不过分挑剔商品的款式、外观和色调。

(3) 求方便　32%的中年消费者注重商品的便利性,包括使用便利和维修便利,购买商品时愿意选择售后服务好、跟踪安装、上门调试维修的商品。

(4) 求价廉　27%的中年消费者以价格低廉作为购买目的,他们在观念上保持着俭朴的传统,对款式、花色、功能等均无过高的要求,在同类产品的选择中,多以价格低廉的商品代替价格较高的商品。

(5) 求信誉　10%的中年消费者对产品信誉表示重视,对质量好、信誉高的商品长时间保持使用。

了解中年男女的压力

成年男女同样处于心理和生理的压力下,但男女的生活状态不同。

一个有责任感的男性,从小就开始学习男性的社会角色。成年之后,他们渴求上进,在心理和生理的高度压力下工作,忘我地追求个人与社会成就。激烈的竞争使他们缺乏足够的休息,不能按时就餐。家庭成了他们"喘口气"的场所,因此在家中往往显得懒散、没有温情。这实际上是神经紧张的反映,高血压病、溃疡,以及其他种种生理方面的疾病也随之逐步产生。

有责任感的女性,从小就从各种信息渠道了解自己的社会角色。女性柔弱的肩膀却要挑起两副担子,一副是与男性一样的社会生产、生存的担子,另一副是生儿育女的担子。也许正是由于这第二副担子,使女性成年之后,不能像男性那样洒脱、那么专心一致地追求事业。但是成年期的女性,健康状况一般略好于男性,她们很少有生理上的疾病,虽然她们生活的压力和紧张不亚于男性,但由于能经常不断地发泄这种不满,反而不容易情绪压抑。所以许多心因性病症,除了歇斯底里之外,男性患高血压病、胃溃疡、失眠、神经衰弱的都比女性多。但是女性慢性的心理疲劳和生理疲劳也是很严重的。女性在工作场所一边工作一边担心家中的孩子,牵挂家庭的事务,回到家中又要担起料理家庭的实际重担。

一旦出现苦恼，她们就能很快地找到两个归因：一是男女社会角色的不合理；二是丈夫在外生龙活虎而到家之后的懒惰不负责任。这种不负责任既表现在自私不干活，又表现在不关心妻子，只顾自己这头。这就是所谓的"懒惰丈夫所引起的症候群"现象。一位美国社会心理学家描绘了这种懒惰丈夫的症候：丈夫在装有空调的办公室里，足足逗留了很长的八个小时，回家之后，向妻子要了一杯饮料，就精疲力尽地蹲伏在沙发椅上看报纸或坐在电视机前欣赏影片。一个小时后，起来吃晚饭，却又抱怨食物做得太难吃。吃完后，在妻子面颊上轻轻地亲了一下后，就出去打保龄球，喝了啤酒才回来，然后又是看电视。最后躲入温暖的被窝里。然而，妻子却一天到晚忙个不停，喂养小孩，准备餐具，洗碗碟，给小孩子洗澡，安置小孩上床。然后，还要洗一大堆衣服。日复一日，没有任何新奇。丈夫是快乐的，但妻子却有一种模糊的不快、紧张与疲惫感。

三、青年顾客的心理

（一）青年顾客

青年顾客，根据我国的情况，一般指十五岁到三十岁的人。这部分人约占总人口的四分之一，是人数众多，最具有消费特色的消费群体。进入这一时期的消费者，大多数已具备了独立购物的经济能力，他们在家庭中的地位已逐渐从从属地位上升到主事地位。由于年轻，思想活跃，因而对市场上出现的新产品、新趋势反应敏感，常常成为市场购物的先导，影响和制约着其他各类顾客。这一部分顾客消费文化心理表现可以从两个层次上分析。

（二）单身青年顾客的心理特点

青年顾客作为成年人，已渐趋成熟，但由于涉世不深，也存在着不够稳定的思维活动，这些特点反映在消费心理和行为上，则表现出青年人特殊的消费文化气质。

1. 猎奇心理

青年顾客生命力旺盛，对新生活充满热爱和希望。对消费品的需求既强烈，又具有冒险精神。对新产品、新的消费行为容易产生浓厚兴趣，寻求新鲜感，具有猎奇心理。这一点当代青年表现最为突出。比如对服装消费，一些女青年对色彩鲜艳，表现热烈的服饰（像红色）特别偏爱，就反映出这种心态。

2. 时尚心理

时尚是指能显示时代特有的风貌、礼仪、价值、道德和经济、社会发展趋势的时代精神。青年顾客力求创造生活、追求美的享受，力图表现时代。因此在消费心理上，表现为追求高品位、高时尚的消费，以求领导消费新潮流。

3. 个性化心理

青年顾客将要或刚刚涉足社会，迫切需要表现自我价值，反映在消费文化心理上是喜欢独树一帜，选择最能表现个性心理和自我价值的商品和购物方式。如现实有些经营企业与金融企业联合发行"通惠卡"，不少青年顾客对此种方式十分青睐，其目的正是为追求与众不同的消费购物方式。

4. 冲动心理

青年顾客由于处在从少年不成熟阶段向成年成熟阶段过渡的时期，情绪、趣味、性格、气质还不够稳定。认识事物时感情色彩较重，易受外界因素的左右。所以其消费文化心理常常表现为情绪变化激烈，易冲动。反映在购物行为上往往因个别方面因素决定对商品的好恶。如有些青年人在购物时只追求款式新颖，只要样式新奇，即使价格高也不在乎。

（三）已婚青年顾客的心理特点

成家立业是大多数青年人进入成年期后要经历的过程。处在这一时期的青年顾客既有一般青年人的消费文化心理状态，又有新婚青年建立新家庭的特殊消费文化心态。其心理表现如下。

1. 实用性

新婚家庭，消费需求是多方面的，年青的夫妇选购商品时，往往是双方意见的综合。因此在购物心理上，冲动盲从的因素弱化了，在追求时尚、个性的同时，侧重追求商品的实用性和科学性。随着社会进步和青年消费者文化层次的提高，购物的动机也从单因素刺激转化为综合因素分析。即一要反映时代风格，二要货真价实，三要科学合理。此时青年顾客的消费文化心理已趋于成熟。

2. 超前性

现代的新婚青年处在市场经济活跃的新时代，无论从消费观念上还是消费经济能力上都发生了很大变化。因此其消费文化心理表现具有明显的超前性。普遍追求新潮、配套和高层次的和谐，而且购买量大、时间集中。夫妻双方都力求精心建造好一个温馨、幸福的家庭。

3. 艺术趣味性

俗话说："不是一家人，不进一家门"，夫妻双方因为志趣相投而走到一起。因此在消费文化心理表现上不仅对物质文化消费有较高的要求，而且对精神享受也有较高的要求。在这种心理支配下，新婚家庭的消费需求有了新的寓意。追求艺术性、趣味性和相互爱慕的感情色彩就成为青年消费者新的购物导向。

总之，青年消费者群引导着社会消费的潮流，左右着市场消费趋势，是企业经营者万不可忽视的重要消费群。

任务三　不同性别顾客的心理促销

一、女性顾客的心理

（一）追求时髦与美感，注重商品的外观

爱美与讲究时髦是当代女性一个明显的特点。其中爱美心理是女性普遍存在的一种心理状态，不论是青年女子还是中老年妇女，都愿意将自己打扮得美一些。当然年龄的差异导致人们审美标准也不同，但爱美之心人皆有之。女性的爱美心理在购买活动中的表现有二。第一，妇女们在为自己购买某种用品时，首先想到的是这种用品是否能保持自己原有的自然美和能否为自己增加新的时代美。例如，女性在买化妆品时，心中想的是这些东西能使自己的容貌变得更年轻或更富有魅力。第二，挑选商品侧重于外观质量。在购买同样用途、同样价格、同等质量的商品时，妇女们总是乐意挑选外观质量好的商品。

时髦心理与爱美心理是互相融通和相互关联的两种相近和相似的心理。妇女们往往以时髦为美，所以也可以说时髦心理是爱美心理的一种具体表现。但是，时髦心理又不同于一般的爱美心理。它的最突出的一点是在于倾向于新和先行，乐于走在时代潮流的前头。女性对时髦商品的追求主要表现在以下几方面。第一，时髦的色彩。主要指服装、布料、家具、鞋帽等色彩。第二，时髦的式样。第三，时髦的打扮，指妇女心理在自己的整体外观上的追求，女子爱美之心的最终着落点在于使自己美。为此，他们借助于服装、首饰和各种化妆品，装饰自己，以使自己更美。同样，她们也爱时髦，为使自己变得与众不同，她们乐于追

求时髦的打扮。为了进行时髦的打扮，女性自然会对那些用来打扮的物品产生购买需求，自然也就十分注重能体现美和时髦的商品的外观。

（二）挑选商品复杂细腻，注重商品的实惠和便利

一般家庭的生活消费多由女性操持，她们掌管家庭收支，负责安排全家衣食住行的开销。在我国长期低收入低消费的环境里，女性普遍养成勤俭持家、精打细算的习惯。这种习惯已成为传统，并被社会视为美德。在购物活动中的表现，就是希望所购的物品能最大限度地满足自己的某种需要，并具有物美价廉、经久耐用等特点。这就是典型的实惠心理，即"少花钱多办事"的心理。这种心理的具体表现是：在实施购买时要进行利害得失的衡量，力求做到得失相当；在购买商品前对所购物品的性能用途和质量标准已有明显的要求；在购买物品时，挑选认真仔细，力求完美。

女性注重实惠的心理，往往会导致其选购商品的谨慎和细腻。但导致女性挑选商品复杂细腻的更重要的原因是女性所特有的心理特征，她们一般小心谨慎，胆小怯懦，心细敏感，但又具有较强的形象思维能力。这种心理特征在购买行为上就表现为挑选商品深入细致、谨小慎微、十分挑剔，特别是在外观造型、色彩方面，有时会因一些不明显或不影响质量的小问题而另行挑选，且挑选时间长，常因犹豫不决而占用许多时间。

在注重实惠的同时，现代女性往往要求商品的便利性。这主要是由于在我国妇女就业多，双职工家庭所占比重很大。女性工作繁忙，家务重，休息和学习时间少，因此，她们对日用消费品和主副食品的方便性要求越来越突出，她们希望购买方便、使用方便、节省时间，减轻家务劳动。每一件新的、能减轻其家务劳动的方便消费品，她们都乐意接受，并愿意较早尝试。

（三）具有较强的情感特征，购物喜欢从众与模仿

一般妇女在心理个性的表现上具有较强的情感性特征，即遇事容易动感情，表现在购物活动中也往往用情感支配购买动机和购买行为。例如商品的造型新颖、包装华丽、气味芬芳、音乐悦耳，会使妇女产生积极的情感，产生购买欲望。此外，她们常受别的顾客或女伴的影响，凭感情实施购买。我们在商店中经常会见到许多女性围聚在柜台前买一件衣服或布料，会吸引更多的女性前去询问购买。这是一种典型的模仿与从众行为。这与女性容易被说服、被支配和感情用事的心理有密切关系。

女性在购买自己使用的物品时，除了喜欢从众和讲究时髦以外，往往会产生炫耀心理。它的表现是：某女性之所以购买某物品，除了为满足自己的基本生活消费需求或使自己更美、更时髦之外，还可能为了通过这种购买向别人炫耀自己更会生活，更富有或更有地位。这种以购物显示自己某种超人之处的心理，就称之为去粗心理。在这种心理作用下，购物活动的特征是：追求高档、高质量和名牌商品；追求价格高的商品；在商品的造型和色彩上，追求奇异、超俗、典雅、洒脱等与众不同的特点。

（四）自尊自重心理强烈，消费趋向多样化、个性化

一般女性比较敏感，自尊自重心理较强。这种心理状态中包含着某种程度的"我行我素"和"随心所欲"。它使妇女不喜欢别的女性向自己炫耀，对否定自己的爱好和选择的行为表示反感甚至厌恶。如果自己向别人炫耀时，则不容忍别人否定自己的这种炫耀。有这种心理状态的妇女，在购物活动中常常是按照自己的习惯和爱好行动，喜欢独立自主地挑选自己看中的商品，不愿意别人说自己不了解商品、不懂行、不会挑选；一旦自己选中，便毫不动摇坚持购买，并认为自己的购买最有价值、最明智。

在自尊自重心理驱使下，现代女性消费向多样化、个性化发展，她们更加着意于自己特点的生活，在消费方面同男子相比较会变得相对不拘泥于价格、商标和商店。在现实生活

中，常可看到，男子在穿戴方面有追求同一的倾向，妇女则有相异的倾向。正像人们所说："男人穿衣服的目的是要尽可能与别人相似，女人则力求与众不同"。在一些庄重的场合，男人常穿藏青色的西服或灰色西服，妇女则不大拘泥于时间、地点，穿着还可能多样化、个性化一些，许多妇女在选购服装方面，力求表现自己的性格和气质。我们甚至可以从一个妇女的饰物和提包看出她的某些个性。

思考 8-1：女性顾客和男性顾客的消费心理有何不同？

情景回放：一天，有一位男顾客不耐烦地对身边的女顾客说："到底买还不是不买，买就赶快交钱，不买就走。"此时的女顾客仍然在几种可以供选择的商品前犹豫不决，看看商品，看看营业员，又看看身边的男人，最后，该女顾客叹口气依依不舍地离开了商店，这时一位营业员对旁边的营业员说："我最喜欢刚才那位男顾客的爽劲……"

二、男性顾客的心理

男性消费者相对于女性来说，购买商品的范围较窄，一般多购买"硬性商品"，注重理性，较强调阳刚气质。其特征表现如下。

（一）注重商品质量、实用性

男性消费者购买商品多为理性购买，不易受商品外观、环境及他人的影响。注重商品的使用效果及整体质量，不太关注细节。

（二）购买商品目的明确、迅速果断

男性的逻辑思维能力强，并喜欢通过杂志等媒体广泛收集有关产品的信息，决策迅速。

（三）强烈的自尊好胜心，购物不太注重价值问题

由于男性本身所具有的攻击性和成就欲较强，所以男性购物时喜欢选购高档气派的产品，而且不愿讨价还价，忌讳别人说自己小气或所购产品"不上档次"。在考虑性别变数时，有两点需注意。第一，是商品的"性别属性"，即商品本身的性别差异。商品的性别差异无可避免地影响行销策略，尽管你可以想办法鼓吹男人买口红送给女朋友，或鼓励女性买领带送给男朋友，但这只能作为一种拓展市场的权宜之计，口红和领带的主要行销策略仍须专门针对使用者的性别而制订。第二，是市场的"性别属性"，即市场本身的性别差异。许多商品，譬如说一张信用卡，其实是"中性"的，无分男人或女人专用。为一项"中性"商品制订行销策略，必须考虑市场的性别差异。

项目小结

主要讲述药店顾客消费心理的过程、不同类型顾客的消费心理。

主要概念和观念

◇ 主要概念

消费心理　分类

◇ 主要观念

消费心理的干预及促销

学习情境三 连锁药店运营

 项目课时安排

① 实训时间：2学时。
② 讲授时间：2学时。

 项目考核与评分标准

① 考评者：授课教师。
② 考核内容及评分标准。
以小组为单位进行评分，满分为100分。具体为：
a. 角色、流程安排是否合理（30分）；
b. 每种角色的特点是否扮演到位（40分）；
c. 能够将非处方药销售的全过程表现出来（30分）。

项目综合思考

◇ 思考题
结合所学内容对以下一些问题做出思考。
到商场开展一次对不同年龄阶段或性别的顾客的消费心理和购买行为特征的调查研究。

- 分析当前不同年龄的消费者的消费心理特征和消费行为现象？
- 营业员对不同年龄的消费者应如何服务？
- 分析当前不同性别的消费者的消费心理特征和消费行为现象？
- 营业员对不同性别的消费者应如何服务？

◇ 案例分析题

蓝瓶的钙，好喝的钙

三精制药拥有147个品种、206个规格的产品，分水针剂、口服液等七大剂型。产品线很长，但知名品牌很少。三精制药确立了主推新产品的营销策略，并在众多产品中选出了SZ、SK和葡萄糖酸钙口服液3个产品，但同时推出3个产品，势必要在人力和物力上进行大量投入，但当时企业一无资金，二无人力，这种做法显然是不明智的。经过分析发现，葡萄糖酸钙口服液在这3个产品中不仅销量最高，且是企业第一个由自己的科研人员研制成功的国家级新药。三精制药对儿童补钙市场进行了周密调查，发现中国儿童的蛋白质、钙、锌、铁、维生素A、B族维生素摄入量普遍不足，有相当数量的儿童缺少的不止是一种营养素。于是葡萄糖酸钙口服液被确定为主打产品。为了阻止竞争对手的进攻，三精制药进一步通过包装升级建立品质壁垒，提出"蓝瓶的钙，好喝的钙"卖点，将"蓝瓶"打造成一种品质的象征。深入人心的广告语表明"蓝瓶"已成为三精独有的品牌标志。在小企业因成本高昂而难以仿冒"蓝瓶"的同时，三精制药为蓝瓶申请了国家专利，让市场上的假冒产品无"瓶"可冒。"蓝瓶"，是一个产品符号，它告诉消费者，凡是装在这个"蓝瓶"里的口服液，都是"特纯净的，特充足的，特好喝的钙"，是值得购买的好产品。通过将品牌的核心诉求浓缩为一个简单的符号，围绕这个符号建立传播系统、产品结构、品牌结构，甚至企业发展战略，三精制药的品牌建设又踏上了一个更高的台阶。

问题：

1. 为什么"三精"葡萄糖酸钙口服液要设计为蓝瓶？
2. 为什么"蓝瓶的钙，好喝的钙"的卖点能吸引顾客？

 项目实训

1. 以小组为单位进行消费心理角色扮演。
2. 到连锁药店开展一次对不同年龄阶段或性别的顾客的消费心理和购买行为特征的调查研究，分析当前不同年龄和性别的消费者的药品消费心理特征和消费行为现象。

项目九　连锁药店品类管理

技能目标

能熟练并有策略的进行品类管理

知识目标

1. 了解连锁药店品类管理的含义、作用
2. 熟悉连锁药店的品类管理组件
3. 熟悉连锁药店的品类管理流程
4. 了解连锁药店品类管理普遍存在的问题及解决

项目内容

1. 连锁药店的品类管理认知
2. 连锁药店的品类管理组织流程
3. 连锁药店品类管理存在的问题及解决思路

项目组织与实施环境

（一）项目组织

① 将全班分为若干组，指导老师指定品类管理的药品。
② 小组成员根据所选择的药品的特点，进行品类管理分析。

（二）实施环境

① 实训室。
② 教室。

项目实施

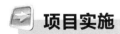

7 万盒降到 7 千盒

某连锁药店每月销售联邦制药的安必仙（氨苄西林胶囊）70000 盒，该连锁药店拟用高毛（利率）贴牌的氨苄西林胶囊替代安必仙，便从国内某大型药企贴牌生产氨苄西林胶囊，动用了高提成、下任务等一系列措施，结果月销量最高仅为 7000 盒，平均月销仅 3000 盒。

（案例来源：http：//www.21yod.cn/oneoneinfo？id=6246）

思考：
为什么同是氨苄西林却无法替代安必仙？

本案例表明：药店并不是所有的品类销售都能赚钱，药店应有品类规划意识。本项目主要对连锁药店的药品品类管理做一定阐述。

任务一　连锁药店品类管理认知

一、连锁药店品类管理的含义

1. 品类的定义

品类（category）是指消费者认为相关且可相互替代的一组特殊商品或服务。其可按购买动机、市场定位等分类。

2. 品类管理的定义

品类管理（category management，CM），通俗来说就是"卖什么产品、淘汰什么产品、哪些产品应该战略合作"。

品类管理依据 FBI Best Practices Definition 的定义，是指"分销商和供应商合作，将品类视为策略性事业单位来经营的过程，通过创造商品中消费者价值来创造更佳的经营绩效"。可见品类管理是以购买者为中心把所经营的商品分为不同的类别，并把每一类商品作为企业经营战略的基本活动单位进行管理的一系列相关活动，以数据为依托，它通过强调向消费者提供超值的产品或服务来提高企业的营运效果。

3. 连锁药店品类管理

连锁药店的品类管理是指连锁药店把自己经营的商品分为不同的类别，并把每类商品作为企业经营策略的基本经营活动单位进行精细化管理的一系列相关活动，强调向消费者提供超值的产品和服务，以此来提升连锁药店的经营效率与效益。

二、连锁药店品类管理的作用

1. 品类管理是连锁药店优化经营品种，提供经营效益的途径

连锁药店利用品类的差异化策略和集中资源策略，实现每类商品效益的最大化，以利提高门店利润。

2. 品类管理加强了连锁药店与供应商的合作，优化供应链

品类管理是一个复杂的体系，必须从供应链的角度进行整体的规划设计，通过优化采购网络，选择合适的品类和单品，优化供应链以降低物流成本，优化品类结构降低品类管理成本等方面获取更多的合理利润。

在传统的药品零售活动中，药品品牌为生产商的经营核心，所有的经营活动都是以品牌营销为主，从商品的开发、定价到促销活动等，连销售状况分析及市场调查也都是以品牌为

中心；连锁药店的经营则是以其门店的销售情况，来决定商品组合及陈列摆设的调整。生产商及连锁药店都以品牌及门店为中心来决定其经营策略，在收集产品信息时难免会有所遗漏。品类管理则为连锁药店和生产商提供另一个经营方向，通过品类管理来主导经营活动，必须要求连锁药店和生产商密切合作，打破以往各自为政甚或互相对立的情况，以追求更高利益的双赢局面。

任务二　连锁药店的品类管理的实施

一、品类管理的组织保障

1. 成立品类管理领导小组

连锁药店在实施品类管理操作时，成立品类管理领导小组是品类管理的组织保障。

品类管理领导小组应明确一名副总经理总负责，领导商品部、采购部、门店部。其成员可以是各部门的负责人及执业药师等。品类管理领导小组，对所负责品类（一个或几个）的整体经营结果负责；销售部对销售、利润、成本、市场占有率负责，确定品类的经营目标、品类在连锁药店的角色、作用。

2. 明确各部门品类管理的职责

商品部负责经营的品种、品规、高中低三种价格带的商品研究，确定总部和门店的商品结构；采购部负责采购具体品种；门店部负责门店现场的商品陈列、POP广告宣传，店员专业知识的培训。

> 品类的经营包括：新品引进、规格优化、定价、促销、采购，领导所属各品类负责人制订策略、战术并完成经营目标，并指导各门店对品类计划的实施工作，使品类的策略及计划在门店得到很好的贯彻和实施。

二、品类管理的分类

根据经营目标和管理目的不同，连锁药店可从多个角度对商品进行分类，但应以其中的一种作为主分类法。

医药商品按用途，可分为处方药、非处方药、中药饮片、医疗器械、保健食品等。

药品按储存条件，可分为常温、阴凉、冷藏等类别。

商品按销售贡献率，可分为A类商品（销售额占70％左右）、B类商品（销售额占20％左右）、C类商品（销售额占10％左右）等；还可以划分为主力商品、辅助商品、畅销商品、一般销售商品等。

在连锁药店，一般将商品按功能划分为七大类：处方药、非处方药、中药饮片、保健食品、美容护理品、家庭健康用品、便利品。

药店不同品类起的作用不同，有的品类带来客流，有的品类带来销量，有的品类带来利润，有的是突出商店的形象。经营者要依据商业目标如销售收入、利润及竞争策略来定义品类角色，从而指导品类策略和战术。品类角色依据顾客消费方式，可分为目标性品类、常规性品类、季节性品类、便利性品类，这是品类管理最常用的分类。

连锁药店在实施品类管理时，不同品类其经营策略和技巧不同。品类结构应该包括四大类。

① 目标性品类　该品类是该连锁药店与众不同的卖点，顾客会为了购买这种商品而专程前来。此种品类应该是高毛利品种、连锁药店取得利润的品类。

② 常规性品类　顾客于日常生活中或因习惯使然而会购买的商品，通常这类商品每家门店都有销售。连锁药店应将这类品种以低于基层医疗机构的价格销售，吸引连锁药店的目标顾客，强化与基层医疗机构的竞争力。

③ 季节性品类　因特定节日或活动所摆设的商品。

④ 便利性品类　具有增进顾客从事某项活动之便利性的品类。譬如：连锁药店会提供报纸、杂志、饮料等服务，顾客认为该品类所带来的便利性价值远超过其售价。

目标性品类应该配备最好的资源，如最好的陈列位置、最醒目的POP广告海报，最佳药品组合、最佳药学服务；常规性品类配备保障性资源，保证药品质量可靠、有快捷成熟的技术和稳定的营销方法；季节性品类则强调时效性的运作。

三、与供应商合作

高度重视制造商在品类管理中的重要作用，为门店提供最新消费知识，以便进一步了解品类在门店的销售信息，共同实施品类管理，用POS数据分析本月的商品销售，如哪些品类畅销、哪些品类平销、哪些品类滞销。具体包括以下内容。

① 品类调查　每个品类发展趋势、商品使用习惯等。

② 购物者调查　采取品类购买决策树、家庭购物日记、购物者问卷调查等。

③ 实施品类管理　品类组合优化/陈列、新品引进、高效的促销。例如：一起制订促销计划、高效实施，共同开发新产品。

明确了门店的按功能分、按销售量进行分类，可以明确哪些商品是给门店带来客流量的商品，哪些是给门店带来高利润的商品，用2∶8原则的黄金法则来做好商品管理。如某连锁药店经营的营养滋补的目标性品类是：成人维生素。目标性品牌是：施尔康、善存、双鹤、金维他等。

四、应用在品类管理的信息技术

① 顾客研究系统　市场/顾客调查数据库，会员数据库，团购数据库，购物篮分析（POS数据）。

② 品类管理系统　跨品类分析，商品组合分析与优化工具，货架管理/商店布局管理工

具，定价与促销计划与分析工具，新品引进评估工具，利润/成本核算工具，品类绩效衡量工具。

③ 供应链管理　自动建议订单系统、供应商管理库存/联合管理库存系统（VMI/CMI）、仓库/运输扫描技术、电子数据交换（EDI）、B2B电子商务等。

连锁药店的品类管理流程一般可分为8个步骤：品类回顾、品类定义、品类角色、品类评估、品类评分表、品类策略、品类战术和品类计划实施。在增加客流量的前提下，提高客单价，尽量平衡名牌品种与高毛利品种、客流量与客单价的关系，品类管理领导小组应从销售额、来客数、客单价、利率、毛利额、动销率、促销提成七个方面，分别对商品部、采购部、门店部、店长、店员进行奖惩。

五、连锁药店的品类管理流程

（一）品类回顾

实施品类管理，首先要对药店以前的所有品类管理数据进行分析了解，以便发现品类管理问题，即品类回顾。

例：A药店的品类回顾见表9-1。

表9-1　A药店的品类回顾

品类分类	维生素	感冒药和西药
A药店销售率/%	18	30
竞争对手B店销售率/%	20	28
原因调查	B店主要顾客群为女性	顾客认为A店知名度高,专业;顾客群主要为男性
实际情况	常规性品类	目标性品类
期望	提高维生素类的销量,成为目标性品类	
结论	药店定位健康生活馆,塑造维生素品类的形象,建立"健康生活"超级品类,改变以往的偏男性的专业药店形象,发展并保有更多的女性顾客	

（二）品类定义

品类定义是品类管理的基石，是对已存在的品类或所要实施的品类内涵进行界定，包括品类的结构及次品类，大分类，中分类，小分类、产品组合等归纳。包括制订每个品类的大中小分类、品牌数、品项数、毛利率等，以满足目标顾客的需求。品类定义的中心点在于目标顾客需求，随市场需求而变动，其定义准确与否将影响消费者购买的满意度。

 小资料

小分类是一组单品组成，代表了一种购买需求；一种相互关联的小品类按顾客购买需求的逻辑组合在一起形成中品类；同理往上中品类的组合形成大品类（大分类）。商品结构是按顾客购买需求、消费习惯、管理原则把众多品类按门店、按大类、中类、小类、单品的层级顺序组合起来而形成。

决定商品结构是否有效的两大前提：是否符合目标顾客的特征；是否符合购买者购买决策树的逻辑。

例：品类定义见表 9-2。

表 9-2 品类定义

品类	健康生活品类
定义：由内到外所有对顾客身体起治疗或保健作用的产品	具体类别：OTC 类、食疗产品、外用的美容护理产品、消毒保健等个人护理产品、器械类

> 思考：某超市的"宝宝屋"婴儿产品分散在不同的品类，如：乳制品类包括婴儿奶粉和成人奶粉；纸制品类包括婴儿纸尿布和纸巾。孕妇或抱着孩子的妈妈需要花费 1~2 小时才购齐所需妇婴用品。请问该超市品类定义是否合理？

（三）品类角色

品类角色是确定品类结构内各分类品类的位置及重要性，以便于对经营商品取舍。品类角色就是可以帮你确定资源投放的指标。药店在卖场面积、人员配置、资金、货架、端头位置等资源有限的情况下，药店必然对商品有所选择。

例："健康生活馆"需要的品类是发展并保有更多的女性顾客，使她们可以一站购齐与健康相关的内服及外用的产品和器械。选择重点品类是能满足女性顾客需求的健康生活产品。

（四）品类评估

品类评估是对所确定的品类结构商品进行市场分析评价，确定市场潜力与发展空间，需要市场调研获取数据分析，寻找品类、次品类的改进机会。

例：统计表明：OTC 维生素品类每年将以 20% 的加速度增长。通过分析健康品类的市场发展趋势，A 药店高层认为 OTC 维生素品类的市场增长潜力巨大，需要发展 OTC 品类的份额，加大健康类产品的资源投入。

（五）品类评分表

品类评分表是衡量品类管理的有效性和跟踪品类管理执行情况的重要工具，具体见表 9-3。

表 9-3 品类评分表

品类指标	去年	今年	目标	差距	市场	差距
销售金额						
销售增长						
可比增长						
毛利额						
毛利率						
库存周期						
库存天数						
现货率						
送货率						
投资回报率						

而较为完善的品类评分表还包含了涉及消费者的指标，如客单价、购物频率、客户满意度；涉及市场的指标，如市场份额、品类发展指数；涉及销售的指标，如坪效（商场中每平方米面积所产生的销售额）；自有品牌的评估等内容。

品类评分表也因品类角色的不同会有所不同。如目标性品类，其特点是吸引客流，成为消费者购买首选，评估它的指标应以销售额、人流量为主，而不应以利润为主。对于便利性品类，其销售额有限，主要是满足消费者一次性购买的需求，评估它的指标应以利润为主，而非销售量。

品类评分表是对品类角色和品类评估的提炼与总结。品类评分表提供了一个综合平台，将业务目标和衡量标准明确下来，通过统一的衡量标准反映实际情况与目标之间的差异，使得品类的整体状况一直被衡量和监控，以便随时发现问题，立即制订相关行动方案。

（六）品类策略

品类策略是指对品类的定位及品类选择、品类组合、品类销售等策略的确定，是实施品类战术的前提。

例：A药店"健康生活馆"的品类策略：着力突出"女性、健康"的专业形象，完善健康生活品类的品种选择，使女性顾客除了可以买到有更高性能价格比的产品外，还可以一次购齐关联的其他保健产品，并得到专业知识的咨询。围绕该策略，门店布局和关联性陈列亦随之明确，市场部和企划的设计思想、视觉形象的沟通等方案也应运而生。

（七）品类战术

品类战术是品类计划的具体实施手段。

第一步：产品组合。及时淘汰原有同质化、无效率（销量、销售额、毛利的表现都差强人意）的产品。具体方法是根据商品的品类进行细分，运用80∶20原则对照URC市场研究数据进行集中度分析，进行品牌的销量、销售额、毛利排名，最终优胜劣汰，完善产品组合。

第二步：货架空间的优化管理和关联性陈列。遵照GMP标准，做到"四分开"，同时根据消费者的需求进行关联陈列。

例："健康生活馆"是一个新的概念，需要消费者建立一个"了解、尝试、重复购买"的循环过程。根据消费者认同的次序陈列产品，突出消费者喜闻乐见的知名品牌，可以尽快建立起相互的信任，加快循环过程，促进购买体验。有效的陈列要"易见，易选，易拿"。根据消费者的购买习惯，从历史销售数据中计算每个品牌的销量、销售额、毛利，结合药店的定位，加权计算出每个产品的货架空间资源占用和货架陈列位置安排。最后通过制订货架排面图，规定每个商品的面位、位置和陈列规则，规范每家门店的陈列，使每个"健康生活馆"的形象统一协调。

第三步：有竞争力的定价策略和有力度的促销计划。

例：在终端加强针对女性保健品类的促销，突出A药店"健康生活馆"的品牌形象，围绕"健康生活"的主题，集合各个知名厂家联合促销，用有竞争力的价格形成轰动效应，使目标顾客在最短的时间内了解、尝试和再购买"健康生活馆"的产品。另外还要加强卖场环境的营造，鲜明的色彩和灯光使"健康生活馆"成为A药店最醒目、显眼的区域。现场请有经验的导购人员宣传商品，介绍保健方法，帮助消费者增长自我保健知识。这样，现场POP广告标识牌、消费者教育、商品知识宣传结合就能实现药店与购物者、供应商三者的互动。

第四步：评分。据统计，新品推出的第一年有80%的产品会被淘汰。新品引进成功的关键是要比竞争对手更加有策略、更高效快速。根据厂家的市场调查资料和购物者的意见反馈对新产品进行评分,以确定是否引进。

第五步:高效的补货流程。高效的补货流程能跟进每周销量,及时调整补货订单,保证合理的货架库存和最低的脱销率。

(八)品类计划实施

好的策略需要好的执行力,品类领导小组组织品类管理实施的同时需要建立品类销售评价标准,监控品类实施及反馈。如建立品类生意发展平衡积分表,定期跟踪项目的实施,及时回顾和反馈品类状况。同时建立与药店本身形象相符的完善的品类管理标准等。

测试实施4个月后,A药店的供应链成本不同程度地得到了控制,店堂环境、品类形象、管理流程等也不断得到改善。

任务三 连锁药店品类管理普遍存在的问题及解决思路

我国目前连锁药店品类管理存在的一些问题现做出分析,并提出解决思路。

一、连锁药店品类管理没有系统规划

存在问题:连锁药店大都没有一个品类管理实施部门。我们知道品类管理是为了建立一个综合、高效的运营体系,包括技术、方法和原则必须系统规划,目前一些连锁药店只是觉得要搞品类管理,或者认为别人搞了自己不能落后,仅仅是一个部门或者个别高管的想法,就去做品类管理,往往没有系统规划,仅仅是做做培训,开几个会,就布置下去来做。还有一个问题是连锁内部业已存在的采购、营运和市场之间的权利和利益格局已经形成,会阻碍品类管理的实施,打破需要强力的组织架构和考核机制变化,否则难以实施到位。

解决思路:成立以副总或者总经理牵头的品类管理项目组,全面系统分析自己的态势分析法(SWOT),制订系统的品类管理提升方案,以制度和考核奖惩机制加入方式推行之。

二、连锁药店品类管理没有投入预算

存在问题:连锁药店品类管理需要分析销售数据,需要做商圈内的消费者调研,然后做出品类定义、品类规划和调整、品类策略与新品类培育计划,这需要软硬件投入和费用投入,只有部分连锁药店才有这个经费预算。

解决思路:做年度营运方案时就先做好品类管理预算,无论是品类管理分析的信息系统,还是调整营销新品类的活动,都要有预算投入,纯粹指望供应商来花钱,就不能做到完全是以消费者为中心了。连锁药店经营的品种繁多,很难每个产品都能精耕细作、管理到位,那么销售信息的采集、分析、透视等信息系统支撑更凸显重要性。

三、连锁药店品类管理缺乏清晰定位

存在问题:目前大部分连锁药店还没有清晰的定位,不清楚药店主要服务顾客群时,未能对药店顾客群进行销售数量分析,怎么可能根据人群的需求做好品类管理呢?

解决思路:理解好品类管理的核心思想是消费者需求导向和需求满足。人类一切营销和管理的逻辑起点都是满足人的需求,我们先祖把一切经营管理和为人处世的方法都归结为"儒",也就是"人"的"需求"。不同人群需要的品类是不同的,依据销售数据和区域对药店顾客群进行梳理、分类,确定服务中心人群,进行产品品类定位;比如定位为吸引中老年顾客或慢性病患者(顾客)的平价药店,可能将降压药品类作为目标性品类,而一般的社区便利型药店也许将该品类作为常规性品类。

四、连锁药店品类管理受限于 GSP、医保刷卡、高毛利产品主推

存在问题：药店的品类管理不同于普通超市，药店必须先符合 GSP，另外，一些产品的销售不是市场自动选择的结果，而是受到医保定点店医保消费的影响，还有高额提成下的主推，也不是自然销售的反映，其反映在需求统计上就有偏差，就会影响品牌管理和决策的客观性与科学性。

解决思路：综合系统考虑这些问题的权重和对你的影响，有所取舍，其重要依据是消费者需求满足程度。

连锁药店品类管理组织实施的若干考虑

近年来，国内药品零售终端市场规模快速增长，这刺激了连锁药店行业的快速发展，连锁药店竞争进入到产业链竞争阶段。对于连锁药店而言，要想在日益激烈的竞争中赢得发展，还需加强对药店药学品类的管理，而实行品类管理可从提升采购管理技术、细分疾病角度和顾客的病症需求方面着手。

一、提升采购管理

根据商圈结构、消费结构、商品结构的不同，按照市场竞争情况，可以把药店分为以下几个业态。一是标准药品超市型，药品齐全且以药学服务见长。二是社区便利店型，常用药品、部分生活用品、日化洗涤等用品齐全。三是药诊店，即药店中包含西医诊所，以及中医养生馆与常用药品和特殊用药结合的药店。四是药妆店，即常用药品与品牌化妆品的店中店类型。五是专业特色店。六是大健康型药店。药店业日益激烈的竞争导致了多重业态药店的共存，但也因地域条件、人文政策、消费习惯有差异，竞争者的经营特色透过陈列体现各自的品类特色，自然其采购管理技术要求也有所不同。

而提升采购管理技术是实施药店药学品类管理的关键技术之一。连锁药店的采购基础是消费者数据与品类数据分析，包括例行的品类数据分析、常见病种的品类分析以及品类组合策略分析，还包括缺货品项的引进，零毛利、负毛利品项调整以及周、月、季的同比、环比趋势图分析。但从药学品类角度出发应是采购分类、商品品类、营运客类的辩证统一，也就是要在总部和门店实行既有联系又不完全等同的商品策略。

二、从疾病角度细分

随着新医改的不断推进，药店转型时期应重新对药店品类进行细分，可以分为 8 大类：中西成药、中药饮片、保健食品、保健用品、美容护理、医疗器械、母婴用品、日化洗涤，然后是中分类和小分类。但国内连锁药店每个药品编码不同，导致在采购分类时出现微机系统分类树与门店陈列不一致。

连锁药店的采购思维是：商品定位→商品结构→商品分类→商品组织表→商品组合。而门店商品思维是：门店的定位→商品结构→商品组织表→商品陈列图→商品位置图。商品整合营销工作与商品在店的布局与指标和陈列架的促销标，应该是营业与策划和采购单位共同携手完成。事实上，国内大中型连锁药店，普遍存在如陈列货架不适当，照搬超市货架，营业场所药品、非药品的分类指示牌以及指针系统混乱等问题。

以国家食药监总局公布的对保健食品的分类标识为例，由原来的 27 个类别，减少为 18 个类别，分别是：有助于增强免疫力、降低血脂、降低血糖、改善睡眠、抗氧化、缓解运动疲劳、减少体内脂肪、增加骨密度、改善缺铁性贫血、改善记忆、清咽、提高缺氧耐受力、降低酒精性肝损伤危害、排铅、泌乳、缓解视疲劳、改善胃肠功能和有助于促进面部皮肤健康。这样的分类就要求从疾病的角度来思考，如何把药品、保健食品、医疗器械从纵向的深度走向横向的联合。

三、基于顾客需求

随着电子商务的快速发展,一些从事软件研发的互联网公司也借品类管理大行其道。不可否认,微机管理技术已经超越了药店业的实际发展,但只是借用超市品类管理思维来思考连锁药店的问题。比如业界流传的"啤酒加尿布"的案例,就是不能把感冒药与胃肠皮肤类药物联合施治而相提并论,所谓的购物篮分析是带有偏向性和局限性的。其重点不可否认的是顾客购药行为分析经典,但用药是有指证的,否则就是滥用,不仅会误导消费者,更严重的是误导店员销售,轻者延误病情,重则"谋财害命"。作为药学技术人员,应该考量顾客的病症。

由此得出,采购应源于顾客需求,也就是药店的客类管理。客类管理是超市业的习惯用词,但从药品的商品角度思考有所差别。什么病就用什么药,一种病可以用多种药物治疗,一种药物也可以治疗多种疾病,这就是辩证统一。可以按照常见病种来设计多种用药方案,依据进店顾客的不同症状,依据药理组合、最好商品组合、价格组合、毛利组合,从而将不同的商品依据其预防、治疗、保健的核心病种,结合不同的购买人群进行再整合,并按一定周期内效益评估结果给予排序,规划品牌策略、价格策略、毛利策略,以推进优势品类持续发展。

(资料来源:http://www.ydzz.com/news.php? col = 67 & file = 28822)

项目小结

主要讲述品类管理含义、品类管理流程、品类管理存在问题分析。

项目课时安排

① 实训时间:2学时。
② 讲授时间:2学时。

项目考核与评分标准

① 考评者:授课教师。
② 考核内容及评分标准。
以小组为单位进行评分,满分为100分。具体为:
a. 药品品类评估是否合理(30分);
b. 药品品类策略是否合理(40分);
c. 药品品类战术富有创意(30分)。

项目综合思考

◇ 思考题
结合所学内容对以下一些问题做出思考。
① 用2个月对连锁药店的现状评估,关键:高层是否会参与、信息系统是否支持、是否具有品类经理的潜在人才?连锁药店愿意付出金钱和时间吗?

②用2个月设计品类管理流程,各部门职责该怎样随品类管理而进行调整?品类经理的责任和作用?

③用3个月调整组织结构,关键:确定哪一家门店首先开始试行品类管理流程?店长担任品类经理?品类经理向谁汇报?薪酬机制需要变化吗?公司结构需要怎样的变化?

④用3个月开始建设与供应商的合作性联系,关键:首先从什么品类开始?与哪些供应商合作?这些供应商可以提供足够的交换信息吗?

⑤用4个月培训品类管理干部,关键:品类经理明确自己的职责吗?有合适的培训工具吗?有持续有效的培训计划吗?

⑥用6个月来着手信息系统升级,关键:硬件和软件准备是否充分?POS数据系统是否完善?会计系统是否可以提供用于品类分析的数据?

⑦用2个月对员工进行培训,关键:其他部门对于品类管理的理解程度?门店营运人员需要怎样的品类管理培训?如何让品类管理成为门店营运的助力而非阻力?

⑧用3个月试验品类管理流程,关键:选择一个部门或者一个部门的某些品类对品类管理流程进行测试和评价。是否还有可以改善的地方?如何进一步提高品类经理的技能?

⑨用3个月实施改进了的信息系统,关键:目前的软件和硬件需要进一步改善吗?品类经理是否有效使用现有软件?他们需要进一步的培训吗?

⑩用9个月全面推广,关键:分阶段在不同的部门推行。在其他部门实施品类管理的时间表是怎样的?各个部门需要怎样的培训和系统。

◇ 选择题
1. 按商品的销售贡献率,可分为(　　)商品。
　　A. A类　　　　B. B类　　　　C. C类　　　　D. D类
2. 品类管理领导小组一般包括(　　)等部门。
　　A. 商品部　　　B. 采购部　　　C. 门店部　　　D. 财务部
3. 连锁药店品类管理的核心是以(　　)为导向,以数据为基础。
　　A. 消费者　　　B. 供应商　　　C. 采购商　　　D. 企业员工

◇ 案例分析题

特格尔的健康生活馆

2013年,特格尔集团基本停止了平价药店模式的新店拓展(新开1家门店),笃定于大健康转型,2014年则集中精力打造"大健康之路"——特格尔健康生活馆。据董事长刘丰盛介绍,特格尔健康生活馆的核心竞争力在于,在商业模式变革中首次倡导智慧医疗与健康云商模式。集团在2013年3月召开的春季部署会议上就明确"服务商+店商+电商"为其未来10年的发展方向。特格尔的判断是:未来中国的零售药店模式将逐步走向综合药店健康体验、电子商务与健康顾问服务为一体化的"云商"模式。同时,线上线下一体化、双线融合,也将有助于电商行业快速进入到零售本质的竞争,进一步推进面向集团的大采购平台和大商品经营平台的建设。

特格尔健康生活馆的目标顾客是以35岁好妈妈为代表的"421"健康优先家庭,为其提供"三免一平"的家庭医生式服务:免费体检、免费诊断、免费咨询和平价药品。更颠覆产品结构,推出了"431"的商品结构模式(图1)。特格尔健康生活馆拥有大量的专业技术人员,在内部称特格尔健康生活馆的专家队伍为"五师"(医师、药师、营养师、器械技师和美容师)。为了招聘、培养、留住专业人员,为了把"三免一平"的专业服务做扎实,企业在内部启动"五师"招、育、留系统计划,其中之一就是在 2013 年将各项薪资福利等优质资源向"五师"倾斜,执业药师工资增长 45%。

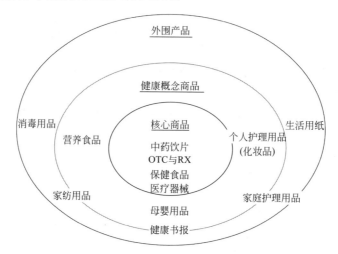

图 1　特格尔"431"的商品结构模式

资料来源:http://www.ydzz.com/zgyd.php?col=22&file=49263

思考:特格尔的品类管理有何特色?其健康生活品类是如何确定的?

项目十　连锁药店收银管理

技能目标

1. 能熟练操作 POS 机
2. 能够熟练地收银以及处理常见连锁药店收银例外事件等

知识目标

1. 了解药店收银员的定义、POS 收银系统
2. 熟悉药店收银员的基本要求
3. 掌握药店收银员的作业流程和差错规范

项目内容

1. 药店收银与 POS 系统认知
2. 药店收银作业的流程和差错管理规范

项目组织与实施环境

（一）项目组织

① 将全班分为若干组，指导老师指定所需付款的药品。
② 小组成员可自行选择收银机，根据所选择付款药品的特点，进行不同类型的收银。

（二）实施环境

① 实训室。
② 教室。

项目实施

 "刁蛮"的顾客

　　一位顾客在药店买了一盒药品，买单时收银员直接发放药品，顾客要求给一个袋，收银员给顾客解释说由于环保的原因，袋子是要收费的。顾客自己扯了一个袋就走，随后

还到前台进行了投诉，说收银员服务态度不好。

思考：
如果你是这位收银员，遇到这种情况应该如何处理？

本案例表明：收银员是连锁药店窗口单位，对收银员作业的管理要细化到作业的每一个步骤，乃至每一个动作和每一句用语，确定对收银员作业管理十分重要。本项目就药店收银的概述、药店收银的作业流程和差错规范、药店收银 POS 系统作详细阐述。

任务一　药店收银与 POS 系统认知

一、药店收银员的定义

药店收银员是指药店中从事收取现金、支票，为顾客开具发票并对本部门销售收入进行核算的人员。药店收银员从事的主要工作包括：①收取现金、支票；②为顾客提供销售小票和发票；③对本门店销售收入进行核算。

二、药店收银员的基本要求

在现今竞争激烈的市场经济中，药店收银员有着非常重要的地位，因为一个药店收银员的服务态度，在某一程度上决定了顾客是否会再来惠顾该药店，因而药店收银员应做到如下几项。

（一）良好的职业道德修养

(1) 友善和蔼的服务态度　无论怎样，每位顾客希望得到友善和礼貌的服务，主动帮助有需要的客人、全心全意表示谢意的话，更能赢得回头客。

(2) 见物不贪　人人都需要赖以生存、发展和享受的物质财富，但在追求物质财富时要切记不义之财不可取。要学会自制，不能有第一次。

（二）认真处理顾客的投诉

当顾客投诉时，总希望有一位明白事理的人能听取他的细诉，所以你应让顾客说清楚是怎么一回事，并且做到同情他们的处境，尽量协助解决或作出适当的道歉，这样做会令客人感觉投诉有门。如果有些你能力范围所不能达到的事情，你应召唤药店店长来处理，争执只会令事情恶化。同时，避免与顾客冲突，顾客来自各方面、不同阶层，当遇到一些蛮不讲理、诸多要求的顾客时，这时你应有礼貌地解释公司的宗旨。

（三）熟练掌握收银工作技能

(1) 一个良好的药店收银员应在每天工作前 10 分钟，做好以下几项准备工作：打点银头；预备足够胶袋；足够的钱币找赎。

(2) 当在收银机上记录最后一项货品后，须询问顾客有没有其他需要，如不需要则按找赎键找赎。从客人手中接过现款时将面值读出，找赎时亦读出找赎数额，清楚地交予客人，这样可以避免因找赎错漏而引起不必要的纷争。

(3) 工作期间暂离开岗位时应注意做到：锁好收银机，并挂上暂停牌。

(4) 识别伪钞：当收到大面额纸币，发觉有可疑时，应通知药店店长来处理。

三、药店收银 POS 系统

(一) POS 的基本概念

POS 系统(即 point of sales)称为销售点实时管理系统,它是采用条码技术和收款机进行销售数据的实时输入、跟踪、处理,并根据这些数据对销售动态进行详细、准确、迅速的分析,为商品的补货和管理提供信息依据的管理系统。

(二) POS 系统的具体内容

POS 系统由前台收银系统和后台管理系统组成。前台收银系统要能正常运转,还要靠后台管理系统建立、提供有关前台销售所需的基础档案信息,如商品档案、收款员或营业员(服务员)等档案资料。例如当收款员注册时,收银员输入自己的工号及密码,后台系统会自动检查收款员工号是否存在及其输入的密码是否正确。只有通过系统的合法性检查后,收银员才能正式登录,进入 POS 系统。又如,当扫描器接收了商品条码信息后,经网络传输线到后台系统寻找商品档案资料以辨别商品代号是否正确,然后接收该商品售价,并记录下该种商品销售数量。同时前台将销售信息准确无误地上传给后台系统,作为统计分析的基础数据。由此可知后台系统是前台销售系统进行销售的基础档案库和信息收集库,也是对前台 POS 收银机的控制管理中心。因此,每一种商品在第一次进入经营企业销售时,一定要依据规定的格式,将有关商品的基本资料输入后台电脑,该种商品才可进行销售。

任务二 药店收银作业的流程和差错管理规范

一、药店收银作业的流程

药店收银员的作业流程可分为营业前、营业中、营业结束三个阶段。每个阶段的工作内容如下。

(一) 营业前作业

(1) 收银员穿着工装到店面后(检查仪容、佩戴工号牌),将自带钱物另行保管,不得带私款进入收银区。

(2) 入收银区并整理、打扫收银台和责任区域。

(3) 准备好收银必备用物如:购物袋、电脑打印纸、手工账本、笔、回形针、订书机、胶带、纸币等,并打开验钞机等。

(4) 按顺序逐个打开 UPS 电源、收款机、打印机等,检查收银设备是否运转正常,检查收银机当前日期时间是否正常,如有异常报告公司信息部。

(5) 现场财务人员将准备好的备用金(找零金)交予收银员,收银员清点签字确认。

(6) 打开收银通道,正式开始收银工作。

(二) 营业中作业

1. 收银操作步骤

① 输入待收商品的商品资料,如编码、助记码、条形码等。

② 选定商品记录(核对商品的品名、规范、产地、价格)等无误。

③ 核对顾客待购商品的数量(注意商品的包装单位)。

④ 确定待收金额,并礼貌对顾客报出待收金额。

⑤ 收款（验抄操作）。
⑥ 结账打印购物小票（收银钱箱自动打开）。
⑦ 如需找零则进行找零操作。
⑧ 做完现金操作必须马上关闭收银钱箱，否则无法进行下步POS操作。
⑨ 包装商品（注意按商品特性进行分类包装）。
⑩ 微笑致谢顾客，并完成本次收银操作。

2. 收银作业注意事项

（1）收银员在每次交易前应认真核对每项物品的品名、规格、产地、价格等是否与电脑显示的一致，如有不同，应先核对是否出现商品信息上的错误，如发现错误立即通知当班人员更改，并知会其他收银员防止错误再次出现。

（2）每笔交易必须唱报、唱收、唱付，清楚报出顾客应付金额及实收金额、应找金额，并将打印的电脑小票和找零连同商品一起交给顾客，根据所购商品的具体情况将易碎、易渗漏、易串味的品种分别装入商品购物袋，并微笑致谢！

（3）掌握必要的商品知识，保持亲切友善的笑容，耐心地回答顾客的提问。

（4）商品的折让、退货、换货、赠品等参照相应的作业规范进行。

（5）遇有疑问的钞票，应借助验钞机进行检验，如验钞机不能解决或破残不能使用的钞票，应礼貌向顾客提出更换，如收到伪、残钞，由收银员承担赔偿责任。

（6）保持收银区整洁，整理好收款小票。

（7）不可随意离开收银区域，特殊情况离开收银作业区需通知管理人员离开的原因及回来的时间，退出收银界面（锁定收银机），出示"暂停收银"的作业指示牌方可离开岗位。

（8）营业期间不得清点收银机中的钱款，收银钱箱除收款或找零外不得开启，钱箱钥匙由监察人员保管，特殊情况通知监察人员处理。

小资料

营业即将结束之时，店里顾客稀少，收银台前也冷清许多。此时有位中年男子在收银台前购物结账，收银员按标签打价。当打到药膳类商品时，发现标签脱落，该收银员即进入店内查询价格，离台时间大约1分钟；当收银员回到岗位时，发现那位中年男子已不知去向，收银机票箱也打开着，放在左侧的票面为100元的营业款全部被盗，损失5000余元。这个案例告诉我们，收银员放松防范意识，违反收银作业纪律，离开收银台机器不上锁，就有可能造成重大的经济损失。

（三）营业结束作业

1. 早班交接班

（1）早班交班时间后，收银员在收银台展示"暂停收银"的作业指示牌。

（2）由在班监察员监督下进行收银交班操作，收银人员不得查看当班交班单据，交班单据由监督人收取。

（3）收银员将收银钱箱里的营业款全部取出，放至小钱箱锁上，同时检查收银机钱箱内是否有遗下余款，在整个过程中收银员的存取工作要快速稳定进行，收银员不得在过程中点计营业款数，收银员锁上钱箱保留锁匙，钱箱由监察员送往现场财务核款。

(4) 收银员与现场财务人员当场清点当班营业款项，如有款项长短等问题，按公司财务规范中的长短款作业处理，所有款项（包括备用找零款）均需交回现场财务。

(5) 同时有关公司所有促销、优惠或会员兑换等的"礼券"、"兑换券"、"优惠券"等必须按相关规定装订完整，交现场财务审核（有需要的作登记处理，同时要有当班负责人签字确认）。

2. 晚班交接班

(1) 晚班交班结账，应在所有顾客离开营业厅后进行。

(2) 在当班负责人员监督下进行收银交班操作，收银人员不得查看当班交班单据，交班单据由监督人收取，同时暂存保险箱内待次日交现场财务核对。

(3) 收银员将收银钱箱里的营业款全部取出，放至小钱箱锁上，同时检查收银机钱箱内是否有遗下余款，在监察人员的陪同下将营业款项锁至保险箱内。

(4) 次日上早班应提早到营业厅进行款项核点的工作，上晚班则应在下午接班前进行款项的现场核点工作。

(5) 有关公司所有促销、优惠或会员兑换等的"礼券"、"兑换券"、"优惠券"等必须按相关规定装订完整，交现场财务审核（有需要的作登记处理，同时要有当班负责人签字确认）。

其中中药柜与处方药柜收银操作步骤：

① 中药柜（处方药柜）人员按顾客的需要或提供的处方在电脑上输入商品资料，反馈顾客确认后结账。

② 打印三联电脑小票（白联为存根，红联与黄联交给顾客交款及保存）。

③ 顾客持两联购物小票至收银通道交款。

④ 收银通道收银员按照特定的编码按金额录入电脑。

⑤ 结账找零并打印小票。

⑥ 在原来的两联收银小票盖上收银用章，并与打印出来的小票装订在一起。

⑦ 顾客凭一联盖收银章小票去柜台取药。

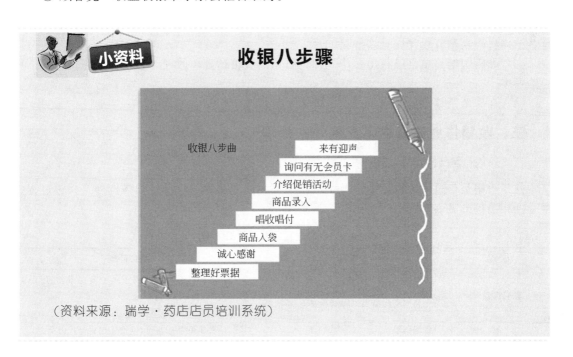

（资料来源：瑞学·药店店员培训系统）

二、收银差错的管理规范

所谓差错是指：收银员的错误操作；商品本身质量问题或顾客所选商品非质量问题退货；顾客携带现金不足或临时退货。

（一）结算作废的处理

此项作业管理的功能是控制收银员不良行为发生的要项，药店店长应予以高度重视。

(1) 每发生一张作废结算单，必须立即登记在作废结算单记录本上，记录本上必须有收银员和值班班长或店长两人的签名。作废结算记录本格式为一式两联，一联随同作废结算单转入会计部门或其他相关部门，另一联由收银部门留存，必须是一个收银员一本，以考核收银员的差错率等情况。

(2) 所有作废结算单按规定的手续办理，必须在营业总结账之前办理，不可在总结账之后补办，这是收银员可能发生的不良行为的补漏手法，要予以重视。

（二）营业收入收付错误的处理

营业收入收付错误的发生对企业、收银员个人及对顾客都是不利的。

收银员在下班之前，必须先核对收银机内的现金和购物券等的营业收入总数，再与收银机结出的累计总账款核对，若两者不一致，其差额（不管是盈余或短缺）超出一定金额时（可按各药店收银管理的具体规定），要查明原因。

（三）顾客携带现金不足或临时退货的处理

(1) 如顾客携带现金不够，不足以支付所选的商品时，可建议顾客办理相当于不足部分的商品退货。此时应将已打好的结算清单收回，重打减项的商品结算单给顾客。

(2) 如顾客因现金不足，临时决定不购买时，也不可恶言相加，其作废结算单的处理程序与上项相同。

（四）结账错误的纠正

(1) 发现结账错误，应先向顾客致歉并立即纠正。

(2) 如发生结账价格多打时，应客气地询问顾客是否愿意再购买其他的商品，如顾客不愿意，应将收银结算单作废重新登录。

(3) 如收银结算单已经打出，应立即将打错的收银结算单收回，重新打一张正确的结算单给顾客。

(4) 在作废结算单记录本上登记，请值班班长或店长签名作证。

三、收银作业过程中常见例外的处理

（一）药品扫描例外的处理

凡是收银员经过多次机器扫描及手工扫描都不能成功的，就称为扫描例外。收银过程中常见的扫描例外见表 10-1。

表 10-1 收银过程中常见的扫描例外

名称	原因	处理措施
条码失效	① 条码损坏、有污渍、磨损 ② 药膳类商品条码印刷不完整、不清楚	① 在同样商品中找到正确的商品条码、用手工扫描方式解决 ② 药膳类商品条码重新计价印刷
条码无效	① 编码错。 ② 条码重复使用、假码	① 核实商品的售价，以价格销售方式售卖。 ② 将例外记录由部门跟踪来解决

续表

名称	原因	处理措施
多种条码	① 商品的包装改变,如买一送一。 ② 促销包装商品的赠品条码有效	① 核实正确的条码。 ② 由部门跟进所有的非正确条码,必须予以完全的覆盖
无条码	① 商品本身无条码。 ② 商品的条码失效	① 找出正确的条码,用手工扫描。 ② 由部门跟进剩余商品的条码检查

（二）付款的例外处理

收银过程中常见的付款的例外处理见表10-2。

表 10-2　收银过程中常见的付款的例外处理

名称	处理措施
伪钞	① 如对钞票发生疑义时,应进行伪钞鉴别程序。 ② 当收银员不能做最后判断时,请求收银管理层帮助。 ③ 如确认是伪钞,请求顾客更换。 ④ 如顾客因此产生异议,双方可一同到银行鉴别
残钞	① 请求顾客更换。 ② 如属于不影响币值的,可考虑接受
刷卡不成功	① 向顾客道歉,并说明需要重新刷卡。 ② 如属于机器故障、线路繁忙,更换机器重新刷卡。 ③ 如属于线路故障不能刷卡,请求现金付款。 ④ 如属于卡本身的问题,可向顾客解释,请求更换其他银行卡或现金付款

（三）找零的例外处理

收银过程中常见的找零的例外处理见表10-3。

表 10-3　收银过程中常见的找零的例外处理

名称	处理措施
无零钱	① 收银员必须随时保持有足够的零钱。 ② 如果零钱不足,必须向收银主管兑换零钱,不能私自向其他收银员兑换,暂借或用私人的钱垫付。 ③ 必须如数找零,不能用小糖果等代替零钱。 ④ 如遇到零钱不足无法找给时,请求顾客稍微等待,兑换后再找。 ⑤ 如硬币不够时,宁肯多找零钱,也不能少找零钱
顾客不要的零钱	① 如有顾客不要的少量硬币,必须放在收银箱的外边。 ② 如有顾客硬币不够数,可用此充数
顾客请求	① 如顾客对找给的零钱有要求,不能拒绝顾客,应满足顾客的要求。 ② 如顾客不购物也要求兑换零钱,应满足顾客,不能拒绝。 ③ 如顾客对找给的零钱不满意,必须满足顾客要求,给予兑换

项目小结

收银员是指从事收取现金的工作人员，而科学意义上收银员是指从事收取现金、支票并为顾客提供销售小票和开具发票的专职人员。收银是一个专业并细化的职业，从事这个职业的收银员要清楚地了解自己职业的基本常识、特点及这个职业的环境，实施规范化服务。

主要概念和观念

◇ 主要概念
收银的特点　POS 系统　差错规范
◇ 主要观念
收银规范

项目课时安排

① 实训时间：1 学时。
② 讲授时间：1 学时。

项目考核与评分标准

① 考评者：授课教师。
② 考核内容及评分标准。
以小组为单位进行评分，满分为 100 分。具体为：
a. 药店收银流程是否正确（30 分）；
b. 常见的收银过程中的付款例外操作是否正确（15 分）；
c. 常见的收银过程中的扫描例外操作是否正确（15 分）；
d. 常见的收银过程的找零例外错作是否正确（15 分）；
e. 处理收银差错的措施是否正确（25 分）。

项目综合思考

◇ 结合所学内容对以下一些问题做出思考。
① 如何处理收银过程中的找零例外？
② 当钱箱中的钞票累计到一定数目的时候，收银员应如何处理？
③ 如何处理收银过程中的现金付款例外？
④ 收银的基本程序是什么？
◇ 选择题
1. 门店常见的扫描例外中属于条码失效的是（　　）
　A. 条码有污渍　　B. 编码错　　C. 假码　　D. 条码丢失
2. 在收银过程中应该遵循的"三唱一复"原则中的"三唱"不包括（　　）。
　A. 唱价　　B. 唱收　　C. 唱付　　D. 唱零
◇ 案例分析题
顾客服务中心收到这样一个投诉，顾客杨某一家在买完单时无意中发现，他的小票上多录入了 2 件他并没有购买的商品，杨某当时非常气愤地跑到顾客服务中心，大骂"你们简直是诈骗犯！"而且一直嚷嚷"如果不对这件事做出合理解释，我就投诉到消协。"并口口声声说"要炒掉这样的员工，要狠狠地处罚她。"闻讯而来的主管马上拿过电脑小票进行核实，发现情况确实如此。主管立即向顾客道歉，并将这一家人引至自己的办公室内，倒水，安慰他们。待他们冷静后，主管再次对收银员工作的失误进行诚恳地道歉和检讨，并答应就此事要对该收银员进行严肃的处理和教育。当时店里正在进行有奖促销活动,主管就多给了顾客几张抽奖券,并说:"这次差错是我们工作中的失误,我们一定会引以为戒,提高我们员工的工作质量,希望您能继续支持和相信我们店。"在主管的耐心解释下,杨某一家才慢慢消了气,并主动说:"算了,也不要炒掉她了,现在找一份工作也不容易,但要好好教育她,不能再出现这样的失误,否则对你们店的声誉影响太坏了。"(资料来源:张明明.《连锁企业门店营运与管理》)

问题1:收银员先后发生同样的错误,说明了什么?
问题2:收银主管是如何处理顾客投诉的?
问题3:作为收银员应如何提高服务质量?

项目实训

以小组为单位,由教师指定药品进行收银实训。

学习情境四
连锁药店管理

项目十一　连锁药店经营决策与计划

技能目标
培养学生对连锁药店日常管理业务合理的决策、计划与实施的能力

知识目标
1. 了解连锁药店经营决策的分类，决策的程序
2. 掌握连锁药店经营决策的原则和常用的决策方法
3. 了解连锁药店经营计划的概念，经营计划的分类，经营计划编制过程
4. 掌握连锁药店经营计划实施的方法和控制

项目内容

1. 连锁药店经营决策
2. 连锁药店经营计划制订
3. 连锁药店经营计划实施与控制

项目组织与实施环境

（一）项目组织

① 将全班分为若干组，指导老师确定所需实施项目内容。
② 小组成员可自行选择医药连锁企业，进行参观访问，查找资料，并进行连锁医药企业经营决策分析。

（二）实施环境

① 连锁药店。
② 教室。

学习情境四　连锁药店管理

项目实施

某连锁药店进行新店开发，有两种方法可供选择。方法一要花费400万元，成功的概率为80%；方法二只需花费300万元，但成功的概率仅为50%。如果开发成功，连锁药店获利800万元；如果开发失败，损失250万元。

思考：
问该连锁药店该如何作决策？

这一案例主要表明，"管理就是决策，决策是管理的核心"。经营决策在医药企业管理中处于中心地位，经营决策正确与否关系着企业的兴衰与存亡，科学的决策是经营的关键。而计划过程是经营决策的组织落实过程，计划将医药企业在一定时期内的经营活动任务分解给每个部门、环节及个人，不仅为这些部门、环节和个人在该时期的工作提供了具体依据，而且为经营决策目标的实现提供了保证。本项目就医药企业经营决策与计划作详细阐述。

任务一　连锁药店的经营决策

一、连锁药店经营决策概述

（一）连锁药店经营决策概念

对连锁药店来说，经营的每个环节、层次都有决策问题，经营决策贯穿于企业经营管理的全过程，掌握经营决策技术是经营管理人员必备的素质。

所谓连锁药店经营决策是指连锁药店决策者在拥有大量信息和个人丰富经验的基础上，对未来行为确定目标，并借助一定的计算手段、方法和技巧，对影响决策的因素进行综合分析研究后，从两个或以上可行方案中选择一个最优方案的分析判断过程。从经营决策的定义可看出，经营决策是一个过程，是一种寻找问题、制订方案、选择方案的活动，人们对行动方案的决定，是通过一系列的程序来实现。药店常见的决策有经营模式、经营定位、经营策略、商品的购销存、人员、财务等方面的决策等。

科学的经营决策应有以下基本特性。

1. 经营决策要有明确的目标

明确为什么要进行经营决策，经营决策最终要达到的目标是什么。

2. 经营决策应有若干个可供选择的可行方案

如果只有一个方案能够解决决策问题、实现决策目标，而无法比较、选择的决策不是科学的决策，因为，只有多个备选方案才能评价优劣，得到满意的结果。

3. 经营决策是选择一个满意方案的分析判断过程

经营决策必须通过各个方面的综合评价，才能做出最终选择，选择一个满意的方案，而不是最优方案。

4. 经营决策应是一项集体活动

企业的决策问题涉及面广、变化快,增加了决策的复杂性,从而使个人决策成功的可能性减少。因此,科学决策不能仅是领导者的个人行为。

(二)连锁药店经营决策分类

因为经营决策所要解决的问题是多种多样的,不同问题的经营决策需要用不同的技术和方法去处理,因此对经营决策的分类有利于人们正确地分析、解决问题。

(1)根据经营决策所要解决的问题在企业经营中所处的地位或重要程度,经营决策可分为战略决策、战术决策和业务决策。

① 战略决策是指对直接关系企业生存发展的全局性、长远性问题的决策。如企业经营方针与经营目标的确定、企业长期发展战略、企业营销战略、产品开发战略、技术改造和引进、组织机构改革等。战略决策一般需要经过较长时期才能看出决策后果,所要解决的问题复杂,环境变动性较大,往往并不过分依赖复杂的数学模式及技术,对决策者的洞察力、判断力有很高的要求。在战略决策中,找出关键问题比利用复杂计算更为重要。战略决策一般考虑的是企业如何与外部环境相适应的问题,属于企业高层管理者的职责范围。例如:连锁企业未来发展方向确定、发展模式、发展区域及分店开办、重大投资等决策是一种战略性决策。

② 战术决策,又称管理决策,是指企业为实现战略决策对企业的资源作出合理安排的策略性决策。属于执行战略性决策过程中的具体决策。例如,销售计划、生产计划的制订,产品开发方案的制订,职工招收与工资水平,更新设备的选择等方面的决策。战术决策一般属于企业各职能管理部门的职责范围。连锁总部各部门的决策一般为战术决策。

③ 业务决策是为了提高各种具体业务工作的质量或效率的决策。是日常活动中有关提高效率和效益的决策,如工作任务的日常安排等。业务决策属于常规性、技术性决策,一般属于基层管理人员的职责范围。对于一家门店的店长、班长主要负责门店的日常经营管理工作,其决策主要为业务决策。

上述三类决策的重要性不同,各级领导层应有所侧重。高层领导者显然应侧重战略性决策,并吸收部分中层和基层领导者参加;中层领导者应侧重战术决策;而基层领导者则应侧重业务决策。

(2)根据经营决策所要解决的问题的重复程度来划分,可分为程序化决策和非程序化决策两种。

连锁药店中的问题可被分为两类:一类是例行问题;另一类是例外问题。例行问题是指那些经常重复出现的日常管理问题,如药品质量、设备故障、现金短缺、供货单位未按时履行合同等问题;例外问题则是指那些偶然发生的、新颖的具有重大影响的问题,如医药企业组织结构的变化、重大投资、开发新产品或开拓新市场、长期存在的药品质量隐患、重要的人事任免以及重大政策的制订等问题。

程序化决策涉及的是例行问题,而非程序化决策涉及的是例外问题。所以,程序化决策是指对经常出现的重复性问题,按已有的程序、处理方法和标准去解决的决策。在管理工作中,约有80%的决策属于程序化决策。因此应重视解决一些问题的程序、方法和规章,以便碰到此类问题时,有法可依,照章办事,从而提高决策的及时性和准确性。程序化决策一般是企业中低级管理人员经常的决策。而非程序化决策是解决以往无先例可循的新问题,因为以前很少发生,没有可参考的方法,决策步骤很难程序化、标准化,没有处理的经验,完全靠决策者个人的判断和信念来进行,所以,决策者个人的经验、知识、洞察力和直觉等对非程序化决策有很大的影响。非程序化决策通常是关系到企业全局和长远发展的重要问题,属于企业高层管理者的决策范畴。战略性决策一般都是非程序化决策。

（3）根据经营决策所处环境的可控程度，企业决策可分为确定型决策、风险型决策与非确定型决策。

① 确定型决策需要决策的问题只可能出现一种确定的自然状态。每个行动方案在这唯一自然状态下的结局是可以计算出来的。

② 风险型决策需要决策的问题在决策过程中可以出现多种自然状态，每一个行动方案在不同自然状态下有不同的结局，但每种自然状态发生的概率是可以作出客观估计的，所以不管哪个决策方案都是有风险的。这类决策的关键在于衡量各备选方案成败的可能性（概率），权衡各自的利弊，做出选择。

③ 非确定型决策与风险型决策一样，在决策过程中可以出现多种自然状态。但这类决策问题中不能预先估计出各自然状态出现的概率。

（4）根据经营决策的主体，可把决策分为集体决策与个人决策。

集体决策是指多个人一起做出的决策，个人决策则是指单个人做出的决策。

相对于个人决策，集体决策有一些优点：获得足够多的信息；可以拟定更多的备选方案；能够得到更多员工的认同；可以更好地沟通；做出更好的决策等。但集体决策也有一些缺点，如需要花费较多的时间、产生"群体思维"相互脱卸责任等。

（5）根据经营决策方法，可以将经营决策划分为定性决策与定量决策。

定性决策是指决策者根据所掌握的信息，依靠决策者的知识、智慧和经验，通过对事物运动规律的分析，对无法用数量表现的目标和未来行动的方向、方针等进行的决策。定量决策是指决策者运用统计方法和数学模型，对能用数量表现的决策目标和行动方案进行的决策。

此外，决策还可以根据涉及的时间长短而分为中长期决策和短期决策；根据决策组织层次的划分分为高层决策、中层决策和基层决策等。

二、连锁药店经营决策的程序与原则

（一）连锁药店经营决策程序

连锁药店的经营决策包括了一定的步骤和程序，具体可将经营决策过程划分为八个步骤。

1. 识别问题

经营决策是为了解决管理过程中产生的问题，所以，首先要诊断和确定问题是什么。所谓问题指企业在经营过程中实际达到的状况与应该达到或希望达到的状况之间存在的差距。需要管理者在调查的基础上，确定问题到底是什么。在调查时，管理者要尽力获取精确的、可信赖的信息。

2. 确定决策目标

发现问题后，需要根据已经确定的企业目标来确定决策目标。所谓决策目标，是指在一定条件下，根据需要和可能，在预测的基础上本次决策所要追求的或所要获得的最终结果。确定决策目标是决策中的重要一环，是决策成功的基础。

3. 确定决策标准并给标准分配权重

决策者要决定哪些因素与决策相关，标准的确定是非常重要的。确定下来的标准并非同等重要，因此，需要判断各决策标准对问题的影响程度，根据它们在决策中的重要性，给每个标准分配权重。

4. 拟订备选方案

问题被正确地识别出来，管理者就要提出解决问题的各种方案。在提出备选方案时，需要管理者丰富的想象力、创造力，相互启发，集思广益，提出尽可能多的方案。

5. 分析备选方案

在拟定备选方案阶段得到的可行方案应是多个可行方案，在比较各个备选方案时，应根据所要解决问题的性质，采用定量分析和定性分析相结合，考虑决策的目标、组织的资源和方案的可行性，对各备选方案的优劣进行综合评价，并初步确定各方案优劣顺序的排列。

6. 选择方案

从备选方案中选择一个最有可能解决问题的方案，是决策者对方案进行"拍板定案"的工作。决策者从备选方案选择一个合理的方案，有三种基本方法：经验判断法、试验法、分析法。经验判断法是依靠决策者过去的经验进行判断、选择决策方案的一种方法。不管是成功的经验，还是失败的教训，管理者都要恰当地对待。特别是在进行某些常规的、例行的决策，经验能够起很大的作用。试验法是常采用的一种选择决策方案的方法，特别是新药品的试销、新方案的确定等决策中，但试验法也有一定的局限性：试验法往往需要支付比较昂贵的费用，并非所有的方案都能试验，许多决策常需要及时作出，没有时间进行试验，还有从试验得出的可行方案未必能够适应于未来的环境。分析法是通过对需要决策的问题进行定量和定性分析。

在选择方案时，绝对最优方案是很难寻觅的，在多数情况下，令人满意就是一条适用的标准。因此，方案的选择是选择出"满意的可行方案"。

7. 实施方案

方案的实施是决策过程中非常重要的一步。如果没有把决策时选择的满意方案实施，与没有做出决策是一样的，如果不能有效地实施，再好的方案也无法达到预期的目标。在方案实施过程中要注意做好以下工作：

（1）制订出实施方案的具体措施，保证方案的正确实施；

（2）确保与方案有关的各种要求能被所有相关人员充分接受和彻底了解；

（3）把决策目标层层分解，落实到每一个执行部门和个人；

（4）建立工作报告制度，以便及时了解方案进展情况，及时进行调整。

8. 评价决策效果

决策实施后，应检查和评价实施的结果，检查是否达到预期目的。一个方案可能涉及较长时间，在这段时间，形势可能发生变化，因此，管理者需要不断对方案进行修改和完善，以适应变化的形势。

从上述决策的过程可以看出，从问题的提出到问题的解决，八大步骤完成了一个决策的循环。研究决策的程序，主要是给决策者提供大致的思路，使之掌握科学的决策过程需要经过的几个阶段，特别是重大决策不要随意跳过某些必要的阶段。同时，也应强调在实际决策中，不可过分拘泥于步骤，反而会影响决策的效率。

（二）连锁药店经营决策的原则

连锁药店进行经营决策应坚持以下原则。

1. 经济性原则

就是研究经营决策所花的成本和利益的关系，研究投入与产出的关系。经营决策必须以经济效益为中心，并且要把经济效益同社会效益结合起来，以较小的投入取得最大的成果。

2. 系统原则

又称整体性原则，要求把决策对象看成一个整体、一个系统，运用系统分析的方法，对决策对象进行全面的分析，在决策过程中要兼顾各种利益关系，协调各种矛盾，以获得整体功能最佳的效果。在经营决策时，应该以整体系统的总目标来协调各个小系统的目标。

3. 信息原则

要进行有效的决策需要掌握大量信息，只有掌握了大量的信息才能系统地对信息进行归纳、总结，找出对决策有效的信息。掌握的信息要具备准确性、有效性、全面性的特点。

4. 可行性原则

在决策时还应考虑到方案的可行性。可行性分析是可行性原则的外在表现，是决策活动的重要环节。只有经过可行性分析论证后选定的决策方案，才是有较大的把握实现的方案。

5. 满意原则

在决策时，不能坚持要求得到最理想的答案，常常只能满足于"足够好的"或"令人满意"的决策。因为，决策者所处的环境是复杂多变的，要对未来做出绝对理性的判断是不可能的，由此而来的决策只能是相对比较满意的决策，而不是最优的决策。最优是不存在的，存在的只有满意。所谓最优，就是最好的资源、最好的组合和利用，获得最好的效益，毫无疑问这是不可能的。所谓满意，就是满意的资源，通过满意的组合和利用，获得满意的效果，而这才是合理的，也是能实现的。所以，决策时要坚持满意原则而不是最优原则。

三、连锁药店经营决策的一般方法

连锁药店常用的经营决策分析方法有两大类：定性分析方法和定量分析方法。

（一）定性分析方法

定性分析方法是建立在人们的经验基础之上对经营决策方案进行评价和判断。常用的定性分析方法主要有：头脑风暴法、名义小组法、德尔菲法、电子会议等。

（1）头脑风暴法 头脑风暴法是20世纪30年代提出的，主要特点是能够最大限度地挖掘专家的潜能，使专家们能够无拘无束地表达自己关于某问题的意见，让各种思想火花自由碰撞，好像掀起一场头脑风暴，一些有价值的新观点和新创意就在"风暴"中产生。

头脑风暴法是比较常用的一种集体决策方法，便于发表创造性意见，因此主要用于收集新设想。通常是将对解决某一问题有兴趣的人集合在一起，在完全不受约束的条件下，敞开思路，畅所欲言，通过相互启发、集思广益，使各人的看法趋向一致，作出决策。

头脑风暴法实施的四项原则如下。

原则一：对别人的建议不作任何评价，将相互讨论限制在最低限度内。

原则二：建议越多越好。在这个阶段，参与者不要考虑自己建议的质量，想到什么就应该说出来。

原则三：鼓励每个人独立思考，广开思路，想法越新颖、越奇异越好。可以补充和完善已有的建议以使它更具说服力。

原则四：头脑风暴法的目的在于创造一种畅所欲言、自由思考的氛围，诱发创造性思维的共振和连锁反应，产生更多的创造性思维。这种方法的时间安排应在1~2小时，参加者以5~6人为宜。

头脑风暴法成功的关键：一是选择好的会议参加者；二是要有高明、机敏的主持人；三是创造一个良好的环境，任何人提出的任何意见都要受到尊重，不得指责或批评，更不能干涉发言。

（2）名义小组法 在集体决策中，如果对问题不完全了解或者意见分歧严重，则可采用名义小组法。管理者先召集一些相关的专家，把需要解决的问题的关键内容告诉他们，并请他们独立思考，要求每个人尽可能地把自己的备选方案和意见写下来。然后再按次序让他们一个接一个地陈述自己的方案和意见。在此基础上，由小组成员对提出的全部备选方案进行投票，根据投票结果，赞成人数最多的备选方案即为所要的方案，当然，管理者最后仍有权决定是接受还是拒绝这一方案。在采用名义小组法时，小组的成员互不通气，也不在一起讨论、协商，所以小组只是名义上的。这种名义上的小组可以有效地激发个人的创造力。

（3）德尔菲法 德尔菲法是由美国兰德公司提出的，被用来听取有关专家对某一问题的意见，现在已成为一种非常普及的方法。它既可以由群体成员来完成，也可以由分散的成员来完成。运用这种方法的第一步是要设法取得有关专家的合作（专家包括大学教授、有经验的管理者）。然后把要解决的关键问题分别告诉专家们，请他们单独发表自己的意见。在此基础上，管理者收集并综合各位专家的意见，再把综合后的意见反馈给各位专家。让他们再次进行分析并发表意见。在此过程中，如遇到差别很大的意见，则把提供这些意见的专家集中起来进行讨论并综合。如此反复多次，最终形成代表专家组意见的方案。

运用该技术的关键是：
① 选择好专家，这主要取决于决策所涉及的问题或机会的性质；
② 决定适当的专家人数，一般10～50人较好；
③ 拟定好意见征询表，因为它的质量直接关系到决策的有效性。

这种方法的最大的优点是能充分发挥专家作用，不论其地位如何，避免了从众行为。

（4）电子会议 参与决策的专家们围坐在一张桌子旁，将问题通过计算机显示给决策参与者，他们把自己的回答打在计算机屏幕上，个人评论和票数统计都投影在会议室内的屏幕上。

电子会议的主要优点是匿名、诚实和快速，决策参与者能不透露姓名地打出自己所要表达的任何信息，一敲键盘即显示在屏幕上，使所有人都能看到。它还使人们充分地表达他们的想法而不会受到惩罚，它消除了闲聊和讨论偏题，且不必担心打断别人的"讲话"。

但是电子会议也有缺点。那些打字快的人使得那些口才虽好、但打字慢的人相形见绌；再有，这一过程缺乏面对面的口头交流所传递的丰富信息。

（二）定量分析方法

定量分析方法需要建立一定的数学模型，然后通过运算，取得结果，进行判断。这是近代发展起来的一类科学的、现代化的决策分析方法，目前，已得到了广泛的应用。

1. 确定型决策方法

常用的确定型决策方法有比较法、量本利分析法等。

（1）比较法

例 11-1：某连锁药店需要采购一种药材 1000 千克，有三个产地可供选择：如表 11-1 所示。

表 11-1 三个产地药材的一般情况

行动方案	单位价格/元			总价/元	方案选择
	单位售价	单位运费	小计		
产地 A	50	5	55	55000	
产地 B	51	3	54	54000	
产地 C	52	1	53	53000	最优

（2）盈亏平衡点分析法（量本利分析法） 盈亏平衡点分析法又称量本利分析法，该方法的原理是：通过分析生产成本、销售利润和产品数量这三者的关系，掌握盈亏变化的规律，指导企业选择能够以最小的成本生产出最多的产品，并使企业获得最大利润的经营方案。

在应用盈亏平衡点分析法时，关键是找出企业不盈不亏时的产量（称为保本产量或盈亏平衡产量，此时企业的总收入等于总成本）。

生产成本、销售利润和产品数量这三者的关系：

利润＝销售收入－生产成本＝单价×销量－固定成本－单位变动成本×销量＝（单价－单位变动成本）×销量－固定成本

其中：

变动成本是指成本总额在一定时期和一定业务量范围内随业务量增减变动而成正比例增减变动的，如直接用于产品生产的原材料、燃料、动力和计件工资。

固定成本是指成本总额在一定时期和一定业务量范围内不受业务量增减变动影响而固定不变的，如固定资产折旧费、差旅费、办公费等。

生产成本＝固定成本＋变动成本＝固定成本＋单位变动成本×产（销）量

盈亏平衡点的产（销）量

$$Q = F/(W - C_v)$$

式中　Q——产（销）量；

　　　F——固定成本；

　　　C_v——单位变动成本；

　　　W——价格。

盈亏平衡图是指在平面直角坐标系上反映企业不同业务量水平条件下的盈亏状况的图形，如图11-1所示。

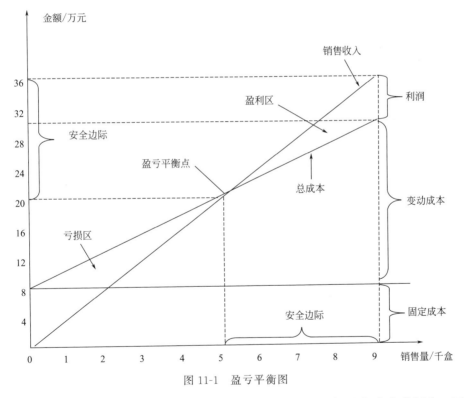

图11-1　盈亏平衡图

例11-2：某药品生产企业生产甲药品，单价为40元/盒，年固定成本总额为8万元，变动成本总额为24万元，年销售量为1万盒，问：企业盈亏平衡点的产量是多少？画出盈亏平衡图。

解：

已知：

单价（W）＝40元/盒

固定成本（F）=8 万元

销售量（Q）=1 万元

单位变动成本（C_v）=24/1=24 元/盒

$Q=F/(W-C_v)$

$Q=8/(40-24)$

=0.5 万元

2. 风险型决策方法

在比较和选择活动方案时，如果未来情况不止一种，管理者不知道到底哪种情况会发生，但知道每种情况发生的概率，则须采用风险型决策方法。常用的风险型决策方法是决策树法。

所谓决策树法就是利用树图模型描述决策分析问题，并直接在决策树图上进行决策分析。

（1）决策树的构成　决策树是一种由结点和分支构成的由左向右横向展开的树状图形。

决策树中的结点可分为 3 种：决策结点，通常用方块"□"表示；状态结点，用圆形"○"表示；结果结点，通常用三角形"△"表示，表示一个方案在一个自然状态下的结局。

决策树中的分支分为两类：方案分支，由决策点引出的分支，每一个分支表示一个方案；概率分支，由状态结点引出的分支，每个分支表示一种自然状态，每个概率分支上标明它表示的自然状态及和自然状态概率。

决策树如图 11-2 所示。

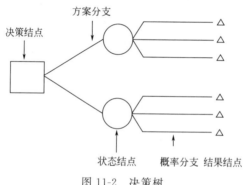

图 11-2　决策树

（2）利用决策树进行决策的步骤

第一步：画出决策树。

第二步：计算各状态点期望值，自右向左计算各个方案的期望值。

第三步：比较各状态点期望值，在期望值小的方案分支上画上"∥"符号，表示应删去，这个过程称为"剪枝"，所保留下来的分支即为最优方案。

（3）决策树的应用　应用决策树法决策时，计算过程一般从右向左，逐步后退。根据右方的损益值和状态树枝上概率值，计算该方案在不同状态下的期望值，并根据计算的损益期望值选择方案，选择后舍弃的方案称为"剪枝"，最后决策点只留下一条树枝，这就是决策的最佳方案。

例 11-3：某药品生产企业开发一种新药品，拟定两个生产方案，新建需投资 300 万元，改建需投资 120 万元，方案的使用周期均为 10 年，方案的自然状态概率和年收益如表 11-2，问如何决策？

学习情境四 连锁药店管理

表 11-2 方案的自然状态概率和年收益

自然状态	新建年收益/万元	改建年收益/万元	概率
畅销	100	30	0.7
滞销	−20	10	0.3

解：

第一步：画出决策树，如图 11-3 所示。

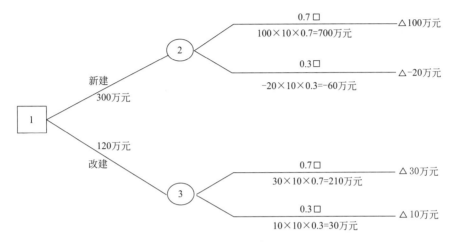

图 11-3 决策树

第二步：计算各状态点期望值

$$E_1 = 100 \times 10 \times 0.7 + (-20) \times 10 \times 0.3 - 300 = 340 \text{ 万元}$$
$$E_2 = 30 \times 10 \times 0.7 + 10 \times 10 \times 0.3 - 120 = 120 \text{ 万元}$$

第三步：比较各状态点期望值可知：新建方案较好。

3. 不确定型决策方法

在比较和选择活动方案时，如果管理者不知道未来情况有多少种，或虽知道有多少种，但不知道每种情况发生的概率，则须采用不确定型决策方法。常用的不确定型决策方法有小中取大法、大中取大法和最小最大后悔值法等。下面通过举例来介绍这些方法。

在不确定型决策中，由于方案实施后的结果无法作出估计，因此决策在很大程度上取决于决策者的主观判断，不同的决策者对同一问题的决策结果也可能是完全不一样。

（1）小中取大法 小中取大法也叫悲观法，采用这种方法的管理者对未来持悲观的看法，认为未来会出现最差的自然状态，因此不论采取哪种方案，都只能获取该方案的最小收益。

① 基本原理 决策者面对两种或两种以上的可行方案，每一种方案都对应着几种不同的自然状态，每一种方案在每一种自然状态下的收益值或损失值各不相同，且每一种损益值都可以通过科学的方法预测出来。决策者将每一种方案在各种自然状态下的收益值中的最小值选出，然后比较各种方案在不同的自然状态下所可能取得的最小收益，从各个最小收益中选出最大者，那么这个最小收益当中的最大者所对应的方案就是采用悲观法所要选用的方案。如果决策方案所对应的损益值表现为收益值，那么决策的形式表现为小中取大，如果决策方案所对应的损益值表现为损失值，那么决策的形式则表现为大中取小。采用悲观决策准则时，通常要放弃最大利益，但由于决策者是从每一方案最坏处着眼，因此风险较小。

② 小中取大法的操作 采用小中取大法进行决策时，首先计算各方案在不同自然状态

下的收益,并找出各方案所带来的最小收益,即在最差自然状态下的收益,然后进行比较,选择在最差自然状态下收益最大或损失最小的方案作为所要的方案。

(2) 大中取大法　大中取大法又称乐观法,采用这种方法的管理者对未来持乐观的看法,认为未来会出现最好的自然状态,所以不论采用何种方案均可能取得该方案的最好效果,那么决策时就可以首先找出各方案在各种自然状态下的最大收益值,然后再从这些收益值中选择一个收益值最大的方案作为决策方案。

大中取大法的操作　采用大中取大法进行决策时,首先计算各方案在不同自然状态下的收益,并找出各方案所带来的最大收益,即在最好自然状态下的收益,然后进行比较,选择在最好自然状态下收益最大的方案作为所要的方案。

大中取大法是一种比较乐观而积极的决策方法。它的优点是:有可能取得最好的成果。其缺点是:承担的风险较大。

(3) 最大最小后悔值法　最大最小后悔值法是指管理者在选择了某方案后,如果将来发生的自然状态表明其他方案的收益更大,那么他(或她)会为自己的选择而后悔。最大最小后悔值法就是使后悔值最小的方法。

最大最小后悔值法的步骤如下。

① 计算出后悔值　后悔值:机会损失值,在一定自然状态下由于未采取最好的行动方案,失去了取得最大收益机会而造成的损失。

$$后悔值 = 该自然状态下最大损益值 - 相应损益值$$

② 找出各方案最大后悔值。

③ 选择最小的作为决策方案。

例11-4:某连锁药店打算采购某药品。据市场预测,药品销路有三种情况:销路好、销路一般和销路差。生产该药品有三种方案:A. 购进名牌产品;B. 购进普通品牌;C. 自有品牌。据估计,各方案在不同情况下的收益如表11-3所示。问该药店要选择哪个方案?

表11-3　各方案在不同情况下的收益　　　　　　　　单位:万元

方案	销路好的收益	销路一般的收益	销路差的收益
购进名牌产品	180	120	40
购进普通品牌	240	100	80
自有品牌	100	70	20

解:

1. 小中取大法

在上例中,A方案的最小收益为40万元;B方案的最小收益为80万元;C方案的最小收益为20万元。经过比较,B方案的最小收益最大,所以选择B方案。

2. 大中取大法

在上例中,A方案的最大收益为180万元;B方案的最大收益为240万元;C方案的最大收益为100万元。经过比较,B方案的最大收益最大,所以选择B方案。

3. 最小最大后悔值法

在上例中,在销路好这一自然状态下,B方案的收益最大,为240万元。在将来发生的自然状态是销路好的情况下,如果管理者恰好选择了这一方案,他就不会后悔,即后悔值为0。如果他选择的不是B方案,而是其他方案,他就会后悔(后悔没有选择B方案)。比如,他选择的是C方案,该方案在销路好时带来的收益是100万元,比选择B方案少带来140万元的收益,即后悔值为140万元。各方案在各状态下的后悔值见表11-4。

表 11-4　各方案在各状态下的后悔值　　　　　　　　　　　　　　单位：万元

方案	销路好的收益	销路一般的收益	销路差的收益
购进名牌产品	60	0	40
购进普通品牌	0	20	0
自有品牌	140	50	60

由表 11-4 看出，A 方案的最大后悔值为 60 万元，B 方案的最大后悔值为 20 万元，C 方案的最大后悔值为 140 万元。经过比较，B 方案的最大后悔值最小，所以选择 B 方案。

任务二　连锁药店经营计划的制订与实施

一、连锁药店经营计划的制订

（一）经营计划概述

经营计划是指企业管理者根据企业经营目标对企业的生产经营活动和所需要的各项资源进行的统筹安排。经营计划对实现医药企业的经营目标有很重要的作用。因为，经营计划是医药企业围绕市场，为实现经营目标而进行的具体规划、安排。

经营计划的内容包括"5W1H"，计划必须清楚地确定和描述下列这些内容。

what——做什么？即明确一个时期的具体任务和要求。例如，药店要确定销售哪些药品品类、数量、价格、采购、销售方案等。

why——为什么做？即明确计划的原因和目的，或者说是宗旨、目标、战略。

when——何时做？即规定计划中各项工作的起始时间和完成时间。

where——何地做？即规定计划的实施地点，了解计划实施的环境条件和限制条件。

Who——谁去做？即明确实施计划的部门或人员。例如，新药品销售，哪些部门去执行，哪些部门去协助等。

How——怎样做？即明确实现计划的措施，以及相应的政策和规则，对医药企业的资源进行合理的预算、分配和使用等。

（二）经营计划的分类

1. 长期经营计划

企业经营计划根据时间长短可分为长期经营计划、中期经营计划和短期经营计划。

长期经营计划又称战略经营计划或远景经营计划，是企业五年和五年以上的长远规划。长期经营计划具有明确的方向性和指导性，具有统率全局的作用，它是一种战略性规划。

长期经营计划在连锁企业里一般包括：①经营模式变革；②新店开发，计划在什么区域、什么时间、数量多少、什么模式建设新店等；③固定资产投资计划，规定医药企业在一定计划期限内的设备更新、技术改造、品种结构调整和环境保护等项目及其完成的进度、费用预算和预期达到的目标等；④人才开发和职工培训计划，规定职工培训的人数、时间和费用预算等。

2. 中期经营计划

中期经营计划所涉及的时间一般是 2~5 年。中期经营计划的任务是建立企业的经营结构，为实现长期经营计划所确定的战略目标设计出合理的设备、人员、资金等的结构。

3. 短期经营计划

短期经营计划是企业的年度经营计划。它的任务是根据企业实际的内外情况，组织和安排好企业的经营活动，逐步实现企业的经营目标。

年度经营计划一般有 6 个方面的内容。

① 销售计划 它规定企业在计划年度内销售药品的品种、数量、销售收入、销售利润、交货期、产品质量和销售渠道等。

② 采购计划 它规定企业在计划年度内所采购的药品品种、质量、数量和进度、储备量和供应量、供应渠道、供应期限等，对企业实现销售计划起保证作用。

③ 劳动工资计划 它规定企业在计划年度内为完成生产计划所需的各类人员的数量、定员、定额、劳动生产率提高水平、工资总额和平均工资水平、奖励制度和奖金、职工培训指标等，对企业提高劳动生产率、提高职工的文化和技术业务水平起重要作用。

④ 产品成本计划 它规定在计划年度内销售药品所需的全部费用、单位成本等。对企业节约人力、物力、财力和增加盈利起保证作用。

⑤ 财务计划 它包括固定资产计划、流动资金计划、利润计划、专用基金计划和财务收支计划，是医药企业生产经营状况的综合反映。

⑥ 其他计划 包括利润计划、设备维修计划、配送计划等。

（三）经营计划的编制过程

为了保证经营计划编制的合理，实现经营决策所确定的目标，经营计划编制过程中必须采用科学的编制方法。管理人员在编制任何完整的经营计划时，都遵循相同的逻辑和步骤。这个逻辑可用图来描述，如图 11-4 所示。

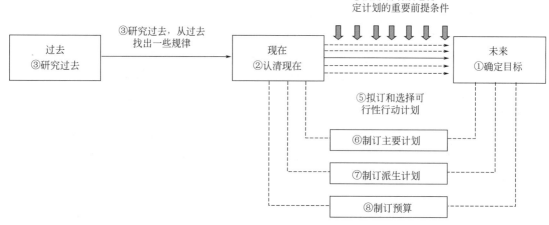

图 11-4 经营计划编制的步骤

1. 确定目标

在编制企业的经营计划时，首先要有明确的目标，目标说明医药企业将要走向何方，战略计划主要侧重于目标的制订。根据目标而设置的标准可用来衡量企业实际的绩效。经营计划工作主要任务是将经营决策所确立的目标进行分解，以便落实到各个部门、各个活动环节，并将长期目标分解为各个阶段的目标。

2. 认清现在

经营计划是连接我们所处的这岸和我们要去的对岸的一座桥梁。目标指明了企业要去的对岸。因此，制订计划的第二步是认清企业所处的这岸，即认清现在。认识现在的目的在于寻求通向对岸的"最佳"路径。

3. 研究过去

"现在"是从"过去"发展过来的。研究过去不仅是从过去发生的事件中吸取教训，取得经验,更重要的是探讨过去事情发展的一些规律,从过去发生的事件中探求事物发展的一般规律。

4. 预测并有效地确定计划的重要前提条件

前提条件是要实现经营计划的环境假设条件,是关于我们所处的此岸到达我们将去的彼岸过程中所有可能出现的假设情况。由于将来的环境是发展变化的,要把实现经营计划的将来环境的每个细节都做出假设,是不切合实际的,也是不必要的。因此前提条件是限于那些对经营计划来说是关键性的或具有重要意义的假设条件。

5. 拟订和选择可行性行动计划

"条条道路通罗马"、"殊途同归",这些都是描述实现某一目标的途径是多条的。拟订和选择可行性行动计划包括三个内容:拟订可行性行动计划、评估行动计划和选定计划。

拟订可行性行动计划要求拟订尽可能多的计划。可供选择的行动计划数量越多,被选计划的相对满意程度就越高,行动就越有效。评估行动计划就要认真考察每一个计划的优点和缺点,不仅要考虑计划执行所带来的利益,还要考虑计划执行所带来的损失,特别注意那些潜在的、间接的损失。按一定的原则选择出一个或几个较优的计划。

6. 制订主要计划

制订主要计划就是将所选择的计划用文字形式正式地表达出来。作为一项管理文件。拟写计划要清楚地确定和描述5W1H的内容。

7. 制订派生计划

计划需要派生计划的支持。比如,一家药品生产企业年初制订了"当年销售额比上年增长30%"的销售计划,这一计划需要许多派生计划的支持,如生产计划、促销计划等。

8. 制订预算

计划编制的最后一步就是把计划转变成预算,使计划数字化。编制预算,一方面是为了计划的指标体系更加明确,另一方面是企业更易于对计划执行进行控制。

二、连锁药店经营计划的实施

(一)经营计划的实施方法

经营计划的编制与经营计划的实施并不是简单的先编制后实施这种逻辑顺序,两者往往交织在一起。战略计划的实施过程,通常就是战术计划的编制过程,因为战略计划靠战术计划去实现;长期计划的实施过程,包含中期和短期计划的制订过程与实施过程。

为了有效地实施计划,在计划实施过程中,需采用一些方法和技术。常用的经营计划实施方法有目标管理、滚动计划、PDCA计划循环法和网络计划技术等。

1. 目标管理

美国管理学家彼得·德鲁克在1954年编著的《管理的实践》一书中首先提出了目标管理的基本思想。他认为"并不是有了工作才有目标,而是相反,有了目标才能确定每个人的工作"。如果一个领域没有目标,这个领域的工作必然被忽视。因此管理者应该通过目标对下级进行管理,当企业最高层管理者确定了企业目标后,必须对其进行有效分解,转变成各个部门以及各个人的分目标,管理者根据分目标的完成情况对下级进行考核、评价和奖惩。

目标管理分为三个阶段。

第一阶段为目标的确定。这是目标管理最重要的阶段,确定的目标包括企业的总目标、各个部门的分目标、每个岗位的岗位目标等。首先,由高层管理者制订企业在未来一定时期内的企业总目标,然后,经过充分考虑各部门和成员的能力,制订出与总目标相一致的各个部门的分目标和每个岗位的岗位目标。总目标指导分目标,分目标指导岗位目标,岗位目标保证分目标,分目标保证总目标,从而形成一个完整的目标体系。

第二阶段为实现目标。目标建立以后，接着就是组织人力和资源去实现目标。为了保证目标能够实现，主管人员必须授权给下级管理人员，让他们有权力调动人力和利用资源去实现目标。在目标实现过程中要定期检查各项任务的进展情况，增加上下沟通的机会，以便加强各部门之间的联系，及时发现问题，采取必要的补救措施。在目标实现过程中，要求上级管理者信任下级管理者，对下属的工作进行指导、协助，帮助下属发现问题，解决问题，为下属提供信息、创造良好的工作环境。

第三阶段为测定与评价所取得的成果。到预定的期限后，下级首先进行自我评估，提交书面报告，然后上下级一起考核目标完成情况，决定奖惩；同时讨论下一阶段目标，开始新循环。一个目标管理过程的结束，也就是另一个目标管理过程的开始。目标管理就是这样，周而复始，循环往复，不断前进。如果目标没有完成，应分析原因，总结教训，吸取经验。

目标管理的优点：有利于调动广大员工的积极性，激励员工积极工作；有利于各级管理者对下属进行管理、考核，做到公平公正；有利于促进上下级之间的沟通和交流。

目标管理的缺点：目标难以制订，组织内的许多目标难以定量化、具体化，过分强调目标定量化，有时会造成目标实现有一定的偏离，因为选择具体的指标来具体化、数字化目标，为了便于操作，往往会舍弃一些因素。总目标和分目标有时难于协调，目标管理要求各级管理人员充分认识总目标，制订各自的分目标，经过协商构成完整的目标体系，但是不排除有些管理人员出于自利，在制订分目标和完成任务时会偏离总目标，再者有些目标本身就有一定的不明确性，这样在执行过程中，都会给总目标和分目标的协调带来困难。目标商定可能增加管理成本。目标管理要上下沟通、统一思想是很费时间的，每个单位、个人都关注自身目标的完成，很可能忽略了相互协作和组织目标的实现，容易产生急功近利的倾向。

正确看待目标管理的优点和缺点，在实际应用过程中，尽可能克服这些缺点，利用优点，以获得最佳的目标管理效果。

2. 滚动计划法

由于医药企业处在不断变化的环境之中，许多因素的变化在计划编制时是很难预料的，这就要求计划应有一定的灵活性，要能不断地进行修正，使计划更加符合客观实际。滚动计划法就是应这种要求而产生的。

滚动计划法是一种定期修改计划的方法，根据计划的执行情况和环境变化情况定期修订计划，并逐期向前推移，使短期计划、中期计划有机地结合起来。滚动计划法可以避免环境不确定性可能带来的不良后果。

滚动计划法编制方法：将计划分为若干时期，近期计划具体详细，是具体实施部分；远期计划则较为简略，是准备实施部分。计划执行一定时期后，根据环境的变化和具体情况的变化，对以后各期的计划内容进行适当地修改调整，并向前延续一个新的执行期。它是一种连续、灵活、有弹性地根据一定时期计划执行情况，通过定期地调整，依次将计划时期顺延，再确定计划内容的方法。见图11-5所示。

滚动计划法的评价：滚动计划法使战略性计划的实施也更加切合实际。滚动计划相对缩短了计划时期，加大了计划的准确性和可操作性，通过适当地调整使不利因素减至最少，使企业与环境衔接。滚动计划法使长期计划、中期计划与短期计划相互衔接，短期计划内部各阶段相互衔接。滚动计划法大大加强了计划的弹性，在环境剧烈变化的时代，它可以提高企业的应变能力。

3. PDCA 计划循环法

PDCA 计划循环法，是由美国管理专家戴明首先提出的，称为"戴明循环管理法"。20世纪50年代初传入日本，70年代后期传入我国，开始运用于全面质量管理，现在已推广运用到全面计划管理。

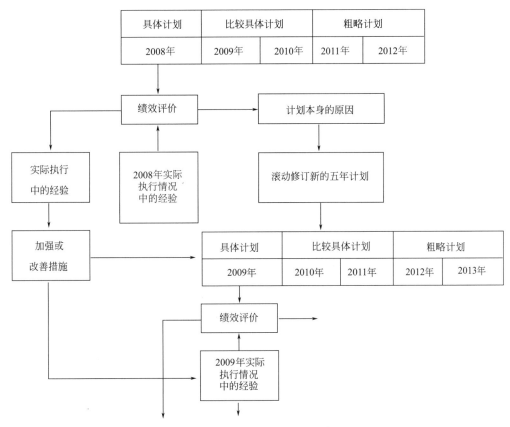

图 11-5 五年期的滚动计划示例图

PDCA 计划循环法一般是可分为四个阶段和八个步骤的循环系统。

(1) PDCA 四个阶段的工作循环

第一阶段是制订计划 P (plan),这个阶段的主要工作包括确定经营方针、目标;制订经营计划并将经营计划的目标和措施落实到企业内部的各个部门与环节。

其工作内容可分为四个步骤。

第一步骤:分析现状、找出存在的问题,确定目标。

第二步骤:分析影响质量问题的各种原因。

第三步骤:从影响质量的原因中找出主要原因。

第四步骤:针对影响质量的主要原因,拟定措施计划。

第二阶段是执行 D (do),这个阶段的主要工作是将制订的各项具体计划,按照落实到各部门各环节的要求组织执行与实施。

其工作步骤即第五步骤:执行措施,实施计划。

第三阶段是检查 C (check),这个阶段的主要工作是对实施情况进行检查,并根据检查结果采取相应的措施。

其工作步骤即第六步骤:检查效果,发现问题。

第四阶段是总结处理 A (action),这个阶段的主要工作是总结成功的经验和失败的教训,并纳入有关标准、制度和规定,巩固成绩,防止问题重新出现,同时,将本循环中遗留的问题提出来,以便转入下一个循环去加以解决。

其工作步骤如下。

第七步骤:总结经验,把成功的经验肯定下来,纳入标准。

第八步骤：把没有解决的遗留问题转入下一个阶段。

PDCA管理工作循环就是按照以上四个阶段和八个步骤地周而复始地运转。

PDCA计划循环法的四个阶段首尾相接、不断循环，每一次循环都会有新的内容和要求，它把计划的编制、执行和控制有机地结合在一起，有利于提高企业计划管理的水平。

(2) PDCA计划循环法的三大特点

第一，大环套小环，互相促进。

一个医药企业就是一个PDCA大循环系统；企业内部的各部门是一个中循环系统；各部门的各小组或个人是一个小循环系统。环环相扣，把整个计划有机地联系起来，紧密配合，协调发展。

第二，螺旋式上升。

每个循环系统都包括计划—执行—检查—总结四个阶段，都要周而复始地运动。每循环一次，都要有所前进和有所提高，不能停留在原有水平上。

第三，关键在于处理阶段。

PDCA计划循环法是螺旋式上升和发展的。通过每一次循环，对问题进行处理，一次循环解决不了的问题，可以转入下一轮循环，从而保证计划管理水平不断得到提高。

4. 网络计划技术

网络计划技术是一种计划方法，主要适用于大型项目的计划安排。网络图是用来表示一个项目中各个工作环节的前后顺序关系的图形，主要由圆圈和箭线组成。网络计划技术的原理是：一项工作或项目分成各种作业，然后根据作业顺序进行排列，通过网络图对整个工作或项目进行统筹规划和控制，以便用最少的人力、物力、财力资源，用最高的速度完成工作。该技术在连锁企业应用较少。

(二) 对经营计划的实施控制

在实际工作中，经常会听到这样的说法"计划不如变化"，所以，经营计划制订出来以后，由于主、客观等多方面的原因，经营计划在实施过程中常常会出现偏差，如外部环境的变化、制订计划时对内部条件的估计不足等。为了保证计划目标的实现，必须实施控制。

控制按照在计划执行过程中的时机分，控制可以在计划执行之前，这种控制称为事前控制，如职工上岗前的岗位培训就是事前控制；控制也可以在计划执行过程中控制，这叫现场控制或称事中控制，如主管人员现场指导营业人员的销售活动，发现不符合标准或违反规定，立即予以纠正；控制还可以在计划执行已出现结果或出现部分结果时才开始进行，这种控制称事后控制。

1. 经营计划控制的任务

经营计划控制的任务是发现偏差、分析偏差和纠正偏差。

(1) 发现偏差　在经营计划执行过程中通过各种方法，分析计划的执行情况，以便发现计划执行中的问题。

(2) 分析偏差　对经营计划执行过程中出现的问题和偏差进行研究，找出问题和偏差出现的原因，以便采取针对性的措施。

(3) 纠正偏差　根据偏差产生的原因采取针对性的纠偏对策，使企业能按既定的经营计划进行，或者通过修改经营计划，使它能继续指导企业生产经营活动。

2. 经营计划控制的步骤

(1) 确立标准　对经营计划进行控制必须参照一定的标准。标准是衡量工作绩效的尺度。企业的各种指标（如销售量、利润率等）、要求等都可以作为检查计划执行情况的标准。

(2) 衡量绩效与发现偏差　衡量绩效是依据控制标准对计划执行的实际结果进行衡量，准确地反映计划执行情况。在衡量绩效的基础上，将实际达到的指标与控制标准进行比较，找出偏差。

（3）纠正偏差　发现偏差的目的是为了纠正偏差。纠正偏差首先应该分析产生偏差的原因，找出主要原因和次要原因，原因可能是环境、条件发生变化引起的，也可能是计划目标定得过高，不符合实际引起的，还有可能是执行者的人为因素引起的等。原因找准了，就可以针对性地进行调整。

上述是针对反馈控制而言的控制过程。对于事前控制，本计划期内就没有纠正偏差的问题。

3. 控制的实现形式

（1）人事控制　人事控制是通过人事安排和人员培训达到控制的目的。任何计划都是通过人来完成和实现的，因此，必须对相应人员加以控制。"因事用人"是企业用人的基本原则。企业在选择安排人员时，应使工作人员的基本素质和能力与工作性质相适应，能力应与责任和权力相对称，避免由于能力不足或责任性差而造成工作失误。如果职工的素质和能力不能满足工作岗位的要求，应对其进行培训，增强素质，提高能力，然后才能安排到相应的工作岗位上去。

人事控制一般属于事前控制，但如果考虑到对不称职的人员，一经发现就进行撤换，即是反馈控制了。

（2）组织结构控制　组织结构控制是通过组织结构的设计，使企业内部的各个部门或个人之间形成一种相互牵制的有效运行机制，在这种机制下，使每一项业务的处理不是由一个部门或一个单独的员工办理，而是由两个以上的部门或员工在相互协调、相互制约的基础上共同完成。例如，差旅费的报销必须由部门领导审批、财务主管审核、出纳员报销和分管会计记账。

（3）规章制度控制　规章制度是一个企业内全体员工工作时必须遵循的原则。规章制度要求所有职工必须遵守，严格执行各项要求，严格按工作程序办事，认真履行职责和工作计划。

（4）审计控制　审计通常分为财务报表审计、合规性审计和经营审计。财务报表反映了企业某个时点的财务状况，或在一段期间内的经营成果，财务报表审计是以一般公认的会计原则为标准，对企业编制的财务报表审计，看其是否正确反映出公司的财务状况。合规性审计是以政府颁布的法规和企业内部的规则为标准，确定企业的财务或经营活动是否符合规定。经营审计也称业务审计，它是以计划确定的目标为标准，判定企业或部门的经营活动是否达到目标。

（5）检查评价控制　检查评价是领导或主管人员亲自到现场收集和了解信息，掌握工作进度和服务质量情况，及时发现问题和分析原因，迅速判断并做出处理决策。

（6）报告方式控制　报告方式控制是由计划实施者以书面或口头形式向领导或主管人员详细汇报计划实施情况，存在的问题及原因，已采取的措施及收效，可能出现的问题及对策等情况，领导或主管人员根据报告提供的信息采取措施进行控制的一种方式。随着企业规模和经营业务范围的扩大，领导不可能太多的到现场进行检查评价，这时采取报告方式控制可取得事半功倍的效果。

项目小结

- 连锁药店的经营决策是医药企业决策者在拥有大量信息和个人丰富经验的基础上，对未来行为确定目标，并借助一定的计算手段、方法和技巧，对影响决策的因素进行综合分析研究后，从两个以上可行方案中选择一个合理方案的分析判断过程。

- 连锁药店经营决策包括八个步骤：识别问题、确定决策目标、确定决策标准并给标准分配权重、拟订备选方案、分析备选方案、选择方案、实施方案、评价决策效果。
- 连锁药店进行经营决策应坚持五个原则：经济性原则、系统原则、信息原则、可行性原则、满意原则。
- 连锁药店常用的经营决策分析方法有两大类：定性分析方法和定量分析方法。
- 连锁药店经营计划的编制过程：确定目标、认清现在、研究过去、预测并有效地确定计划的重要前提条件、拟订和选择可行性行动计划、制订主要计划、制订派生计划、制订预算。
- 连锁药店经营计划的实施方法有：目标管理、滚动计划法、PDCA 计划循环法、网络计划技术。对经营计划的实施控制的任务是发现偏差、分析偏差和纠正偏差。

主要概念和观念

◇ 主要概念

经营决策　头脑风暴法　名义小组法　德尔菲法　经营计划　目标管理　滚动计划法　PDCA 计划循环法

◇ 主要观念

科学决策与计划

项目课时安排

① 实训时间：3 学时。
② 讲授时间：2 学时。

项目考核与评分标准

① 考评者：授课教师。
② 考核内容及评分标准。
以小组为单位进行评分，满分为 100 分。具体为：
a. 连锁药店经营决策的背景分析是否正确（40 分）；
b. 连锁药店经营决策分析是否合理（40 分）；
c. 连锁药店经营决策是否能提出合理化建议（20 分）

项目综合思考

◇ 简答题

1. 连锁药店经营决策一般可以分为哪几类？
2. 连锁药店常用的经营决策分析方法有哪些？
3. 连锁药店经营计划一般可以分为哪几类？
4. 连锁药店经营计划的编制过程？
5. 常用的连锁药店经营计划的实施方法有哪些？
6. 连锁药店经营计划实施控制的任务是什么？

学习情境四　连锁药店管理

◇ 计算题

1. 连锁药店引进新产品销售，有两种方法可供选择。A 产品要花费 30 万元，成功的概率为 80%；B 产品只需花费 20 万元，但成功的概率仅为 60%。如果销售成功，A 产品销售收入为 100 万元；B 产品销售收入为 70 万元。如果销售失败，A 产品销售收入为 10 万元，B 产品销售收入为 30 万元。

问该店应如何作决策？

要求：画出决策树，做出决策。

2. 某连锁药店准备购进一种新产品，其销售单价定为 400 元，这种产品的单位变动成本预计为 260 元，该店固定成本为 560 万元，试问其盈亏平衡点产量是多少？如果目标利润为 140 万元，需要销售的数量是多少？（要求用盈亏平衡点计算）

◇ 案例分析题

罗彻姆有限公司的决策

罗彻姆有限公司是最大的独立公司之一，它主要向仪器加工业供货。它在 20 世纪 60 年代末首次获得成功，这归功于一种食品防腐剂，它主要用于肉制品的保鲜，当时是用利兰太的名字出售的。此后它们又开发了食品染色与食品包装方面的产品，目前，利兰太在公司销售总额中只占 25%。

决策

争论的发起与替换用于生产利兰太的一台加工机器有关。一共只有两台机器，它们都是由当地的切迈克斯（Chmex）公司出品的。其中较旧的一台机器发生了故障，频繁的停机，再加上质量水平的不稳定，使产出水平只能勉强达到要求。现在的问题是，应当用新的切迈克斯机器替换旧的，还是购买市场上仅有的符合加工要求的一家德国产 AFU 机器？首席化学家对两种机器进行了比较，如表 11-5 所示。

表 11-5　罗彻姆公司：切迈克斯与 AFU 机器的比较

比较项目	切迈克斯	AFU
资本成本	590000 英镑	880000 英镑
按生产能力加工的单位成本	185 英镑	183 英镑
计划的生产能力	2200 千克/月	2800 千克/月
质量	98% 0.7%纯度,手工测试	99.5% 0.2%纯度,自动测试
保养	很充分,但需经常进行	不清楚,可能不错
售后服务	很好	不清楚,可能不太好
送货	三个月	立即

约翰·罗德兹宣布，公司已经初具规模，从前所采用的专制决策方式应该改变了。问题由新成立的管理委员会主持解决，委员会由四名高级经理组成，他们是：首席化学家和营销经理，他们从公司创立起就在公司工作；还有生产部经理和会计师，他俩加入公司只有 6 个月之久。这是委员会的第二次会议，罗德兹已经开始为当初的决定后悔了。

下面列出的就是委员会各成员提交的信息以及他们对决策的表态。

1. 营销经理

今年对这种防腐剂的市场需求已经达到了 2000 万英镑的规模，其中罗彻姆公司占大约

48%的份额。市场已经发生了明显的变化——特别是很多防腐剂用户现在能够买到与利兰太相似的产品，竞争的结果是市场对价格的反应敏感多了。

将来的市场走向有些不确定。很明显市场不会萎缩（从需求量看），最乐观的估计表明 4 年后市场规模将达到 2400 万英镑（按当前价格计算）。利兰太是根据顾客的专门要求以固体、粉末或液体形式出售的。价格仍与所使用的化学品的重量相关。比如，今年的平均市场价格大约是 200 英镑/千克。当然，根据订货量价格也会有所变动。

目前，我主要关心的是确保每个月利兰太的质量和数量，虽然生产部门从未让我失望过，但我担心除非我们迅速买到可靠的新机器，否则这样的事很快就会发生。德国的机器几周后就可正式投产，而且产品的质量会更好。而且，如果需求增加，我不是说需求一定增加，德国 AFU 机器可以提供额外的生产能力。我承认现在我们还没有扩大防腐剂市场份额的打算，我们应该优先考虑开发其他产品。当这一目标完成后，我们再回头来关注防腐剂问题。

2. 首席化学家

首席化学家是罗德兹的一个老朋友，每种新产品的研制大体上由他俩共同负责。目前，他的主要预算用于改进基本的利兰太，它主要用于酸性丰富的食品，譬如水果。

如果我们成功改进了利兰太，市场需求一夜之间就会翻番，我们就会需要额外的生产能力。我知道如果选用德国机器就要承担风险，但公司就是在把筹码押在了我们的研究成果之后才成长起来的，我们必须继续表现出信心。

3. 生产经理

利兰太部是一个独立的生产部门，实际上，它从实体上是分离的，位于离工厂其他部门几码远的一幢建筑内，主部有自己的原材料仓库和包装部门，只是产成品放在主楼的主仓库里。利兰太的生产需求目前稳定在每月 4150 千克。为机器配备的四名技工是罗彻姆公司仅有的技术人员，他们主要负责机器的日常维修和质量控制。

营销经理和首席化学家认为利兰太销售的大规模扩张没有什么不对，如果扩张没有发生，他们无需处理所有相关的问题。德国机器所需催化剂的成本几乎是切迈克斯公司机器的三倍。考虑一下，如果产量很低，这对预算的影响会有多大。根据我的了解，根本没有证据表明利兰太的需求会有大幅上升，不行，使用 AFU 机器的想法太冒险了。我认为大家并未全面了解使用 AFU 机器的后果，为了开动它，我们所需要的条件是原来的两倍。但真正使我担心的是工作人员的反应，作为非常合格的技术人员，他们视自己为企业的精英，如果我们使用 AFU 机器，所有他们感兴趣的工作，像检测和保养机器，会消失或大大下降，他们将不再是领取高薪的工人。

4. 会计师

公司最近的资本投资几乎全部来自于本身的留存收益，但今年将要申请短期贷款，这是几年来第一次。

我认为进行我们负担不起的投资是不明智的，它带来的额外生产能力目前并不需要。今年将是公司财务比较紧张的一年，为了改进其他产品和增加企业其他部门的投资，我们早已承诺增加大量的支出，罗德兹博士并不主张从企业外部过度融资。我同意对利兰太的需求可能会大幅增加的观点。但是，如果需求真的增加了，也不可能是今年，而且增加的幅度之大也不是 AFU 就能应付得了的，我们最好到那时再购买三台切迈克斯机器。

问题：（1）叙述本案中的决策问题。

（2）该公司是如何解决的？

（3）你如何应用学过的定量分析方法解决这些决策问题？

（案例来源：中国营销网）

项目实训

◇ 实训一：头脑风暴法

要求：针对提出的管理问题，学生应用所学知识，放开思路，大胆分析，提出自己的见解与解决方案。

◇ 实训二：角色扮演

要求：给出一定的案例或要解决的管理问题，由学生扮演其中的角色，设身处地地分析与解决所面临的问题。学生从所扮演角色的角度出发，运用所学知识，自主分析与决策，以提高学生实际决策的技能。

◇ 实训三："开店"销售计划书

要求：学生以小组为单位进行研究，为连锁企业开设新店撰写销售计划书。

项目十二　连锁药店财务管理

技能目标

具备运用财务理论对连锁药店进行财务分析和管理的能力

知识目标

1. 了解财务管理的定义
2. 熟悉连锁药店财务管理的内容
3. 掌握连锁药店筹资种类及资金成本的计算
4. 掌握连锁药店投资管理的原理和方法
5. 掌握连锁药店利润形成及财务分析指标体系

项目内容

1. 连锁药店财务管理认知
2. 连锁药店筹资管理
3. 连锁药店投资管理
4. 连锁药店财务分析

项目组织与实施环境

（一）项目组织

① 将全班分为若干组，指导老师确定所需实施项目内容。

② 小组成员可自行选择医药连锁企业，参观访问与查找资料，进行连锁医药企业财务管理分析。

（二）实施环境

① 连锁药店。

② 教室或实训室。

学习情境四　连锁药店管理

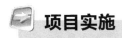
项目实施

　**老百姓大药房融资之路**

老百姓医药连锁有限公司创立于 2001 年，公司现拥有总资产近 10 亿元，由老百姓大药房连锁股份有限公司及其 15 家省级子公司组成，员工 18000 余人，2004 年～2007 年连续 4 年销售收入居全国医药零售行业第一。公司已成功开发包括湖南、陕西、北京、上海等地的 13 个省级市场。为了提高企业国际竞争力，公司积极引进国际战略投资。2008 年北欧最大实业控股公司瑞典银瑞达集团旗下子公司殷拓亚洲有限公司投资 8000 多万美元，入股湖南老百姓医药连锁有限公司，成立中外合资公司湖南老百姓医药连锁有限公司，共同打造百年健康事业。2014 年，中国证监会公布了 IPO 预披露名单，老百姓大药房连锁股份有限公司拟上交所上市，本次发行不超过 3200 万股，发行后总股本不超过 6700 万股，保荐机构为瑞银证券有限责任公司。

思考：
1. 老百姓医药连锁有限公司为何获得融资？
2. 你认为企业应如何进行财务运作？

这一案例表明：财务问题是企业的关键问题，良好的财务运作能促进企业迅速发展。本项目就连锁药店财务管理内容作详细阐述。

 任务一　连锁药店财务管理认知

一、连锁药店财务管理的含义

连锁药店财务管理是医药企业进行聚财、用财、生财等财务活动，处理企业财务关系的一项经济管理工作。医药连锁企业作为一个盈利性的经济组织，对资金筹集、运用、分配及财务分析等活动，对实现企业利润目标至关重要。

　　相关职位介绍——财务经理

你善于分析详尽的财务信息吗？如果善于的话，可以考虑将财务经理作为自己的职业目标。实际上，每个企业都有一位或多位财务经理，他们准备财务报告，审查现金流，监控信贷，评估交易见，筹集资金，分析投资，评估目前和未来的财务状况。在一些小企业，财务总监通常亲自处理所有的财务管理事宜。在大企业，这些经理们监管财务管理部门，并协助高层制订财务和经济决策。

二、连锁药店财务管理的目标

企业财务管理目标是企业经营活动所希望实现的结果，是评价企业管理活动是否合理的标准。企业财务管理目标具有代表性的模式如下。

1. 利润最大化

这种观点认为企业的目标是赢利，以利润最大化来分析和评价企业行为和业绩。这种观点的优点是企业必须讲求经济核算，加强管理，降低成本，提高经济效益。缺点是忽略利润发生的时间、货币的时间价值和风险价值，企业决策容易有短期行为的倾向。

2. 投资利润率最大化或每股收益最大化

投资利润率或每股收益是相对指标，将利润额与投入资本联系起来。与利润最大化模式相比可以弥补利润总额是绝对指标这一缺陷，但这一指标仍无法弥补忽略资金时间价值和投资风险价值的缺陷，也不能避免企业决策容易有短期行为的倾向。

3. 企业价值最大化

以企业价值最大化作为财务管理的目标与每股收益最大化目标相比，有如下优点。

① 考虑了资金的时间价值。

② 能有效克服企业财务人员不顾风险的大小，片面追求利润的错误倾向。

③ 有利于财务管理人员的决策更着眼于长远利益的最大化，进而克服企业的短期行为。

事实上，由于企业未来净现金流量的未知性及折现率影响因素的不确定性，企业未来净现金流量的现值难以准确计量。

上述三种财务目标各有优缺点。前两种财务目标尽管存在不足，但由于意义直观、方便计算、便于考核，因而被实务界青睐。第三种财务目标尽管理论上完美，但由于其计算过程中各种影响因素难以准确界定，目前理论界、实务界仍在研究和探索。

企业价值通俗地说就是企业的市场价值或者是企业经过市场衡量的内在价值。理解企业价值，需要注意以下三个方面。

(1) 企业价值并不是指企业账面资产的总价值。(2) 理论上讲，企业价值应为企业未来持续获得的预期报酬采用一定的折算率折算为现在的价值。(3) 对企业价值评估是一个综合了企业未来获利能力的时间价值和风险价值的分析判断过程。企业的价值与预期的报酬成正比，与预期的风险成反比。

三、连锁药店财务管理职能

1. 财务预测职能

财务预测职能是制订财务计划的重要依据，任何一个企业都必须对未来的发展作出种种设想或方案，这些方案、设想中的收入、成本、利润和资金需要量等数据都是财务预测提供的。

2. 财务决策职能

财务决策职能是指在预测的基础上，按企业财务目标的要求，采用一定的方法，从备选方案中选择最佳方案。如筹资方案、投资方案、股利分配方案等。

3. 财务预算职能

财务预算职能是根据财务预测和决策的结果，采用科学的预算方法，协调企业的财务资源而制订财务活动计划。预算体系主要由销售收入、现金、资本预算等构成。

4. 财务控制职能

控制职能影响着企业运营的各个方面，对财务工作尤为关键。如果企业想保持健康并不断成长以发挥全部潜力，就必须学会聪明地、及时地进行控制。要想获得真正的成功，处理者必须仔细研究各种财务控制方法提供的数据资料，并据此对企业的运营进行审查。财务控制过程中常用的重要工具包括预算、资产负债表、利润表、财务比率、审计等。

5. 财务分析职能

财务分析职能是运用各种技术和分析工具，分析企业财务报表中的有关资料。这种分析不仅可以评价企业过去的经营业绩，而且可以了解企业目前的财务状况，进而预测企业未来的发展趋势。通过财务分析，可以降低决策的盲目性。

四、连锁药店财务管理的内容

1. 筹资管理

筹资管理是企业理财管理者分析研究如何用较少的代价筹集足够的资金，以满足生产经营需要。应依据资金的需要量、使用期限，分析不同来源和不同筹集方式对企业未来可能产生的潜在影响，选择最经济的筹资渠道，决定企业筹资的最佳组合。

2. 投资管理

企业取得资金后，必须将资金投入使用，以谋求最大的经济效益。对于创造价值而言，投资管理是财务管理工作中最重要的一环。筹资的目的是投资，投资决定了筹资的规模和时间，决定了购置资产的类别，投资的效果又直接影响着利润的分配。正确的投资决策，对于提高企业经济效益，增强企业活力具有重要意义。

3. 收益分配管理

收益分配活动就是企业将取得利润和收益在各相关利益者之间分配的过程。在法律、法规的允许范围内，制订最优的利润分配政策，以利于企业的长远发展。

五、连锁药店预算管理

预算通常是一个年度的一份财务计划书，它是对一定时期内的收入和支出进行的估算。依据这些估算，企业能确定财务目标。企业通过全年的实际结果与预算所确定的目标进行对比来控制企业的经营活动及保持支出与收入的平衡。

（一）企业预算分类

常见的有业务预算、资本支出预算和财务预算。

1. 业务预算

业务预算指的是与企业生产经营活动相关的预算，主要包括销售预算、商品进货预算、广告预算、生产预算、材料预算、人工预算、费用预算等。

其中，销售预算是企业对月份、季度或年度预期销售收入进行的预算，是整个预算编制工作的起点和主要依据。企业应根据当年的经营目标，通过市场预测，结合各种产品的历史销量、销售价格等数据，确定预测年度的销售数量、单价和销售收入。在编制销售预算时，应当考虑的因素有：以往销售额、经济趋势、竞争变化、天气、人口迁移、销售队伍、商品供应情况、购买习惯、季节性等。销售预算通常要分品种、分月份、分销售区域、分业务员来编制，现以季度销售预算为例。

例 12-1：某连锁药店季度销售预算如表 12-1 所示。

表 12-1　某连锁药店季度销售预算

季度	一	二	三	四	全年
预计销售量/件	100	150	200	180	630
预计销售单价/(件/元)	300	300	300	300	300
预计收入/元	30000	45000	60000	54000	189000

商品进货预算是对某一时期企业向顾客出售商品数量的预测。企业运用这一预算可对现有商品的供应进行计划和控制。企业必须随时确定现有的存货品种及存货水平,从而估算出对现金需求。广告预算是依据销售额对企业用于广告宣传的现金支出量制订的一项计划。由于销售额不会随广告宣传费用成比例地增长,其应保持在合理范围内。

2. 资本支出预算

资本支出预算是企业长期投资项目(如固定资产购建、扩建)的预算。由于购置固定资产需长期占用大量的资金,所以编制资本预算尤为重要。

3. 财务预算

财务预算是指有关现金收支、经营成果、财务状况的预算,包括现金预算、预计利润表、预计资产负债表。

现金预算是对企业一定时期流入和流出的现金流量进行的估算,是财务预算的核心,其包括现金的收入、支出、盈赤、筹措与利用等。企业对现金进行预算,以便确认企业在需要时是否有足够的现金来支付到期的款项。现金预算的编制以各项业务预算、资本支出预算的数据为基础。损益表预算是对月份、季度或年度的未来一段时期的预期销售收入、成本、费用和利润编制的计划。

(二)预算编制的基本程序

预算编制前一般由企业最高决策层提出预算编制方针,在编制方针与目标利润的指引下,预算编制人员按一定程序进行。其基本步骤如下。

1. 提出各项预算的具体目标

由企业预算管理委员会依据编制方针及企业的有关预测、决策分析,确定目标利润,提出预期内各部门的具体目标。

2. 编制部门子预算

(1)销售管理人员编制销售预算。一般情况下,对销售情况进行的预算是整个预算工作中必须首先完成的任务。

(2)财务管理人员编制固定资产费用预算。

(3)各部门管理人员编制部门预算。

3. 审核各个预算草案并编制、调整综合预算

(1)各部门基层管理人员将详细的预算草案提交部门负责人,由各部门负责人对基层上报的预算草案进行审查、修订,汇总上报。

(2)预算管理委员会对提交的各个子预算的数据认真审核后,由相关负责人将这些数据汇总编制现金预算、损益预算和资产负债预算。

4. 对预算执行情况进行监督调整

管理人员定期对预算执行情况监督控制,以保证顺利实现各种预算所要达到的目标。一般而言,差异超过10%为"重大差异",必须及时纠正和制止,必要时作出预算调整。

(三)预算编制的基本方法

1. 固定预算

又称静态预算,是按固定业务量编制的预算,一般按预算期的可实现水平编制,是一种

较为传统的编制方法。如销售预算、生产预算等，都是按预计的某一业务量编制的。

2. 弹性预算

指在不能准确预测预期业务量的情况下，依据成本形态及业务量、成本和利润之间的依存关系，按预期内可能发生的业务量编制的一系列预算。主要有成本预算与利润预算。编制弹性预算的基本程序为：①选择业务量的计量单位；②确定业务量的范围；③逐项研究其数量关系；④计算各项预算成本，采用一定方式标示出来。

3. 滚动预算

又称永续预算，是指在编制预算时，将预算期与会计年度脱离，随着预算的不断执行逐期向后滚动，使预算期始终保持 12 个月的一种方法。滚动预算具有透明度高、灵活性强、连续性突出的特点。

4. 零基预算

又称优先级预算，是指在编制成本费用预算时，不考虑以往会计期间所发生的费用项目或费用数额，以所有的预算支出均为零为出发点，规划预算期内各项费用的内容及开支标准的一种方法。

（四）预算编制的监督与控制

1. 需要高层管理部门的支持

要使预算的编制和管理最有效果，就必须得到高层管理部门全力支持，预算工作才能得以顺利进行。

2. 需要管理人员对预算编制工作的积极参与

一项预算的有效实施，与相关人员对预算本身的理解与支持是密不可分的。因此，应确保那些执行预算的管理人员参与预算自身的编制工作，甚至给予一定的授权。

3. 需要制定科学、合理的计量标准

预算编制发挥作用的关键之一，就是提出和制定各种科学、合理、实用的计量标准，并能够按这种标准把各项计划和工作转换为对人工、经营费用、资本支出、其他资源的需要量。

4. 需要下级部门提供真实的销售、财务等信息

预算控制有效发挥作用，需要下级部门提供按照预算所完成的实际业绩和预算业绩的信息，以便针对不同情况采取措施，确保预算的完成。

任务二　连锁药店筹资管理

连锁药店运营，是以筹集资金为前提的，企业应当组织好资金的筹集活动，以最小代价筹足企业所需要的资金，并保持合理的资金结构。对于一家连锁企业而言，筹资是必要的财务活动，企业资金是其连锁持续扩张的前提条件；对于连锁分店而言，筹资则较少，通过销售实现资金的回笼更为关键。

一、连锁药店筹资概述

（一）连锁药店筹资的含义

筹集资金是指连锁药店向外部有关单位或个人以及从企业内部筹措和集中生产经营所需资金的财务活动。筹集资金是资金运动的起点，医药企业无论是进行日常的生产经营活动还是进行扩张，必须以筹集到一定的资金为基础。

（二）连锁药店筹资的分类

（1）按使用时间长短，分为长期资金筹集和短期资金筹集。

长期资金筹集是指使用期限在一年以上的资金筹集。长期资金筹集的方式有：吸收直接投资、发行股票、经营积累、发行长期债券、长期借款和融资租赁等。

短期资金筹集是指使用期限在一年以内的资金筹集。短期资金筹集的方式有：短期借款、发行短期债券和商业信用等。

（2）按筹资产权关系不同，可分为股权性筹资和债权性筹资。

股权性筹资是指出资者成为企业所有者的投资形式，如以吸收直接投资、发行股票等方式筹集资金。采用这种方式筹集资金一般不用还本，财务风险小，但付出的资金成本相对较高。

债权性筹资是指投资者成为企业债权人的筹资形式，如以长短期借款、发行债券等方式筹集资金。采用这种方式筹集资金到期要归还本金和支付利息，一般承担较大风险，但相对而言，付出的资金成本较低。

（三）连锁药店筹资渠道

筹集资金渠道是指连锁药店取得资金的来源。目前我国连锁药店筹资渠道主要包括：银行信贷资金、其他金融机构资金、其他企业资金、居民个人资金、国家资金、企业自留资金等。

二、连锁药店筹资方式

（一）吸收直接投资

直接投资是指将现金，实物财产和无形资产直接投入企业的一种股权性投资。它是长期资金筹集的重要方式。吸收直接投资，应由接受投资企业向投资者出具出资证明，如股权证书，以确认其股权。企业可以通过联营、引进外资等渠道吸收直接投资，以扩大资金来源。

吸收直接投资筹资的优点：有利于增强企业信誉；有利于尽快形成生产能力；有利于降低财务风险。缺点：资金成本高；容易分散企业控制权。

（二）发行股票

股票是股份公司为筹集自有资产金而发行的有价证券，是持股人拥有公司股份的入股凭证。股票代表股份公司的所有权，股票持有者为企业的股东。发行股票是现代企业筹集长期资金的最主要方式，具体包括发行普通股和发行优先股两种方式，在我国，发行优先股的较少。

发行普通股筹资的优点：没有固定利息负担；没有固定到期日，不用偿还；筹资风险小；能增加企业信誉；筹资限制较少。缺点：资金成本高；容易分散控制权。

（三）经营积累

经营积累为企业在经营过程中形成的资本公积金、盈余公积金和未分配利润等，属于所有者权益。

资本公积金是一种资本储备形式，按照法定程序可以转化为资本金。资本公积金的内容包括：股本溢价、资本溢价、法定资产重估增值、资本汇率折算差额和接受捐赠财产等。盈余公积金是企业按照规定从税后利润中提取的积累资金。这部分积累资金主要用于按照法定程序补充资本、弥补企业以前年度亏损和股份有限公司按规定分配股利。未分配利润在以后还需要在国家、投资者、企业之间进行分配，但是，在分配前是企业一项重要的资金来源。

经营积累筹资的优点：资金成本较普通股低；保持普通股股东的控制权；增强企业的信

誉。缺点：筹资数额有限制；资金使用受限制。

（四）发行债券

债券是标明持券人与发行债券的企业之间债务关系的证券。发行债券属于债权性筹资，同时又是吸收间接投资的一种重要方式，属于企业债券。由于发行债券的时间长短不同，债券可分为发行期超过一年的长期债券和发行期在一年内的短期债券。

发行债券筹资的优点：资金成本较低；保证控制权；可以发挥财务杠杆作用。缺点：筹资风险高；限制条件多；筹资额有限。

（五）长短期借款

长短期借款是企业从银行或其他金融机构等方面取得的各种借款。它体现了筹资企业与银行或其他金融机构之间的债务债权关系。因此，长短期借款属于债权性筹资。目前，我国医药企业长期借款的主要种类有：流动资金借款、固定资产投资借款、技术改造借款和科研开发借款等（借款期一般为1~5年不等）。短期借款的主要种类有：周转借款、临时借款、票据贴现借款和卖方信贷等（借款期一般为1年以内不等）。

长短期借款筹资的优点：筹资速度快；借款弹性较大；借款成本较低；可以发挥财务杠杆作用。缺点：筹资风险较高；限制性条款较多；筹资数量有限。

（六）融资租赁

融资租赁是出租者按合同规定将固定资产（主要指设备）租给承租者使用，并向承租者收取一定租金，于租赁期满付清租金后，将固定资产的所有权转给承租方的交易行为。融资租赁实质上相当于企业从租赁公司分期付款购买固定资产。因此，融资租赁是一种债权性的长期筹资方式。

融资租赁筹资的优点：筹资速度快；限制条款少；设备淘汰风险小；财务风险小；税收负担轻。最主要缺点就是资金成本较高。

（七）商业信用

商业信用是商品交易中以延期付款或预收货款方式进行购销活动而形成的企业之间的直接信用关系。它是一种债权性的短期筹资方式。商业信用的方式主要有：应付账款、应付票据和预收货款等。

商业信用筹资的优点：筹资便利；筹资成本低。缺点：期限较短；如果放弃现金折扣，则要付出较高的资金成本。

三、资金成本

资金成本是指为筹集和使用资金而付出的代价。它包括筹措成本和资金使用成本两部分。在财务管理上通常用相对数来表示资金成本，即资金成本率，是企业筹集资金费用与实际使用资金（筹资总额扣除筹资费用后的余额）的比率。

正确测算资金成本不仅是决策的重要依据，更重要的是可以通过预期的投资利润率与资金成本率的比较，评估一个投资项目的可行性和一个企业的经营结果。

（一）发行股票筹集资金成本计算

企业发行股票筹措资金，资金使用成本是指企业实际支付给股东的股利和其他收益，这些支出在税后利润中列支。普通股的成本率按下列公式计算。

$$普通股成本率 = \frac{普通股年股息支出}{普通股发行总额 \times (1 - 筹资费率)} \times 100\% + 预计每年增长率$$

例12-2：民康医药公司普通股每股发行价为100元，筹资费率为5%，第一年末发放股

利12元,以后每年增长4%,则

$$普通股成本率 = \frac{12}{100 \times (1-5\%)} \times 100\% + 4\% \approx 16.63\%$$

优先股成本率与普通股成本率的计算公式基本相同,其区别仅在于,普通股的股利是随企业经营利润上下波动的,因此,只是一个估计数;而优先股则有固定股息。

(二)发行债券筹集资金成本计算

企业发行债券筹措资金,资金使用成本是指企业实际支付给债权人的利息,这部分利息可计入成本,在缴纳所得税前列支。其计算公式为:

$$债券成本 = \frac{长期债券利息支出 \times (1-所得税率)}{长期债务总额 \times (1-筹资费率)} \times 100\%$$

例12-3:医药企业发行一笔期限为10年的债券,债券面值为1000万元,票面利率为12%,每年付一次利息,发行费率为3%,所得税税率为40%,债券面值等价发行,则该笔债券的成本为:

$$债券成本 = \frac{1000 \times 12\% \times (1-40\%)}{1000 \times (1-3\%)} \times 100\% \approx 7.42\%$$

(三)多渠道筹资综合资金成本计算

如果企业在一定时期内采用多种方式筹措资金,在测算出各项资金成本后,就可以采用加权计算法,求出综合资金成本。其计算公式为:

加权平均的资金成本=Σ某种资金来源占全部资金的比重×该资金来源的资金成本率

例12-4:医药企业共有资金100万元,其中债券30万元,优先股10万元,普通股40万元,留存收益20万元,债券成本为6%,优先股成本为12%,普通股成本为15.5%,留存收益成本为15%,则该医药企业加权平均的资金成本为:

加权平均资金成本=30/100×6%+10/100×12%+40/100×15.5%+20/100×15%=12.2%

任务三　连锁药店投资管理

一、连锁药店投资概述

(一)投资的概念

投资是指企业投入资金到某项目,期望在未来获取收益的一种行为。医药企业能否把筹集到的资金投放到收益高、回收快、风险小的项目上去,对医药企业的生存和发展是十分重要的。

(二)投资的分类

1. 按投资与生产经营的关系分类

按投资与生产经营的关系,可以分为直接投资与间接投资。

直接投资是指企业将资金直接投放于能够形成生产经营能力的实体性资产以获取利润的投资活动。主要包括企业创建的初始性投资、企业维持经营的重置性投资、企业扩大经营规模的扩充性投资等形式。如开设新分店，可以说是一种直接投资。间接投资又称证券投资，是企业把资金投放于金融资产，主要是有价证券，以期获得股利、利息或资本利得的投资活动。

2. 按投资的方向分类

按投资的方向，投资可分为对内投资和对外投资。

对内投资又称内部投资，是指把资金投在企业内部，购置各种生产经营用资产的投资。对外投资是指企业以现金、实物、无形资产等方式或者以购买股票、债券等有价证券方式向其他单位的投资。

3. 按投资回收期的长短分类

按投资回收期的长短，可以分为短期投资和长期投资。

短期投资又称流动资产投资，是指能够且准备一年以内收回的投资，主要是对现金、存货、应收账款、短期有价证券的投资。

长期投资是指投资回收期在一年以上的企业投资，主要包括企业对厂房、机器设备等固定资产、无形资产和长期有价证券的投资。

案例 12-1

某连锁药店上年现金需要量为 400000 元，预计今年需要量增加 50%，假定年内收支状况稳定。每次买卖有价证券发生的固定费用为 120 元，证券市场平均利率为 10%。请分析确定企业的最佳现金持有量、现金管理总成本及年内有价证券变卖次数。

提示：企业现金管理的目标就是在现金的流动性和收益性之间做出合理的选择，即在保证企业正常经营及偿还债务和缴纳税款需要的同时，降低现金的占有量，并从暂时闲置的现金中获得最大的投资收益。因此，企业一般将现金与短期有价证券结合管理，现金多余时，购买短期有价证券；现金不足时，则出售短期有价证券换回现金。确定最佳现金余额的具体方法有存货模型和成本分析模型等。

二、短期投资管理

（一）短期投资的含义

财务管理中的短期投资是指流动资产投资，主要包括现金、短期有价证券、应收账款和存货等。流动资产是企业进行生产经营活动的必备条件，其数额大小及构成情况，在一定程度上制约着企业的财务状况，反映了企业的支付能力与短期偿债能力。因此，合理设计和控制流动资产投资规模，力求流动资产在总体上和各个项目上都有适当的水平，成为短期投资管理的重要内容。

（二）短期投资管理的内容

1. 现金管理

现金也称货币资金，是指企业在生产经营活动中停留在货币形态的资金。

现金作为一种非盈利性资产，持有过多会使企业盈利水平下降，而现金余额太少，又可能出现支付不足，影响生产经营。因此，现金管理的目标就是在现金资产的盈利性与流动性之间进行平衡，也就是采用一定的方法找出一个最佳现金余额，这一现金余额得既能满足流动性要求，又能满足盈利性期望。最佳现金余额的确定较常见的方法有存货模型和成本分析模型。

(1) 存货模型　在预算期现金需要总量一定的条件下,影响最佳现金持有量的因素主要是现金的持有成本(即有价证券的利率)以及有价证券与现金之间的转换成本。

① 持有成本　持有成本是指持有现金所放弃的报酬,也就是持有现金的机会成本,它与现金持有量成正比例变化。

② 转换成本　转换成本是指企业出售或购入有价证券时支付的固定性交易费用,如经纪人费用、捐税及其他管理成本,这种成本与交易的次数成正比,与持有现金的金额无关。

在现金需求总量一定的前提下,现金持有量越多,持有成本就越大,但由于证券转换次数减少,转换成本就越少。反之,减少现金持有量,尽管可以降低现金的持有成本,但转换成本却会随着证券转换次数的增加而相应增加。转换成本和持有成本与现金持有量之间的反方向变动趋势,要求企业必须对现金与有价证券的分割比例进行合理安排,从而使持有成本与转换成本保持最低的组合水平。因此,所谓最佳现金持有量就是使企业持有现金的总成本,即持有成本和转换成本之和最低的现金持有量。其计算公式如下。

$$Q = \sqrt{2A \cdot F/R}$$

证券转换次数 C:

$$C = A/Q$$

最低现金管理总成本 TC:

$$TC = \sqrt{2AFR}$$

式中,TC 表示现金管理的总成本;F 表示现金与有价证券转换的固定成本;A 表示预算期现金需要总量;Q 表示最佳现金持有量;R 表示短期有价证券利率或报酬率;C 表示证券转换次数。

例 12-5:某医药企业预计全年需要现金 60000,现金与有价证券的转换成本每次 100 元,有价证券的利息率为 12%,请确定最佳现金余额、证券转换次数和最低现金管理总成本。

最佳现金余额:

$$Q = \sqrt{\frac{2 \times 60000 \times 100}{12\%}} = 10000 \text{ 元}$$

转换次数:

$$C = \frac{60000}{10000} = 6 \text{ 次}$$

最低现金管理总成本:

$$TC = \sqrt{2AFR} = \sqrt{2 \times 60000 \times 100 \times 12\%} = 1200 \text{ 元}$$

(2) 成本分析模型　成本分析模型是通过对企业持有现金的有关成本进行分析,从而预测其相关总成本最低时的现金持有量,即最佳现金持有量的一种方法。其计算公式如下。

$$\text{持有现金的总成本} = \text{机会成本} + \text{短缺成本} + \text{管理成本}$$

机会成本是因持有现金而丧失的再投资收益,通常以债权人或投资者所要求的投资报酬率表示。企业持有现金越多,机会成本越大。短缺成本是企业因现金短缺而遭受的损失。短缺成本与现金持有量负相关,现金持有量越大,短缺成本越小;反之,现金持有量越小,短缺成本越大。管理成本具有固定成本的性质,与现金持有量不存在明显的线性关系。

例 12-6:某企业现有四种现金持有方案,有关资料如表 12-2 所示。

表 12-2　现金持有量备选方案资料

项　目	甲	乙	丙	丁
现金持有量/元	10000	20000	30000	40000
投资报酬率/%	15	15	15	15
短缺成本/元	4800	2500	800	0
管理成本/元	1500	1500	1500	1500

根据表 12-2 编制该企业最佳现金持有量测算表，见表 12-3。

表 12-3　最佳现金持有量测算表　　　　　　　　　　单位：元

方案及现金持有量	机会成本	短缺成本	管理成本	总成本
甲(10000)	1500	4800	1500	7800
乙(20000)	3000	2500	1500	7000
丙(30000)	4500	800	1500	6800
丁(40000)	6000	0	1500	7500

从表 12-3 可以看出，丙方案即企业现金持有量是 30000 元时，总成本最低。所以，30000 元是企业最佳现金持有量。

2．短期有价证券管理

短期投资的有价证券，通常又被称为现金等价物，它具有与现金相差无几的支付能力，即企业需要现金时，它可以迅速转换为已知金额的现金。可供投资的短期有价证券主要有：国库券、短期融资券、可转让存单、银行承兑汇票、公司股票和债券。进行短期有价证券投资主要是为了增加收入，减少风险，及时获得所需资金，并满足季节性经营中对现金的需求，有利于财务目标的实现。

3．应收账款管理

应收账款是指公司对外销售产品、提供劳务等形成的，尚未收回的被购货单位或接受单位所占的本公司的资金。随着商业信用的盛行，公司应收账款在流动资产中所占比例将越来越大。而应收账款往往具有增加销售、扩大市场份额、减少积压的作用，所以公司理财对于应收账款管理应予以十分重视。

对于已经发生的应收账款，企业还应进一步强化日常管理工作，采取有力措施进行分析控制，及时发现问题，提前采取对策。这些措施主要包括应收账款账龄分析和应收账款收现率分析等。

（1）应收账款账龄分析　应收账款账龄分析也就是对应收账款账龄结构的分析。所谓应收账款账龄结构是指各账龄应收账款的余额占应收账款总额的比重。应收账款账龄分析的基本格式如表 12-4 所示。

表 12-4　应收账款账龄分析表

客户名称	赊销余额	账　　龄				
		使用期内	超期一个月	超期两个月	……	超期六个月	超期六个月以上
合计							
百分比/%							

通过账龄分析表，能汇总反映各客户信用期限、信用额度和实际还款情况。一般而言，账款逾期时间越短，收回的可能性越大，发生坏账的可能性相对越小；反之，收款难度及发生坏账损失的可能性越大。因此，企业通过日常应收账款账龄的动态分析，可以作为企业制订与修正信用政策和催收账款的依据，提高应收账款的管理水平。

（2）应收账款收现率分析　为适应企业现金收支匹配的需要，企业通常需计算应收账款收现保证率，它是必须收现的应收账款占全部应收账款的比率，是两者应当保持的最低比例。其计算公式为：

$$应收账款收现保证率=\frac{当期必要现金支付总额-当期其他稳定可靠的现金流入总额}{当期应收账款总额}$$

式中，其他稳定可靠的现金流入总额，是指从应收账款收现以外的途径可以取得的各种稳定可靠的现金流入数额，包括短期有价证券变现净额、可随时取得的银行贷款额等。

例12-7：某医药企业预期必须以现金支付的款项有：支付工人的工资50万元，应纳税款35万元，支付应付账款60万元，其他现金支出3万元。预计该期稳定的现金收回数是70万元。记载在该期"应收账款"明细期末账户上，客户有A（欠款80万元）、B（欠款100万元）和C（欠款20万元），应收账款收现保证率是多少？

$$应收账款收现保证率=\frac{50+35+60+3-70}{80+100+20}\times100\%=39\%$$

计算结果表明，该企业当期必须收回应收账款的39%，才能最低限度地保证必要的现金支出，否则企业便有可能出现支付危机。为此，企业应定期计算应收账款的实际收现率，看其是否达到了既定的控制标准，如发现实际收现率低于应收账款收现保证率，应查明原因，采取相应的措施，确保企业有足够的现金满足同期必需的现金支付要求。

案例 12-2

某医药公司预计全年销售甲产品250000千克，单价为10元，目前企业每次的订货成本为400元，若单位存货的年储存成本为0.1元，存货管理相关最低总成本为400元，试决策：该公司每次的订货量为多少？一年应订货几次？

提示：企业为保持生产的连续进行和保证销售的需要，一般会储存一部分原材料，但储存原材料会占用企业的资金，因此，存货决策的核心就是在保证生产和销售需要的前提下，使材料的储存占用尽量少的资金，这就是接下来要讲的"存货的经济订货量问题"。

4．存货管理

存货是指公司在生产经营过程中为销售或耗用而储备的物资。包括原材料、燃料、包装物、低值易耗品、在产品、半成品、产成品和外购商品等。存货管理必须做到存货数量合理，存货时间合理，存货结构合理和存货空间合理。其管理的主要目标是确定和保持合理的存货规模，并要求做到既能保证物资的正常供应，又要最大限度地降低存货成本。而实现该目标所采用的存货的控制方法主要有：经济进货批量法、ABC分类法、库存定额控制法、保本（利）储存期控制法等。

（1）基本经济批量模型　所谓基本经济批量模型是指在一定时期内能够使存货总成本最低的每一次订货的数量。

$$存货总成本=订货成本+储存成本+缺货成本$$

以此为依据，建立经济批量的基本模型。

建立经济批量基本模型的前提条件：

① 企业全年存货的需要量已知；

② 存货的耗用（或销售）均衡发生；
③ 存货的价格稳定且不存在价格折扣；
④ 不存在市场短缺，且存货能够即时补充；
⑤ 不允许出现缺货。

由于不允许出现缺货，所以不存在缺货成本，因此基本经济批量相关的存货成本只有订货成本和储存成本，并且两者与订货批量呈现方向相反的变动关系，即：订货批量大，储存成本就高，但全年订货的次数就少，订货成本就低；反之，订货批量少，储存成本低，但全年订货次数就多，订货成本高。

经济订货批量就是找出使储存成本与订货成本之和最低的每次订货数量。其计算公式如下。

$$Q = \sqrt{\frac{2AB}{C}}$$

式中，Q 表示经济订货批量；A 表示某种存货全年需要量；B 表示平均每次订货成本；C 表示存货年度单位储存成本。

经济订货批量下的存货总成本（TC）的计算公式为：

$$TC = \sqrt{2ABC}$$

式中，TC 表示存货总成本。

全年最佳订货批次的计算公式为：

$$N = \frac{A}{Q} = \sqrt{AC/2B}$$

式中，N 表示全年最佳订货批次。

经济订货批量平均占用资金的计算公式为：

$$W = \frac{QP}{2}$$

式中，W 表示经济订货批量平均占用资金。

例 12-8：某医药企业全年销售乙产品 1200 千克，每一次的订货成本为 400 元，单位储存成本为 6 元/千克，材料单价为 20 元/千克。则根据经济批量的基本模型：

经济订货批量：

$$Q = \sqrt{2AB/C} = \sqrt{2 \times 1200 \times 400/6} = 400 \text{ 千克}$$

经济订货批量下的存货总成本：

$$TC = \sqrt{2ABC} = \sqrt{2 \times 1200 \times 400 \times 6} = 2400 \text{ 元}$$

全年最佳订货批次：

$$N = \frac{A}{Q} = \frac{1200}{400} = 3 \text{ 次}$$

经济订货批量平均占用资金：

$$W = \frac{400 \times 20}{2} = 4000 \text{ 元}$$

（2）存在价格折扣的经济批量模型　在基本经济批量分析中，是以假定不存在折扣为前提的，而在现实中，许多企业为扩大销售，对大批量采购在价格上都会给予一定的优惠。在这种情况下，采购成本也成为决策的相关成本，即：

总成本＝储存成本＋订货成本＋采购成本

在存在现金折扣的情况下，计算经济订货批量的基本步骤是：先假设不存在价格折扣，计算基本经济批量，然后加进不同批量的采购成本，通过比较，确定出总成本最低的订货批量,即有现金折扣时的经济订货批量。

例12-9:承前例资料,若每次订货达到600千克及以上可获得3%的价格折扣,问该企业应以多大批量订货。

按经济批量采购,不享受价格折扣,则:

总成本=储存成本+订货成本+采购成本
　　　=400/2×6+1200/400×400+1200×20
　　　=26400元

不按经济批量,享受价格折扣:

总成本=储存成本+订货成本+采购成本
　　　=600/2×6+1200/600×400+1200×20×(1-3%)
　　　=1800+800+23280
　　　=25880元

通过比较可知,订货量为600千克时总成本最低,所以,有现金折扣的经济批量为600千克。

(3) ABC分类管理法 所谓ABC分类管理法,就是按照一定的标准,将企业的存货划分为A、B、C三类,分别实行按品种重点管理、分类别一般控制和按总额灵活掌握的存货管理方法。

① 存货分类标准 分类标准有两个:一个是金额标准;另一个是品种数量标准,其中主要的是金额标准。一般是将品种数量较少,但单位价值较高,其存货占用资金总额比重较大的存货称为A类存货;品种数量相对较多,单位价值一般,其存货占用资金总额的比重较小的存货称为B类存货;而C类存货就是那些品种数量繁多,单位价值很低,全部存货占用资金的比重也极小的存货。一般而言,三类存货的金额比重大致为A∶B∶C=0.7∶0.2∶0.1,而品种数量比例大致为A∶B∶C=0.1∶0.2∶0.7。

A类存货虽然品种数量较少,但占用了大部分存货资金,因此应主要控制好A类存货,并且,由于A类存货的品种数量少,企业完全有能力按每一品种实行重点管理。B类存货价值相对较低,占用存货资金比重相对较小,企业只需对其分类进行一般控制。C类存货虽然品种数量繁多,但其价值低,所占存货资金的比重较小,所以企业只需把握一个总金额即可。

② 存货划分的具体步骤。企业可按以下步骤划分A、B、C三类存货。

a. 列示企业全部存货的明细表,计算出每种存货的价值总额及其占全部存货资金的百分比。

b. 按金额标志由大到小进行排序并累加金额百分比。

c. 根据金额百分比划分出A、B、C三类存货。

当金额百分比累加到70%左右时,以上存货视为A类存货;百分比介于70%~90%的存货作为B类存货,其余为C类存货。

例12-10:某企业共有20种材料,共占用资金200000元,按占用资金的顺序排列后,根据上述原划分为A、B、C三类,见表12-5。

表12-5 存货资金占用情况表　　　　　　　　　　　　　　　　　　单位:元

材料品种 (编号)	占用资金数额	类别	各类存货所占的		各类存货占用资金的	
			数量/种	比重/%	金额/元	比重/%
1	80000	A	2	10	140000	70
2	60000					

续表

材料品种（编号）	占用资金数额	类别	各类存货所占的		各类存货占用资金的	
			数量/种	比重/%	金额/元	比重/%
3	15000	B	4	20	40000	20
4	12000					
5	8000					
6	5000					
7	3000	C	14	70	20000	10
8	2500					
9	2200					
10	2100					
11	2000					
12	1800					
13	1350					
14	1300					
15	1050					
16	700					
17	600					
18	550					
19	450					
20	400					
合计	200000		20	100	200000	100

（4）库存定额控制法

库存定额控制是对库存占用资金的控制，为使库存趋于合理，满足正常库存周转。库存定额可按数量定额、资金定额、天数定额进行控制。

① 天数定额　在规定的时期内应储存可供多少天销售的药品，一般要确定最低储存天数和最高储存天数，求出平均储存天数。

　　　最低储存天数＝进货在途天数＋销售准备天数＋商品陈列天数＋保险天数
　　　　最高储存天数＝最低储存天数＋进货间隔天数
　　　　平均储存天数＝（最低储存天数＋最高储存天数）/2

② 库存数量（金额）定额

　　　　数量（金额）定额＝天数定额×平均每日销售量（金额）

在可能条件下，尽量缩短进货周期，降低平均库存量，减少库存费用，在确定进货周期时，要考虑进货批量。最低库存量是防止商品脱销的警戒线；最高库存量是防止商品积压的警戒线。

（5）保本（利）储存期控制法

购销价格基本稳定的条件下，商品储存期的长短对企业盈利有着决定性作用，因为储存期的储存费用、损耗、利息等，随着时间增加而增加。

保本储存期，是指商品储存多长时间出售，能保本。其公式为：

　　　保本储存期＝（毛利额－销售费用－销售税金）/（天储存费用＋天利息）

保利储存期，是指要获取计划利润时，商品最高可储存的天数。其公式为：

保利储存期＝(毛利额－销售费用－销售税金－计划利润)/(天储存费用＋天利息)

其中，

$$天利息＝商品进价×年利率/360$$

$$毛利额＝销售收入－销售进价$$

三、长期投资管理

长期投资是指一般不准备随时变现，时间超过1年以上的投资。分为内部长期投资和对外长期投资。

1. 内部长期投资管理

是指对公司内部各种长期经营性资产的投资活动，包括固定资产投资、无形资产投资和其他资产投资。

固定资产管理要准确核定固定资产需要量，加强对固定资产的折旧管理以及做好固定资产的日常管理工作。由于固定资产投资涉及价值高、时间长、风险大，当然预期的投资报酬也可能大，在进行固定资产投资决策时，要考虑风险因素。无形资产是指那些不具有实物形态，但能长期使用并为公司提供收益的资产。它往往具有无实体性、专有性和不确定性的特点。其他资产主要包括银行冻结存款、特准物资等。

一般一家药店固定资产投资有：①装潢设计投入；②冷气设备；③水电工程；④货架，包括单面架、双面架、棚板、前护网、侧护、背网、挂钩等，分135厘米和180厘米两种；⑤招牌设计投入；⑥收银机；⑦防鼠防虫设备等。

一家连锁企业的固定资产投资则包括连锁总部、连锁分店、配送中心等方面设备设施的投资。

2. 对外长期投资管理

公司对外长期投资是指公司为了获取未来收益或者满足某些特定用途以其货币资金、实物资产或无形资产投资于其他公司或者购买某些其他公司股票和债券等有价证券的经营活动。公司对外长期投资实质上是公司资产的流动和重新组合的过程。因此，公司投资时必须掌握一定的原则，即收益性原则、安全性原则、合法性原则和合理性原则，在收益与风险面前，选择正确的投资机会和投资对象，力争取得较好的投资收益。如一家连锁企业为了跨区域的扩张对其他区域医药公司的收购，则为对外长期投资，其决策属于一种战略性决策。

任务四 连锁药店利润形成与财务分析

案例 12-3

企业所得税税率为25%，盈余公积金计提比例为10%，表12-6是企业10年期间每年的获利情况。

表 12-6 企业 10 年期间每年的获利情况   单位：万元

年度	1	2	3	4	5	6	7	8	9	10
获利	－50	－10	20	10	－20	10	－10	30	－40	100

试计算企业10年间共缴纳的所得税以及第10年计提的盈余公积金。

一、利润的形成

药店的利润可分为毛利、营业利润、利润总额及净利。

毛利＝本月药品销售收入－本月销售药品进价

营业利润＝本月营业销售收入(包括药品销售收入和其他业务收入)－本月营业成本(包括药品销售成本和其他业务成本)－营业费用－营业税金及附加－财务费用－管理费用

利润总额＝营业利润＋营业外收入－营业外支出

净利＝利润总额－所得税费用

企业的利润数据在利润表表示出来。具体如表12-7所示。

表12-7 利润表

编制单位：民康公司　　　　　　　　　　2013年度　　　　　　　　　　　　单位：元

项　　目	上期金额	本期金额
一、营业收入	18800	21200
减：营业成本	10900	12400
营业税金及附加	1080	1200
销售费用	1620	1900
管理费用	800	1000
财务费用	200	300
加：投资收益(损失以"－"填列)	300	300
二、营业利润(亏损以"－"填列)	4500	4700
加：营业外收入	100	150
减：营业外支出	600	650
三、利润总额(亏损总额以"－"号填列)	4000	4200
减：所得税费用(假设税率为25％)	1000	1050
四、净利润(净亏损以"－"号填列)	3000	3150

在实际经营中，连锁药店利润的来源：一方面是从最终消费者身上赚取购销差价，通常被称为前台利润；另一方面，则是向供应商收取名目繁多的通道费(或称供应商返利)，比如进店费、陈列费、堆头费、促销费、广告费、店(司)庆费、年节费、服务费等收入，即为后台利润。这后台利润有逐年上升的趋势。

对于各连锁分店而言，营业利润中的财务费用和管理费用具有一定的不可控性，在分店的营业利润中可扣除。利润表对连锁分店的影响较大。与利润表相对应的资产负债表(具体见表12-8)对连锁分店影响较小，对连锁集团影响较大。

表12-8 资产负债表(简表)

编制单位：民康公司　　　　　　　　　2013年12月　　　　　　　　　　　单位：元

资　　产	年初数	年末数	负债及所有者权益	年初数	年末数
流动资产：			流动负债：		
货币资金	800	900	短期借款	2000	2300
交易性金融资产	1000	500	应付账款	1000	1200
应收账款	1200	1300	预收账款	300	400
预付账款	40	70	其他应付款	100	100
存货	4000	5200	流动负债合计	3400	4000
其他流动资产	60	80	非流动负债：		
流动资产合计	7100	8050	长期借款	2000	2500
非流动资产：			非流动负债合计	2000	2500
持有至到期投资	400	400	负债合计	5400	6500
固定资产	12000	14000	所有者权益：		
无形资产	500	550	实收资本(或股本)	12000	12000
非流动资产合计	12900	14950	盈余公积	1600	1600
			未分配利润	1000	2900
			所有者权益合计	14600	16500
资产总计	20000	23000	负债及所有者权益合计	20000	23000

企业经营的数据一般只是某个时间段的静态绝对值,难以反映企业的经营趋势,采用一定方法对企业已有的经营数据进行动态分析,为企业经营管理决策奠定基础,这就需要财务分析。

二、连锁药店财务分析概述

(一)企业财务分析的含义

企业财务分析是利用财务报表及其他有关资料,运用一定的分析方法对企业分析期的财务状况和经营成果进行评价与剖析,为企业、股东、投资者、债权人、政府机构等决策提供财务信息的一种方法。

(二)企业财务分析的方法

财务分析的方法主要包括趋势分析法、比率分析法和因素分析法。

1. 趋势分析法

趋势分析法又称水平分析法,是将两期或连续数期的财务报告中相同指标进行对比,确定其增减变动方向、数额和幅度,以说明企业财务变动趋势的一种方法。

具体运用主要有以下三种方式。

(1) 重要财务指标的比较 可以有两种方法:定基动态比率和环比动态比率。

$$定基动态比率 = 分析期数额 \div 固定基期数额$$

$$环比动态比率 = 分析期数额 \div 前期数额$$

(2) 会计报表的比较 会计报表的比较是将连续数期的会计报表的金额并列起来,比较其相同指标的增减变动金额和幅度,以判断发展趋势的方法。

(3) 会计报表项目构成比较 是以会计报表中的某个总体指标为100%,计算和比较其各组成项目构成占总体指标的比率变动,以判断有关财务活动变化趋势的方法。

采用趋势分析法,必须注意的问题:用于进行比较的指标,其计算口径必须一致;对非常项目要有调整;应用例外原则,对某项有显著变动的指标应作重点分析。

2. 比率分析法

比率分析法是通过计算两个相关的财务指标的比率,来揭示指标关系合理性的分析方法。主要有三种类型。

(1) 结构比率 又称构成比率,是某项经济指标的各个组成部分与总体的比率,反映部分与总体的关系。用于考察总体中各构成项目的比例安排是否合理,便于结构调整。

(2) 效率比率 用以反映经济活动中所费与所得的比率,体现投入与产出的关系,评价经济效益。

(3) 相关比率 指除结构比率和效率比率之外的、反映两个相互关联指标的财务比率。如流动比率。相关比率可以考察相关业务的占用或安排是否合理,以保障企业经济活动的顺畅进行。

3. 因素分析法

因素分析法是用来测定某经济指标的各构成因素的变动分别对该经济指标的影响程度。运用因素分析法时,首先应将各影响因素按照它们之间逻辑关系和实际经济意义,排列成合理的顺序,然后顺序确定其中一个因素变化,而其他因素保持不变,将变化前后的结果相比较并逐个计算与加总,获得总影响值。

学习情境四 连锁药店管理

案例 12-4 药店利润分析表（表 12-9）

表 12-9 益丰大药房 2011～2013 年服务费收入变化情况　　　　单位：万元

项目	2013 年度		2012 年度		2011 年度	
	金额	同比增长	金额	同比增长	金额	同比增长
服务费收入	5331.37	22.36%	4356.99	28.46%	3391.76	—
营业收入	180429.93	17.20%	153947.84	25.76%	122410.77	24.68%
服务费占比	2.95%	—	2.83%	—	2.77%	—
毛利额	69746.87	21.65%	57333.41	30.30%	44000.44	30.69%
服务费占比	7.64%	—	7.60%	—	7.71%	—
毛利率	38.66%	1.41%	37.24%	1.30%	35.94%	1.65%
净利润	10038.10	45.02%	6953.59	22.25%	5688.02	36.95%
服务费占比	53.11%	—	62.66%	—	59.63%	—

（资料来源：赵振基. 中国药店 2014-09-04）

思考：益丰大药房的利润由哪些构成？用了哪些分析方法？

三、连锁药店常见的财务指标分析

总结和评价企业财务状况与经营成果的分析指标包括偿债能力指标、营运能力指标、盈利能力指标，其中营运能力指标、盈利能力指标对连锁分店影响较大。

（一）营运能力分析

营运能力是指企业基于外部市场环境的约束，通过内部人力资源和生产资料的配置组合而对财务目标所产生作用的大小。营运能力的分析包括人力资源营运能力的分析和生产资料营运能力的分析。

1. 人力资源营运能力的分析

评价人力资源营运能力的着眼点在于如何充分调动劳动者的积极性、能动性，从而提高其经营效率。通常采用劳动效率指标进行分析，其计算公式为：

$$劳动效率 = \frac{商品销售收入净额}{平均职工人数} = \frac{营业收入或净资产值}{平均职工人数}$$

其中，商品销售收入净额等于销售收入减去销售折扣与折让。

案例 12-5 连锁药店劳动效率分析表（表 12-10）

表 12-10 日均人效十强

排序	门店名称	销售总额/万元	员工总数/人	日均人效/(元/人)
1	北京医保全新大药房安定门店	9400	28	9197.65
2	北京医保全新大药房西翠路店	2947	9	8971.08
3	重庆太极大药房旗舰店	4541	17	7318.29
4	常州人寿天医药商场	9703	38	6995.67

续表

排序	门店名称	销售总额/万元	员工总数/人	日均人效/(元/人)
5	桐君阁大药房龙康药店	5082	21	6630.14
6	重庆西部医药商城储奇门店	19500	81	6595.64
7	上海药房劲松参药店	4500	20	6164.38
8	上海童涵春堂药业总店	12800	57	6152.37
9	上海童涵春堂药业昌星店	5600	26	5900.95
10	北京医保全新大药房王府井店	2473	12	5646.12

（资料来源：2013~2014年度中国药店单店百强榜解析）

? 思考：各店日均人效有何不同？对企业利润有何影响？

对企业劳动效率进行考核评价主要是采用比较的方法，例如将实际劳动效率与本企业计划水平、历史先进水平或同行业平均先进水平等指标进行对比，进而确定其差异程度，分析造成差异的原因，以择取适宜对策，进一步发掘提高人力资源劳动效率的潜能。

2．坪效指标分析

$$坪效=营业收入/营业面积(米^2)$$

该指标反映了对店铺面积的利用效率的高低。

案例 12-6 药店日均坪效十强（表 12-11）

表 12-11 日均坪效十强

排序	门店名称	经营面积/米^2	销售总额/万元	日均坪效/(元/米^2)
1	黑龙江华辰大药房人和店	150	2770	505.94
2	吉林省益和大药房同志街连锁店	254	4300	463.81
3	北京医保全新大药房西翠路店	180	2947	448.55
4	上海药房劲松参药店	280	4500	440.31
5	上海童涵春堂药业昌星店	350	5600	438.36
6	石家庄新兴药房新兴一店	130	2077	437.72
7	广州健民医药北京路店	846	12160	393.80
8	北京金象大药房西单金象大药房	700	10011.94	391.86
9	吉林省益和大药房长百连锁店	200	2778	380.55
10	广州健民医药连锁有限公司北京路店	846	11455	370.96

（资料来源：2013~2014年度中国药店单店百强榜解析）

? 思考：各店日均坪效有何不同？对企业利润有何影响？

3．人均守备率

人均守备率＝经营面积/员工总数

该指标反映的是单位人工服务的最大范围，即个人在卖场中服务范围的效率。

4. 资产营运能力分析

资产营运能力就是企业的总资产及其各个组成要素的营运能力，反映企业运用资金的能力。资产营运能力的强弱关键取决于周转速度（周转率）。一般说来，周转速度越快，资产的使用效率越高，则资产营运能力越强；反之，营运能力就越差。资产营运能力可通过以下指标予以分析。

> 所谓周转率，是指企业在一定时期内资产的周转额与平均余额的比率，它反映企业资金在一定时期的周转次数和周转天数。

（1）应收账款周转率　应收账款周转率是指企业一定时期内营业收入（或销售收入）与应收账款平均余额的比率，是反映应收账款周转速度的指标。其计算公式为：

$$应收账款周转率（次数）=\frac{营业收入}{应收账款平均余额}$$

$$应收账款平均余额=\frac{期初应收账款+期末应收账款}{2}$$

$$应收账款周转期（天数）=\frac{计算期天数}{应收账款周转次数}=\frac{计算期天数 \times 应收账款平均余额}{营业收入}$$

应收账款周转率高低反映了企业应收账款变现速度的快慢及管理水平的高低。应收账款周转率越高，表明企业应收账款收款越快，资产流动性越强，短期偿债能力强；收账费用和坏账损失越少，从而相对增加企业流动资产的投资收益。同时依据应收账款周转期与企业信用期限的比较，还可以评价购买单位的信用程度。

例 12-11：表 12-7、表 12-8 资料，假定表中 2012 年年末应收账款为 1100 元，则 2013 年应收账款周转率为：

$$2013 年应收账款周转率=\frac{18800}{(1100+1200) \div 2}=16.35 次$$

$$2013 年应收账款周转天数=\frac{360}{16.35}=22.02 天$$

（2）存货周转率　存货周转率是指企业一定时期营业成本（或销售比率）与存货平均资金占用额的比率。其计算公式为：

$$存货周转率（次数）=\frac{营业成本}{存货平均余额}$$

$$存货平均余额=\frac{期初存货+期末存货}{2}$$

$$存货周转期（天数）=\frac{计算期天数}{存货周转率}=\frac{计算期天数 \times 存货平均余额}{营业成本}$$

存货周转期是反映企业流动资产流动性的一个指标，也是衡量企业生产经营各环节中存货运营效率的一个综合性指标。

例 12-12：依据表 12-7、表 12-8 资料，假定 2012 年年末存货余额为 3800 元，计算该公司存货周转率。

$$2013\text{年存货周转率（次数）} = \frac{\text{营业成本}}{\text{存货平均余额}} = \frac{10900}{(3800+4000) \div 2} = 2.795 \text{次}$$

$$\text{存货周转期（天数）} = \frac{\text{计算期天数}}{\text{存货周转率}} = \frac{360}{2.795} = 128.8 \text{天}$$

（3）流动资产周转率　流动资产周转率是反映企业流动资产周转速度的指标，它是企业一定时期销售（营业）收入净额与流动资产的平均占用额的比率。其计算公式为：

$$\text{流动资产周转率（次数）} = \frac{\text{营业收入净额}}{\text{流动资产平均占用额}}$$

$$\text{流动资产周转期（天数）} = \frac{\text{计算期天数}}{\text{流动资产周转率}} = \frac{360 \times \text{流动资产平均占用额}}{\text{营业收入}}$$

在一定时期内，流动资产周转次数越多，表明以相同的流动资产完成的周转额越多，流动资产利用效果越好。流动资产周转率用周转天数表示时，周转一次所需要的天数越少，表明流动资产在经历生产和销售各阶段时所占用的时间越短。

例12-13：依据表12-7、表12-8资料，假定民康公司2012年流动资产年末余额为6000元，计算其2013年流动资产周转率。

$$\text{流动资产周转率（次数）} = \frac{\text{营业收入净额}}{\text{流动资产平均占用额}} = \frac{18800}{(6000+7100) \div 2} = 2.87 \text{次}$$

$$\text{流动资产周转期（天数）} = \frac{\text{计算期天数}}{\text{流动资产周转率}} = \frac{360}{2.87} = 125.44 \text{天}$$

？思考：依据2013年流动资产周转率的计算方式，计算2014年的流动资产周转率，并分析企业两年内流动资产周转率的变动？

（4）固定资产周转率　固定资产周转率是指企业一定时期营业收入与固定资产平均净值的比率。它是反映企业固定资产周转情况，从而衡量固定资产利用效率的一项指标。其计算公式为：

$$\text{固定资产周转率} = \frac{\text{营业收入}}{\text{固定资产平均净值}}$$

固定资产周转率高，表明企业固定资产利用充分，同时也能表明企业固定资产投资得当，固定资产结构合理，能够充分发挥效率。运用固定资产周转率时，需要考虑固定资产因计提折旧的影响，同时，由于折旧方法的不同，可能影响其可比性。

例12-14：依据表12-7、表12-8资料，假定民康公司2012年固定资产年末余额为11800元，计算其2013年固定资产周转率。

$$\text{固定资产周转率} = \frac{\text{营业收入}}{\text{固定资产平均净值}} = \frac{18800}{(11800+12000) \div 2} = 1.58 \text{次}$$

？思考：依据2013年固定资产周转率的计算方式，计算2014年的固定资产周转率，并分析企业两年内固定资产周转率的变动情况？

（5）总资产周转率　总资产周转率是企业一定时期营业收入净额与平均资产总额的比率，这一比率用来分析企业全部资产的使用效率。其计算公式为：

$$\text{总资产周转率} = \frac{\text{营业收入净额}}{\text{平均资产总额}}$$

总资产周转率越大，说明企业利用全部资产进行经营的效率越好，企业的盈利能力越强。

资产平均占用额应按分析期的不同分别加以确定,应当与分子的营业收入在时间上保持一致,其计算方式有四种。

(1) 月平均占用额=(月初+月末)÷2
(2) 季平均占用额=(1/2 季初+第一月末+第二月末+1/2 季末)÷3
(3) 年平均占用额=(1/2 年初+第一季末+第二季末+第三季末+1/2 年末)÷4
(4) 年平均占用额=(年初+年末)÷2

例 12-15:依据表 12-7、表 12-8 资料,假定民康公司 2012 年资产年末总额为 19000,则 2013 年总资产周转率为:

$$总资产周转率=\frac{营业收入净额}{平均资产总额}=\frac{18800}{(19000+20000)\div 2}=0.96 次$$

(6) 流动资金占用率 该指标是商品销售额与商品资金平均占用额的比率,反映的是一定时期每百元商品销售额平均占用的流动资金额,是考核资金利用效率的质量指标。

流动资金占用率=计算期流动资金平均占用额/商品销售收入×100%

(二)盈利能力分析

盈利能力就是企业利用现有资源获取利润的能力,通常表明企业获利水平的高低以及获利的稳定性和持久性。因此,其评价指标有:毛利率、营业利润率、成本费用利润率、资产利润率、自有资金利润率和资本保值增值率等。

1. 毛利率

$$毛利率=\frac{毛利总额}{营业收入}$$

该指标反映的是最大利润获取率。

案例 12-7 毛利率十强表

毛利率十强见表 12-12。

表 12-12 毛利率十强

排序	门店名称	毛利率/%
1	北京好得快医药第 18 大药房	45.00
2	北京好得快医药第 10 大药房	44.00
3	北京好得快医药第 13 大药房	43.00
4	北京好得快医药第 9 大药房	42.00
5	北京好得快医药第 2 大药房	42.00
6	浙江震元医药震元堂国药馆	40.54
7	北京好得快医药第 11 大药房	40.00
8	北京好得快医药第 1 大药房	39.00
9	陕西省榆林市广济堂医药科技广济堂中心店	38.00
10	陕西省榆林市广济堂医药广济堂西沙店	38.00

思考：各店毛利率有何不同？对企业利润有何影响？

2. 营业利润率

营业利润率是企业一定时期营业利润与营业收入的比率。其计算公式为：

$$营业利润率 = \frac{营业利润}{营业收入} \times 100\%$$

例 12-16：依据表 11-7、表 11-8 资料，计算出的企业销售利润率如表 12-13 所示。

表 12-13　企业销售利润率计算表

项　目	2012 年	2013 年
营业利润/元	4500	4700
营业收入/元	18800	21200
营业利润率/%	23.94	22.17

思考：依据 2012 年、2013 年销售利润率计算结果，请分析企业两年内销售利润率变动趋势？指出提高营业利润率的方法。

3. 成本费用利润率

成本费用利润率是指利润与成本的比率。其计算公式为：

$$成本费用利润率 = \frac{利润总额}{成本费用总额} \times 100\%$$

成本费用利润率越高，企业盈利水平越高。

成本费用总额包括营业成本、营业税金及附加、销售费用、管理费用、财务费用。

例 12-17：依据表 12-7、表 12-8 资料，计算企业 2012 年营业成本费用利润率、2013 年营业成本费用利润率。

$$2012\ 年营业成本费用利润率 = \frac{利润}{成本} = \frac{4000}{10900+1080+1620+800+200} \times 100\% = 27.40\%$$

$$2013\ 年营业成本费用利润率 = \frac{利润}{成本} = \frac{4200}{12400+1200+1900+1000+300} \times 100\% = 25\%$$

4. 一元租金产出率

$$一元租金产出率 = \frac{年销售额}{年租金总额} \times 100\%$$

该指标反映的是租金的利用效率。

案例 12-8　一元租金产出率十强表

一元租金产出率十强见表 12-14。

表 12-14　一元租金产出率十强

排序	门店名称	所在城市	一元租金产出率/%
1	哈尔滨人民同泰中央大药房分店	哈尔滨	262.43
2	重庆西部医药商城储奇门店	重庆	182.67
3	三门峡华为医药体育馆店	三门峡	178.08
4	四川太极大药房连锁太极药房旗舰店	成都	161.71
5	浙江震元医药上虞健康药店	绍兴	152.71
6	三门峡华为医药超市	三门峡	146.53
7	上海余天成药业余天成堂药号	上海	146.35
8	黑龙江华辰大药房人和店	绥化	138.50
9	吉林大药房药业二道连锁店	长春	118.34
10	石家庄新兴药房新兴一店	石家庄	103.85

思考：各店租金产出率有何不同？对企业利润有何影响？

5. 一元工资产出率

$$一元工资产出率 = \frac{年销售额}{年工资总额} \times 100\%$$

该指标反映的是人力管理成本的高低。

6. 净利率

$$净利率 = \frac{净利}{销售额} \times 100\%$$

该指标反映的是单位销售额所获取的净利润的大小，反映的是企业最终利润的获取能力。

7. 总资产报酬率

总资产报酬率是企业息税前利润与企业资产平均总额的比率。它是反映企业资产综合利用效果的指标，也是衡量企业利用债权人和所有者权益总额所取得盈利的重要指标。其计算公式为：

$$总资产报酬率 = \frac{息税前利润}{资产平均总额}$$

该比率越高，表明企业资产利用效益越好，整个企业盈利能力越强，经营管理水平越高。

例 12-18：依据表 12-7、表 12-8 资料，计算企业的总资产报酬率。

$$2013\ 年总资产报酬率 = \frac{4200 + 300}{(20000 + 23000) \div 2} = 0.209$$

8. 所有者权益报酬率

所有者权益报酬率又称权益资本报酬率，是企业净利润与所有者权益的比值。其计算公式为：

$$所有者权益报酬率 = \frac{税后净利}{平均所有者权益}$$

这一指标反映所有者投入资金的盈利能力，指标越高，说明企业盈利能力越强。

例 12-19：依据表 12-7、表 12-8 资料，计算企业 2013 年所有者权益报酬率。

$$所有者权益报酬率 = \frac{税后净利}{平均所有者权益} = \frac{3150}{(14600 + 16500) \div 2} = 0.203$$

项目小结

- 连锁药店财务管理的内容有筹资管理、投资管理、收益分配管理等。
- 连锁药店筹资方式包括吸收直接投资、发行股票、经营积累、发行债券、长短期借款、融资租赁和商业信用等。
- 连锁药店短期投资管理的内容有现金管理、短期有价证券管理、应收账款管理、存货管理等。
- 连锁药店股利分配政策主要包括剩余股利政策、定额股利政策、定率股利政策、正常定额加额外股利政策。
- 评价连锁药店财务状况与经营成果的分析指标主要包括偿债能力指标、营运能力指标、盈利能力指标。

主要概念和观念

财务管理　筹资管理　资金成本　投资管理　收益分配管理　财务分析

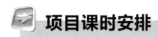

项目课时安排

① 实训时间：2学时。
② 讲授时间：2学时。

项目考核与评分标准

① 考评者：授课教师。
② 考核内容及评分标准。
以小组为单位进行评分，满分为100分。具体为：
a. 连锁药店财务分析是否正确（50分）；
b. 连锁药店建议是否合理（50分）。

项目综合思考

◇ 简答题
1. 什么是连锁药店财务管理？连锁药店财务管理的内容包括什么？
2. 影响连锁药店财务管理的基本因素有哪些？
3. 什么是资金成本？它在企业财务管理中有什么作用？
4. 简述应收账款、存货管理的成本内容。
5. 企业利润分配应贯彻哪些基本原则？
6. 目前常见的股利政策有哪几种？各自的优缺点是什么？
7. 简述企业财务分析的三大指标及其内容。
8. 如果流动负债大于流动资产的话，对企业支付即将到期的账单的能力来说意味着什么？
9. 财务比率对经理有何帮助？

◇ 计算分析题

1. 某连锁药店拟筹资 5000 万元，其中按面值发行债券 1000 万元，票面利率 10%，筹资费率 2%；发行优先股 800 万元，股利率为 12%，筹资费率为 3%；发行普通股 3200 万元，筹资费率 5%，预计第一年股利率为 12%，以后每年按 4% 递增，所得税税率为 25%。

要求：
(1) 计算债券成本；
(2) 计算优先股成本；
(3) 计算普通股成本；
(4) 计算综合资金成本。

2. 某连锁药店上年现金需要量 500000 元，预计今年需要量增加 50%，假定年内收支状况稳定。每次买卖有价证券发生的固定费用为 150 元，证券市场平均利率为 10%。

要求：试用存货模式确定最佳现金持有量、现金管理总成本及年内有价证券变卖次数。

3. 某连锁药店年度需销售乙药材 8000 千克，单位采购成本 15 元，单位储存成本为 8 元，平均每次的进货费用为 8 元。要求：
(1) 计算本年度乙药材的经济进货批量；
(2) 计算本年度乙药材的经济进货批量下的相关总成本；
(3) 计算本年度乙药材的经济进货批量下的平均资金占用额；
(4) 计算本年度乙药材的最佳进货批次。

◇ 案例题

1. D 公司是一家从事药品销售的企业。现有一个投资项目，其内部报酬率为 10%，所得税税率为 25%。在现有的条件上只能按表 12-15 列示的资本结构和个别资本成本筹集项目所需要的资金。

表 12-15　筹集方案资料

项　目	在资本总额中所占比重/%	个别资本成本(税前)/%
负债	35	7
优先股	15	10
普通股	50	13

思考：从 D 公司理财的角度分析该投资项目可以接受吗？为什么？

2. 2007 年 11 月，海王星辰连锁药店在高盛注资及协助下，成为中国内地第一家成功登陆纽交所的连锁药店，并成功募集资金 3.34 亿美元，开启了连锁药店资本运营的扩张之路。这些资本的注入，加大了企业在行业内的兼并和收购力度。2008 年第二季度的销售数据显示，其营业收入为 5.85 亿元，与 2007 年同期相比，增长 21.5%；毛利由 2007 年同期的 42.6% 增至 48.3%；净利润达到了 5600 万元，同比劲增 88.4%；在股票市场，每股收益达 0.26 元。

思考：海王星辰连锁药店是如何进行资本运作的？其达到了什么目的？

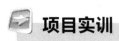

项目实训

实训一　企业财务分析

1. 实训目的

通过实训，使学生掌握财务指标系统分析方法，学会运用财务指标分析医药企业财务状况。

2. 实训内容

财务报表与财务指标分析。

表 12-16　资产负债表（简表）

编制单位：A 公司　　　　　　2014 年 12 月　　　　　　　　　　　　单位：元

资产	年初数	年末数	负债及所有者权益	年初数	年末数
流动资产：			流动负债：		
货币资金	1600	1800	短期借款	5000	5600
交易性金融资产	2000	1000	应付账款	3000	3400
应收账款	2400	2600	预收账款	600	800
预付账款	80	140	其他应付款	200	200
存货	8000	10400	流动负债合计	8800	10000
其他流动资产	120	160	非流动负债：		
流动资产合计	14200	16100	长期借款	2000	3000
非流动资产：			非流动负债合计	2000	3000
持有至到期投资	800	800	负债合计	10800	27000
固定资产	24000	28000	所有者权益：		
无形资产	1000	1100	实收资本（或股本）	21000	7400
非流动资产合计	25800	29900	盈余公积	6200	5800
			未分配利润	2000	33000
			所有者权益合计	29200	
资产总计	40000	46000	负债及所有者权益合计	40000	46000

表 12-17　利润表

编制单位：A 公司　　　　　　2014 年度　　　　　　　　　　　　单位：元

项　目	上年累计数	本年累计数
一、营业收入	47200	50400
减：营业成本	32200	34400
营业税金及附加	2200	2200
销售费用	4400	3800
管理费用	1600	2000
财务费用	400	600
加：投资收益（损失以"－"填列）	600	600
二、营业利润（亏损以"－"填列）		
加：营业外收入	200	1300
减：营业外支出	1200	300
三、利润总额（亏损总额以"－"号填列）		
减：所得税费用（税率为 25%）		
四、净利润（净亏损以"－"号填列）		

3. 实训要求

（1）熟悉资产负债表，计算资产负债表的流动资产合计、资产合计、负债合计、所有者权益合计、负债与所有者权益合。

（2）熟悉利润表，计算营业利润、利润总额、所得税费用、净利润。

（3）熟悉财务分析指标，计算偿债能力指标、营运能力指标、盈利能力指标

（4）分组或独立完成。

（5）对计算的结果下结论并提出建议。

4. 考核标准与方法

（1）能看懂会计报表。

（2）能进行准确财务指标计算。

（3）能对计算的结果下结论并提出建议。

5. 实训指导

财务报表主要有资产负债表、利润表和现金流量表，其具体内容可参照课本或其他财务会计资料。

企业财务指标主要包括偿债能力指标、营运能力指标、盈利能力指标，具体内容可参照课本内容。

实训二 以小组为单位，对在本社区开办一家中小型药店进行投资预算及筹资分析。

项目十三　连锁企业信息管理

技能目标
成功开展医药连锁企业信息管理活动

知识目标
1. 熟悉医药信息管理的基本概念
2. 掌握医药信息管理系统的构建
3. 了解医药电子商务的实施规则

项目内容

1. 医药企业信息管理认知
2. 医药企业信息系统管理与建设
3. 医药电子商务建设

项目组织与实施环境

（一）项目组织
① 将全班分为若干组，指导老师指定所需信息管理的药品。
② 小组成员依据指定药品进行信息系统录入、分析评价。

（二）实施环境
① 实训室。
② 教室。

项目实施

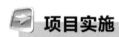 **九州通医药信息化的建设**

　　武汉九州通借助良好的管理制度及信息平台实现了较强的价格谈判能力。其建立的九州通医药批发网是国家首批批准可以从事网上医药信息服务的公司，是服务于医药物流

的专业网站。其所属的7家公司在自己的电子商务平台实现资源共享,能及时了解到全国各大区域的市场信息。

目前全国有上千家药品生产企业向他们直接供货,采购的中间环节得到有效控制。同时通过九州通医药批发网能够有效整合武汉九州通所属7家公司的上游供应商的信息和分销客户下游的信息,供应商和分销客户也能够通过网站及时了解动态信息。如供应商能了解自己产品的销售情况及库存情况等,以便及时补充货源,调整市场策略;分销商通过九州通医药批发网了解所经销产品信息且可直接进行网上订购,方便快捷。

（摘自:宋远方著《医药物流与供应链管理》）

思考:
1. 九州通进行信息化建设的目的是什么?
2. 随着医药批发企业竞争的加剧,医药公司应如何进行信息化的建设?
3. 九州通的电子商务是怎么样实现的?

本案例表明:随着医药企业之间的竞争加剧,企业要在激烈的竞争中获胜,加强其信息化的建设是重要手段。所以本模块就我国医药企业信息化系统建设作详细阐述。

医药行业被称为永远的"朝阳行业"。根据国家经贸委"十五"规划的数据显示,我国药品需求年平均增长率可达12%。有数据表明,2005年,我国医药市场总值为269亿美元,到2020年医药市场总值将达到1200亿美元,超过美国成为全球第一大市场。医药企业如何把握稍纵即逝的市场时机?如何在严酷的市场竞争中保持竞争优势?如何获取长远的发展?信息化管理无疑是提升企业管理水平及企业竞争能力的一剂良方。

任务一　医药企业信息管理认知

一、信息与管理

（一）信息与信息系统

1. 信息含义

信息(information)是有意义的数据,是经过加工并对人们行动产生决策影响的数据,它是那些由发生源发出的、以各种形式表现出来的各种信号和消息的统称。信息普遍存在于自然界和人类社会中,例如:雷鸣、闪电、鸟语、花香报道了大自然变化的信息;语言、文字、通信、电波反映出人类社会各种活动的信息。信息有以下特征:①事实性（真实性）;②时效性（及时性）;③不完整性（不完全性）;④价值性（经济性）;⑤可加工性;⑥共享性（非消耗性）;⑦可存储性;⑧等级性（层次性）;⑨传递性（扩散性）。

2. 信息价值的衡量

信息的价值有两种衡量方法。

(1) 按照社会必要劳动量来计算信息产品的价值

其方法和计算其他一般产品价值的方法是一样的,即:

$$V=C+P$$

式中　V——信息产品的价值;
　　　C——获取该信息所花成本;
　　　P——利润。

(2) 衡量使用效果的方法

这种方法认为:信息的价值等于在决策过程中用了该信息所增加的收益,减去获取信息所花费用。这两种方案所获经济效益之差就是收益,即:

$$P = P_{\max} - P_i$$

式中　P——新增收益;

　　　$P_{\max}$——最好方案的收益;

　　　P_i——任选某个方案的收益。

3. 系统的概念

系统就是指由相互作用和相互依赖的若干部分组成的具有特定功能的有机整体。其组成部分如果符合系统的定义,则可称为该系统的子系统(subsystem)。系统的外部总称为环境(environment),环境系统是更大的系统。系统可以有多种分类方法,例如:

按系统形成原因可分为自然系统、人造系统和复合系统三大类。人体系统、天体系统、生态系统等均属于自然系统。计算机系统、生产系统和运输系统等均属于人造系统。

按是否与外部发生信息交换可分为开放系统(open system)与封闭系统(closed system)。

按是否存在反馈可分为开环系统与闭环(反馈控制)系统,如图 13-1 所示。

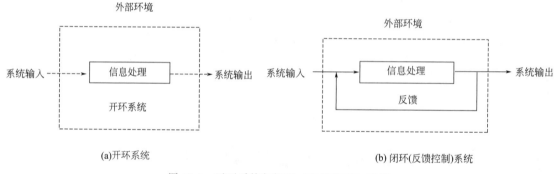

图 13-1　开环系统与闭环(反馈控制)系统

4. 信息系统的概念

信息系统(information system,IS)是指具有信息处理功能的一类专门系统,它通常是一个为组织或企业的各级领导管理决策提供服务的系统。

根据信息系统中信息的处理方式是否利用了计算机技术,可以把信息系统分成基于计算机的信息系统(computer based information system,CBIS)和人工信息系统。

(二)企业管理信息

企业管理信息是以从企业生产经营活动中收到的原始数据为依据,经过加工处理后,对企业管理决策产生影响的信息。

1. 企业管理信息的特点

(1)离散性　现代企业是一个复杂的系统,内部有许多工艺环节、岗位和职能部门,外部有众多的供应商、用户、政府部门和社会团体,它们都是管理信息的信息源。因此,管理信息的来源具有点多面广的离散特征。

(2)动态连续性　企业的物流、资金流、工作流是一个连续不断的运动过程,信息流不断产生,不断被收集、处理和利用。为保证物流、资金流、工作流的畅通,要求管理信息的处理要保持动态连续性。同时,要求在不断处理新的信息时,注意连续保存已有的管理信息。

(3)可压缩性　信息可以被人们依据各种特定的需要,进行收集、筛选、整理、概括和归纳,而不丧失其基本应用价值。企业管理信息的可压缩特性使得人们可以对同一信息进行多次加工、多次利用，还可以改变信息的表现形式，节省存储空间和费用。

（4）时滞性　企业信息流是伴随物流、资金流、工作流而产生的，又总是落后于物流、资金流、工作流，从信息源传播到接收者要经过一定的时间（时滞）。因此，对于企业信息的使用者来说，信息的采集、传输、加工和利用都必须考虑这种时滞性，特别是对于需要实时处理信息的场合，必须将时滞控制在允许的范围之内。

2. 企业管理信息分类

（1）按信息的稳定程度划分，管理信息可分为固定信息和流动信息。

① 固定信息　指在一定时期内具有相对稳定性且可以重复利用的信息。包括各种定额、技术标准、工艺流程、规章制度、国家政策法规等。

② 流动信息　指在生产经营活动中不断产生和变化的信息，它的时效性很强，往往只有一次性利用的价值。包括反映企业人、财、物、销、供、产状态及其他相关环境状况的各种原始记录、单据、报表、情报等。

（2）按管理信息的作用划分，管理信息可分为决策信息、控制信息和作业信息。

① 决策信息　指企业在制订发展战略、经营决策时所依据的信息，主要包括企业自身的经营要素（经济要素、技术要素、人力要素）、销供产现状及变化趋势，以及企业外部的政治经济环境、自然资源状况、人文环境、市场供求状况、竞争对手情况、政策法规等信息。

② 控制信息　指组织与控制生产经营过程所依据的信息，主要包括各种计划指令、定额、标准、规章制度、动态统计数据、报表以及新的调整指令等。绝大部分控制信息来源于企业内部职能部门和生产部门。

③ 作业信息　指反映企业生产经营活动过程动态状况的信息，主要包括产品数据、原始记录、台账、凭证、基层报表等。它主要用于生产过程的产品数据管理和考核评价作业岗位、基层部门的工作成果，并为控制信息和决策信息提供基础性依据。

（3）按管理信息的来源划分，主要有内部信息及外部信息。

① 内部信息　主要包括企业内部的计划指令信息、质量信息、核算（作业核算、统计核算、会计核算）信息、业务管理信息、生产和产品信息等。

② 外部信息　主要包括来自企业外部的政治、经济、法律、人文、地理、供求关系、竞争对手、本企业的市场地位、行业科技发展趋势、潜在市场等信息。

（4）按信息相对于系统的流向划分，管理信息可分为输入信息、中间信息和输出信息。

（三）企业信息管理系统

当前对信息管理系统（management information system，MIS）有两种理解，即狭义的信息管理系统和广义的信息管理系统。

1. 狭义的信息管理系统

狭义的信息管理系统指由人、计算机等组成的能进行信息的收集、传递、储存、加工、维护和使用的系统。MIS 生成有用信息辅助企业管理和决策，帮助企业实现其规划目标。

2. 广义的信息管理系统

广义的信息管理系统有着非常广泛的内涵，它不区分是否采用了计算机进行数据处理，也不区分处理信息的层次。广义的信息管理系统常常包含事务处理系统、办公自动化系统，以及在此基础上发展起来的决策支持系统。

信息管理系统的概念是伴随着信息技术的发展、管理理论的进步与创新在企业管理实际应用中产生和发展的，其内涵也必将随着应用的发展而不断发展和演变，如表 13-1 所示。

表 13-1　信息管理系统的发展阶段和特征

阶段	开始应用 （单项应用）	单个管理 系统应用	企业内部 管理、生产集成	企业内部 和外部管理集成
开始时间	20 世纪 50 年代	20 世纪 70 年代	20 世纪 80 年代	20 世纪 90 年代
特征	简单数据处理	应用于管理的各个环节构成信息管理系统	将企业内部的生产、管理集成为系统	将企业内部的管理与外部的市场、客户管理集成在一起
信息技术	计算机	LAN，PC	LAN，WAN	Internet，Intranet
应用模式	TPS（EDP，EDPS）	MIS、MRP、DSS、EDI 等	MRPⅡ、PDM、GDSS 等	ERP、CRM、SCM、EC 等

二、企业信息管理系统

（一）信息管理的层次

企业信息管理系统从开始构建起，直到贯穿企业整个生命周期的运行过程，都必须置于管理人员的控制下。特别是在其构建前，必须先做好规划工作。通常把企业的管理活动按照管理层次划分为从上到下三个部分，即战略性计划、管理控制和作业控制。信息管理系统的战略规划，首先是明确企业发展的总目标以及各职能部门的目标、明确企业的总政策以及实现总目标的整体计划、明确企业信息部门的现实活动及发展方向，而绝不是拿点钱买点机器这样简单。图 13-2 给出了一般企业信息管理系统的层次结构模型。

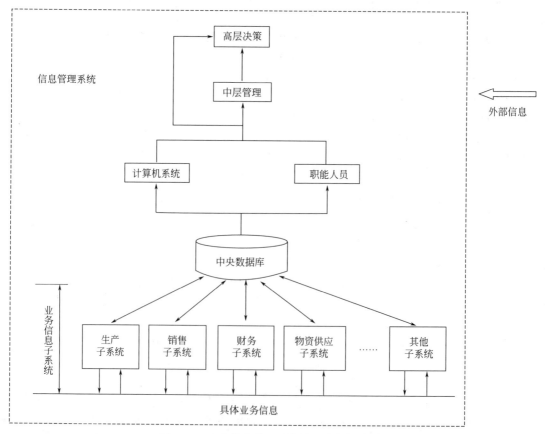

图 13-2　企业信息管理系统的层次结构模型

(二)企业信息系统分类

现代的企业信息管理系统是以满足企业经营管理活动中的信息需要为主要目的,以信息处理技术为基础的若干子系统的有机结合。按企业的组织分别建立的子系统主要有:人力资源信息管理系统、财务信息管理系统、会计信息管理系统、企业营销信息管理系统、企业研发信息管理系统、企业生产信息管理系统等。

1. 人力资源信息管理系统

(1) 人力资源(human resource,HR)管理 其内容除了管理人事档案、考核人员的晋升、调整工资外,还包括招聘、选择和雇用员工、岗位设置、业绩评价、员工酬劳分析、员工的培养和发展以及员工健康、保安和保密等。实际上它贯穿了员工使用的整个生命周期。

(2) 人力资源信息管理系统(HRMIS) 人力资源信息管理系统是支持人力资源管理的系统。过去比较重视 IS,而现在则更多地注意 HR。人力资源信息管理系统的结构像其他系统一样,也有输入系统和输出系统。输入系统包括记账子系统、人力资源研究子系统和人力资源情报子系统。输出系统包括人员计划子系统、招聘子系统、人力管理子系统、酬劳子系统、津贴子系统和环境报告子系统等。通过数据库将它们联系起来。

2. 财务信息管理系统

(1) 内部财务审查子系统 该系统执行的是审计功能。审计,包括财务审计和运营审计。财务审计,主要看公司的财务记录是否正确,钱账是否一致;运营审计,是审计财务手续是否完备、高效,它往往和信息管理系统的再设计联系在一起,一般应有信息管理系统分析员参加。

(2) 财务情报子系统 该系统执行向股票持有者(股东)、财务社团以及政府机构提供信息,帮助了解公司经济环境的功能,还具有负责收集股东的意见和建议,并及时和股东沟通,从政府报告、期刊、网上数据库收集经济信息,分析经济形势的功能。

(3) 输出子系统 输出子系统是财务系统的主要系统,它能帮助公司进行财务决策。

(4) 资金管理子系统 资金管理子系统可以说是财务系统的最重要的子系统。它帮助企业实现现金管理的目标。现金和证券管理是财务管理的重要内容,它应使现金较快流动而不要呆滞,计划日、周、月的现金收支,防止现金短缺,用计算机模拟寻求最佳的现金来源,并处理多余现金的投资问题,确定合理的证券组合、资金组合。

(5) 财务控制子系统 财务控制子系统的功能是控制一些支出和控制一些企业性能的参数。控制的支出包括:销售、电话、租金、办公用品等,它可以给出表格以便管理人员发现问题。

3. 会计信息管理系统

(1) 订单处理 订单处理是接受和处理顾客的订单,并产生给顾客的发票和进行销售分析的数据。有些公司还保存顾客的订单,直到顾客收到货物为止。当顾客送来订单时,计算机的订单处理系统应当可以校核顾客的信誉,即衡量他的付款能力,从而产生接收订货和拒绝订货的决定。

(2) 会计应收应付系统 会计应收系统的功能是加入新的应收项目,它由开票后的订单触发,一般每日一次批处理;删除已付的项目,从而真实地反映对顾客的业务。会计应收系统也给总账提供数据。会计应付系统设计应付记录,进行向供应商付款、删除已付的处理,提供有关数据给总账。

(3) 库存系统 库存系统包括采购和库存处理系统两大部分。采购包括选择供应商,得到口头允诺,准备采购文件,关闭采购订单。和采购相联系的就是接收,接收包括处理接收和通知其他系统。库存处理根据库存文件,校核重点订货,填好订单中的项目,并给顾客开发票，开好订单通知会计应收系统，并提供总账数据。

（4）总账系统　总账系统其功能是综合各子系统的数据，提供一个企业运营的全貌。它包括两个子系统：一是总账更新系统；二是报告准备系统。

4.企业营销信息管理系统

在建立市场营销信息管理系统前，要注意如下几个问题。①首先要设立系统建设小组或委员会，邀请专家、市场调查部门的负责人、销售部门负责人参加。除了请他们从不同的角度提供经验、知识和技术之外，最好请他们亲自参加系统建立的全过程。②其次要研究清楚主要的市场营销信息流，即企业的外部市场信息、内部市场信息和市场交流信息的信息流。③再次要理清营销信息管理系统的结构。市场营销的主要内容包括：广告、促销、产品管理、定价、销售预测、销售自动化以及销售管理等。市场信息管理系统也包括战略层、策略层、控制层和业务处理层。

5.企业研发信息管理系统

对企业来说，开发出为市场所接受并能为企业带来经济效益的产品和服务，是企业至关重要的活动，这个活动也需要信息的支持。企业研发信息子系统包括市场情报和市场研究两个下级子系统。

（1）市场情报子系统　市场情报子系统是企业与环境之间的接口，市场的环境主要是顾客和竞争者，还有政府和社团等。市场情报子系统要收集竞争者行为的信息，更大量的工作是采用适当的手段，根据公开的信息，分析竞争者的行为。具体活动是收集数据、评价数据、分析数据、存储情报、分发情报等。

（2）市场研究子系统　市场研究子系统是利用市场情报子系统对收集的数据进行研究。其方法有抽查、深入访谈、观察、控制实验等等。市场研究一项很重要的内容是产品研究。

6.企业生产信息管理系统

这是广义的生产，包括产品的制造或服务业的服务运营。由于生产管理中最困难和最复杂的还在于制造业，所以主要还是制造业信息管理系统，其主要分为以下三类。

（1）生产技术系统　此类系统常见的有：①计算机辅助设计（computer aided design，CAD）；②计算机辅助制造（computer aided manufacturing，CAM）；③计算机数字控制（computer numerical control，CNC）；④机器人（robot）等。

（2）生产系统　此类系统常见的有：①材料需求计划（material requirement planning，MRP）；②制造资源计划（manufacturing resources planning，MRPⅡ）；③计算机辅助质量控制（computer aided quality control，CAQC）等。

（3）技术和管理结合的生产信息管理系统：①计算机集成制造系统（computer integrated manufacturing systems，CIMS）；②企业资源计划（enterprises resources planning，ERP）等。

三、信息化在现代医药企业建设中的作用

企业信息化是指企业广泛利用现代信息技术（包括电子、计算机、网络、应用系统等），有效地开发和利用信息资源，使生产、管理、决策实现标准化、自动化的过程。企业信息化应包括两大部分。一是生产过程的信息化。即在生产过程中应用各种电子、计算机等设备和技术，实现业务流程自动化、标准化、规范化。二是管理的信息化，这是最高层次的"企业信息化"。即通过自动化工具代替人的体力、脑力劳动，通过建立管理信息系统（MIS）、办公自动化系统（OA），以及决策支持系统（DSS）、专家系统（ES）、企业资源计划（ERP）系统等来辅助经营管理与决策。

信息化可以促使医药产品原料采购、成品生产、管理决策自动化，达到对药品生产全程

的计划管理；信息化可以提高药品生产效率，缩短制造周期，保证单位药品质量及全部药品的质量均衡；信息化可以有效追踪药品的销售时间、销售地点，使企业掌控季节、区域销售趋向；信息化可以降低药品成品库存，节约流动资金，降低运营成本，提高资金周转率；信息化可以实现企业内、外部资源（原材料、设备、技术、人员、信息等）共享，从而有效利用达到资源最优化配置；信息化可以加快企业对市场的反应能力，及时、准确地收集药品供需信息、药品质效反馈，提升企业竞争实力；信息化可以实现药品总体批次按需生产，建立合理的物流体系，促进药品配送高效、快速、稳定的运行；信息化可以促进医药企业内、外部协调与沟通，提高企业运营的整体效能；信息化可以促进医药研究型企业研发业务流程的科学化、标准化、规范化；信息化可以有效收集、存储、处理、挖掘病患资料及其用药的相关数据，为企业研发、生产、销售做出基础的积淀工作；信息化可以增强企业核心竞争力，加速知识在企业中的传播、共享、应用，达到创新要求。

信息化不但推动了企业核心能力的提升，而且推动了产业的内外协调能力的提高，使企业产生集聚形成群体且又产生协同效应，进一步加强和提高了产业核心竞争力，其具体表现在生产成本优势，产品差异化优势，区域营销优势，市场竞争优势和无边界扩张优势五个方面。

任务二 医药企业信息系统管理与建设

一、医药企业的信息化管理

（一）医药企业的信息化管理及其发展过程

我国企业信息化经历了三个发展阶段，即以科技文献信息服务为中心的传统管理阶段、以计算机为核心的技术管理阶段和网络化管理阶段。

1. 传统管理阶段

从 20 世纪 60～70 年代，我国企业信息管理大体处于传统管理阶段。这一阶段我国企业信息管理模式大体上与我国传统企业以"生产为中心"的管理体制相适应。集中表现在"服务对象主要面向企业内部科技人员，服务内容以提供技术文献服务为主，服务方式以手工为主"。

2. 技术管理阶段

20 世纪 80 年代后，以计算机为核心的现代信息技术迅速发展，企业信息工作进入技术管理阶段。这一阶段的突出表现在于企业"硬"环境的改观，计算机操作代替了早期的手工操作，从自动数据处理基层日常管理业务"如公文收发、工资单据、统计报表等"，发展到以计算机系统存储与控制企业信息业务流程。MSI 系统的开发，为企业现场数据采集、直接接受命令信息、综合处理数据创造了条件。

3. 网络化管理阶段

20 世纪 90 年代以来，随着网络的普及，企业信息管理也进入网络化管理阶段。为了适应时代的发展需要，企业纷纷构建基于网络协议的企业内联网管理模式。该模式的运作以企业内部群体为主，其宗旨是促进其内部信息的沟通，提高管理工作效率。

据有关部门统计，我国的制药企业已经全面实现了初步的财务信息化管理，而进销存系统的应用比率也高达八成以上，下一步制药企业将对物流管理系统、企业资源管理系统等企业信息化建设的重点给予更多的关注与投入。

医药行业在国家信息产业的政策引导下，正在加快信息化建设步伐，一是积极推广应用行业化 MRPⅡ（制造资源计划）、ERP（企业资源计划）等高层次的辅助管理和决策系统，并接入行业办公网及国际互联网；二是加强重大技术供需信息库及科技信息网络的基础设施建设，大力推广电子信息技术的应用，加快医药传统产业的技术改造，逐步实现生产自动化；三是国家已批准开展的医药电子商务及医药电子交易试点工作。

（二）医药企业信息化管理特点

医药企业信息化管理，必须从企业长远发展规划入手，考虑各方因素，注意如下几点。

（1）利用信息技术适应市场竞争。医药行业具有科技含量高、投资力度大、研制周期长、更新换代快、高风险和高效益并存的特点。由于一些医药企业或管理部门对行业信息利用不充分、多头投资等原因，在项目投资决策、产品品种决策等方面存在较大的盲目性，往往造成决策上的失误。医药企业信息化必须快速、及时地应对千变万化的医药市场。

（2）运用信息手段提升管理决策能力。我国医药企业在充分利用现有信息设备的同时，还要不断提高经营决策者的信息处理能力。一方面，企业决策应向"财富＝信息＋经营"的观念转变；另一方面，医药企业的经营决策者要从市场的消费趋向、新产品的市场潜力、产品的市场占有率、市场竞争的结构变化等众多医药信息中获取对自己企业有价值的信息，不断提高信息处理的能力。

（3）培养信息化专门人才。拥有一支高素质的信息人才队伍是医药行业信息化快速发展的基本保证。企业应培养一批既懂计算机和网络技术，又有信息分析处理和服务能力的复合型人才。

（4）信息化需贯彻全局观念。许多医药企业正是由于在进行信息化建设的过程中忽略了整体观念，以至于在整个企业中形成了一个个信息孤岛，各种信息数据不能相互共享，无法发挥信息系统的功效。医药行业信息化不仅要从诸如业务、财务、质量、绩效以及人力资源等各种信息数据入手，紧密结合成一个统一的整体，而且要相互融合渗透从而达到协调一致，共同促进管理提升，更要重视企业在各个发展阶段信息化建议的延续性，既能适应当前的需要，又能为将来的发展奠定基础，使信息系统成为一种可持续发展的资源。

（5）充分体现医药行业的行业特色。包括医药行业政策规定如 GSP、GMP 等规范要求、对药品效期的严格要求、对库存管理要求高、对药品配送的要求、对销售数据及时把握等。

二、医药企业信息化建设

（一）医药制造企业信息管理系统的模块和功能

建立企业信息管理系统实质就是利用信息技术使企业全面实现业务流程数字化和网络化，可以使企业高起点地采用当今世界先进的信息技术进行经营管理，我们需要考虑以下几方面：

① 是否支持本土化应用，是否能够符合国家财政部的账务管理要求；

② 是否在药业具有最佳的行业实践经验，能够为企业的管理提供极佳的参照，特别是在生产管理、质量管理和设备管理等制药行业所重点关注的需求方面具有竞争优势；

③ 是否具有在新建医药企业的成功应用范例，是否能够支持 GMP 技术规范；

④ 系统流程是否严谨、清晰，功能强大、灵活，同时具有较佳的稳定性和安全性；

⑤ 系统界面是否友好，操作是否简便；

⑥ 系统是否可以适应因组织架构的调整而带来的业务变更；

⑦ 系统是否在集团管理应用方面具有一定的优势，能否适应今后的集团化发展趋势；

⑧ 系统是否具有处理海量数据的能力，是否能在低带宽的网络条件下支持远程应用；

⑨ 系统的维护成本是否可控，在国内是否可以形成稳定成熟的技术支持网络。

基于上述的种种考虑，我们认为制药企业信息管理系统可以分为 4 个中心和一个平台，即营销中心、制造中心、科研中心、信息中心以及系统支撑平台，如图 13-3 所示。

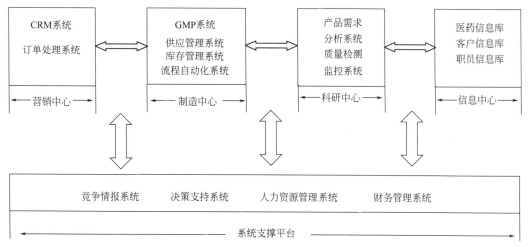

图 13-3 制药企业信息管理系统总体框架图

1. 营销中心

（1）CRM 系统　制药企业面临的客户是诸如医院、医药销售企业、医疗机构的大客户，而 CRM 系统则主要是通过利用客户信息来维护客户关系，并从中发掘开拓新客户的商机。系统提供客户基本信息分析、客户采购分析、客户满意度分析、客户忠诚度分析等功能。客户基本信息分析模块收集客户基本信息（规模、企业类型、地区等），从中分析哪类企业是销售对象，那个地区市场占有情况如何，为制订营销策略提供支持。客户采购分析模块根据每个客户的采购周期、采购数量、采购种类进行分类，为制订区别服务提供依据。客户满意度分析模块通过分析影响客户满意度的因素信息（通过电话访问获取相关数据），按不同时间段、不同类型客户以及不同地区等分析角度或从总体上对客户满意度构成进行多维分析和预测。客户忠诚度分析模块通过分析影响客户忠诚度的因素信息，为培养顾客忠诚度提供依据。

（2）订单处理系统　订单处理系统是营销中心与制造中心联系的枢纽，通过该系统实现两中心的实时沟通，确保订单准时完成。系统实时接收客户订单，生成待处理订单等待审批，通过审批的待处理订单将发送到制造中心生成生产单，未审批的待处理订单定期将发出提示信息，直到接受处理之后。同时，系统根据订单的订货量、订货时间、客户种类等进行分类存储，供日后查询。

2. 制造中心

（1）GMP 系统　GMP 是国际对《药品生产质量管理规范》的通称。1999 年 6 月 18 日，原国家药品监督管理局发布《药品生产质量管理规范》，并从 1999 年 8 月 1 日起开始正式实施，现在执行的是 2011 年版。这个规范是药品生产和质量管理的基本准则，适用于药品制剂生产的全过程和原料生产中影响成品质量的关键工序。2013 年 12 月 28 日修订发布的《中华人民共和国药品管理法》规定，药品生产必须按照 GMP 组织生产，并对监督实施办法和实施步骤提出具体规定和要求。

GMP 系统对每个制药企业的制造中心进行监督，确保药品生产的安全性和规范性，保证人民群众的用药安全。

（2）供应管理系统　制药企业要保持稳定的生产，必须对原料供应进行严格控制，供应管理系统提供采购材料管理和供应商管理两大功能。采购材料管理模块对每样原料进行登记检查，结合 GMP 对原料质量严格监控；供应商管理模块主要是提供供应商资料存储，根据企业生产的医药种类和企业规模详细存储企业资料，包括企业注册名称、主营业务、地址、联系方式等。

（3）库存管理系统　库存管理系统由成品库管理、半成品库管理、原料管理、综合查询等功能模块组成。成品库管理、半成品库管理、原料管理三个模块分别对成品、半成品、原料的入出库、存储、质量检测等进行管理；综合查询模块提供单条件和多条件医药信息查询，方便及时掌握各种医药库存情况。

（4）流程自动化系统　建立流程自动化系统对整个生产线进行计算机管理，实现生产自动化运作，提高生产效率。系统提供流水线设置、修改、监测功能等模块，流水线设置模块通过流程图排序、编画，方便地构成生产流水线图；修改模块提供方便的流水线图更改、重排，使得生产作业可根据情况进行更优化的排序；监测功能模块是系统对运作中的生产线进行实时监控，当发现生产运作出现问题时，将发送告警信号，直至运作恢复。

3. 科研中心

（1）产品需求分析系统　只有市场需要的产品，才是有价值的产品，要研发出有价值的医药，就需要对市场有足够的认识和研究。产品需求分析系统是一个数据搜集和统计系统，操作人员可在系统上对各类医药的需求状况（销售量）、各类医药的药效分析报告、社会病症的统计分析报告等进行信息搜索，同时，系统将搜集的信息进行分类统计，为制订研发目标提供依据。

（2）质量检测监控系统　医药研发是药品处于试验的阶段，为了能制造出有效安全的产品，整个研发过程都应当处于质量检测监控系统之下。系统为每一项研发项目建立追踪文档，研发人员可在相应的文档管理块中进行定期的检测试验报告编写，报告将自动保存至信息库中，供有关人员查询；同时，系统建立 GMP 标准库，供医药研发过程中及时查询。

4. 信息中心

（1）医药信息库　医药信息库是制药企业一切有关产品的相关信息的数据库，包括订单库、生产流程图库、库存信息库、试验报告信息库等，系统提供分类别、日期等多种查询方式。

（2）客户信息库　客户信息库分类别存储客户的基本信息、采购信息、其他信息等，基本信息包括企业名称、企业规模、所在地区、联系方式等；采购信息包括采购数量、采购种类、采购日期等；其他信息包括信用度等级、忠诚度等级、意见信息等，建立完善的客户信息库为客户关系管理（CRM）乃至战略制订提供有力支持。

（3）职员信息库　由于制药企业往往拥有数目庞大的生产工人和办公职员，为了更好地完成 HR 工作，建立职员信息库显得非常必要。职员信息库主要包括基本资料、奖惩记录、评定等级等。基本资料包括姓名、性别、籍贯、身份证号、岗位、录用日期等；奖惩记录是存储奖惩的原因、时间、结果等；评定等级是管理人员对员工的评定分数，定期更新。职员信息库实时根据员工实际情况作存储的增加和删除，保持信息库信息的准确性。

5. 系统支撑平台

（1）竞争情报系统　当前制药企业面临来自国外制药巨头的强力挑战，要立于不败之地，就需要做到知己知彼，建立竞争情报系统显得非常必要。系统由采集、整理、发布等功能模块组成，采集模块提供情报人员实时从企业关注的诸多网站搜集的情报信息；整理模块提供分类体系进行分类存储；情报人员编写的分析报告可通过发布功能模块方便地传送到企业每一个需要的部门，很好地做到信息共享。

（2）决策支持系统　决策支持系统是一个信息库接口集成平台，分为生产决策模块、采购决策模块、科研决策模块等。生产决策模块可连接库存系统和订单处理系统，并提供各类统计报告；采购决策模块连接库存系统、订单处理系统和供应管理系统，提供采购预备单编制功能，可直接转发到供应管理系统信息库中；科研决策模块可查询产品的需求分析报告和监测试验报告，对科研中心进行运作指导。

（3）人力资源管理系统　面对庞大的员工队伍，人力资源管理系统需要建立在职员信息库之上来进行人事管理、考勤管理、工资管理等。人事管理模块提供灵活的报表功能，根据用户需要，输出相应的报表；考勤管理模块提供考勤设置、刷卡操作、考勤输入、考勤查询等；工资管理模块提供查询职员奖惩记录、评定等级、考勤状况功能，为工资统计计算提供依据，操作人员可进行工资输入、工资调整、工资设置等。

（4）财务管理系统　财务管理系统主要提供单据接收、成本计算、报表处理等功能。单据接收模块实时接收生产单、采购单和科研分析报告，为成本计算提供依据；成本计算模块可供操作人员计算各类成本，生成相应报表；报表处理模块提供输入、修改、存储、发布、查询、打印等功能，使得各类报表更加易于操作。

案例 13-1　上海信谊金朱药业有限公司 ERP 应用

上海信谊金朱药业有限公司所选用的浪潮通软医药行业解决方案，主要业务模块包括 7 个部分，分别是生产计划、采购管理、库存管理、存货核算、销售管理、质检管理和财务管理，如图 13-4 所示。

生产计划管理：生产计划子系统是 ERP 的核心模块之一。生产计划是按照主生产计划的需求，结合产品结构，计算出物料的需求量，保证物料在需要的时候才供给，保证生产的连续性和及时性，体现一个计划的原则和 MRP II 理论结合实时生产系统（JIT）的思想。生产计划子系统对要生产产品的各个环节进行细化，保证生产的连续性和及时性，同时在安排生产之前，进行能力需求的计划安排，对车间下达车间作业计划。生产计划子系统的内容包

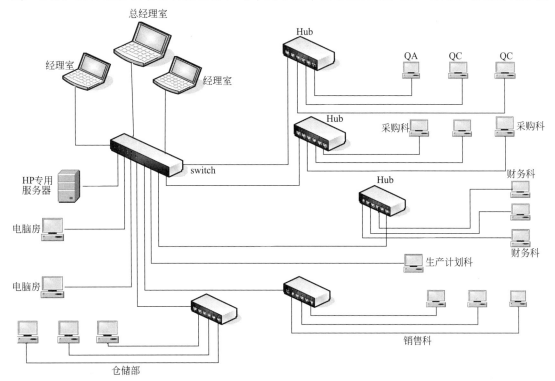

图 13-4　上海信谊金朱药业有限公司 ERP 构架

括计划大纲、主生产计划、独立需求计划、计划变更、粗能力需求计划、能力需求计划、物料需求计划、车间作业计划等内容。

采购管理：采购管理子系统基于整个采购业务环节，能够帮助采购人员控制并完成采购物料从需求计划→采购计划→比质比价→订单下达→到货接收检验入库→发票核销→付款结算的全部采购过程。可以有效地监控采购计划的执行、采购价格的比较以及供应商交货履约情况，从而帮助采购部门选择最佳的供应商和订货策略，提高采购工作质量和工作效率，降低采购成本。

库存管理：库存管理子系统从实物管理的角度出发，实现企业对物流的管理。加速物料流动，减少库存积压，加强物流的批次跟踪，严格物料的失效期管理是库存管理的重点。库存管理子系统对物料的出库、入库、移动、盘点等业务进行分类管理和控制，可以从类别、库别、货位、批次、单件、等级、ABC分类等不同的角度来管理库存物品的数量、库存成本和资金占用情况。可以按不同的需要反映库存的分布情况，可以满足异地仓库、调拨在途、过期跟踪、散件配套等行业需求。同时，库存管理还能满足传统的收、发、存汇总表，能够定义分部门统计等功能。

存货核算：存货核算子系统从资金管理的角度出发，加强对物料的管理。旨在降低存货的资金占用，完成物料收、发、存的成本核算。系统提供暂估入库、出库成本计算、差异核算、出库差异分摊、凭证生成等业务处理。企业可以按照实际业务需求，通过设置系统开关以自动进行处理，简化手工操作。库存管理和存货核算从实物和价值两个角度分别对仓库物料进行管理，使物流、信息流和资金流达到完美和谐的统一。

销售管理：销售管理子系统帮助企业的销售管理人员完成客户档案管理、销售产品管理、产品报价及折扣管理、销售计划管理、销售订单管理、客户信用额度检查、销售发货处理、销售发票处理、销售费用管理、客户退货管理、应收款管理等一系列销售管理事务。此外，该系统还实现了与防伪税控系统的接口、异地分销的数据传输等有关事务处理。

销售管理子系统根据大中型生产企业的需求而设计，尤其适合目前国内流行的分销业务处罚模式，同时兼顾直销模式。本系统也支持多币种核算，与生产、库存、财务管理子系统均有良好的接口。

质检管理：质检管理子系统帮助企业的质检管理人员完成原辅材料检验，在制品、半成品的检验，成品检验，以及检验不合格物料的处理等一系列质检管理事务。此外，该系统还实现了产品分等级的有关质检事务处理。

财务管理：财务管理部分包括总账系统（账务处理、辅助核算）、报表管理、现金流量表、工资管理、固定资产、财务分析等子系统。可以随企业的应用规模扩展而扩展，各部分既可以相对独立应用，也可组合为一个整体来应用，可以满足企业全面管理的需要，也可以随企业网络规模的扩展而扩展。

企业财务管理部分的核心环节是总账系统，总账系统作为业务软件传送数据的归结点，它要对各个业务系统传递过来的凭证进行审核记账，同时还要处理企业日常发生的各个部门、个人、工程项目的核算、现金和银行账的核算、月末的转账等。采购业务通过应付、库存、存货系统分别将应付信息、存货数据传递到总账，销售业务通过库存、存货、应收系统分别将存货、应收信息传递到总账，通过数据的无缝连接，解决了长期困扰企业的数据不共享、信息传送不及时的现状，真正实现了财务、业务的一体化。

> **思考**：1. 上海信谊金朱药业有限公司所选用的软件有什么特点？
> 2. 上海信谊金朱药业有限公司的架构怎么样与软件相结合？

（二）医药销售企业信息管理系统的模块和功能

规范化、规模化是现代医药销售企业的发展趋势。为此，应当建立医药销售企业自身的信息管理系统，一个良好的信息管理系统是一个有效的系统集成体，将能很好地解决信息共享和数据整合的问题。医药销售企业的信息管理系统可以分为两个平台、两个系统：销售经营平台和辅助支撑平台，医药质量安全检测控制系统和数据库系统。

1. 销售经营平台

（1）CRM 系统　客户是一个企业生存的基础，由于医药销售企业面临的是广泛的群众客户，因此，通过客户分析从中发掘有用信息对营销策略的制订非常重要。CRM 系统是医药销售企业发掘客户信息的良好工具，系统具有客户发展分析、客户流失分析、客户投诉分析、客户查询分析等功能。客户发展分析模块从总体和不同种类的客户群等角度分析客户的发展情况，了解客户的真正消费情况，了解客户真正的需求；客户流失分析模块从总体和不同种类的客户群等角度分析客户的流失情况，了解客户流失的原因和流失的结构，为制订应对策略提供支持；客户投诉分析模块会集中客户意见中的焦点，为企业发现经营问题提供良好的支持；客户查询分析模块对客户查询的信息进行统计分析，为企业决策提供支持。

药店需要获取的顾客信息有：来店客户的情况及购买情况。来店客户情况包括来店顾客居住环境、来店交通工具、来店所需时间、来店频率、男女比率、平常日与周末日比较等；客户购买情况包括购买动机、购买比率、客单价及客数、满意度等。

（2）计费财务管理系统　计费财务管理系统是一个医药和现金流通的统计系统，系统连接前台收银系统，将医药和现金流通情况直接存储到数据库中，并可根据情况进行报表打印和报表设置，如月度医药销售统计表、月度现金流量表等。

（3）订单处理系统　系统负责企业订单的调度工作，实时接收客户订单，与数据库信息进行实时交流，生成采购订单。同时，系统根据订单的订货量、订货时间、客户种类等进行分类存储，供日后查询。

（4）医药信息查询系统　医药信息查询系统可以方便消费者进行分类查询，在购买前提供参考和比较。消费者可根据医药类别、主治功能等进行查询，在每一个药房设置查询终端，终端通过医药信息查询系统访问医药数据库，实现实时查询。

（5）退货处理系统　针对不合格医药的回收，退货处理系统提供医药登记、账务处理、报告存储等功能模块。医药登记模块将出现问题而回收的医药信息存储在指定数据库中，包括医药名称、日期、原因等；账务处理模块与计费财务管理系统接口，通过账务处理模块可直接对财务报表进行相应修改；报告存储模块提供编写和存储退货报告的平台，操作人员可将编写的分析报告直接存储在指定数据库中，供查询分析。

2. 辅助支撑平台

（1）人力资源管理系统　对于医药销售企业来说，营销人员的工作积极性直接影响企业收入。因此，人力资源管理系统除了有人事管理模块、人事考核模块外，出勤管理模块和工资管理模块直接与计费财务管理系统接口。工资管理模块可从计费财务管理系统获取每日每间药房销售额与销售收入，再根据出勤管理模块编制的出勤表，计算出每位员工的工资额，以对员工产生激励作用。

（2）采购管理系统　为了确保医药需求的满足以及库存量的最小化，采购管理系统提供订单接收、库存查询、采购单编制等功能模块。订单接收模块能实时接收来自订单处理系统的订货单，生成待处理采购单；库存查询模块直接链接库存管理系统，从中获取医药库存情况；采购单编制模块提供一个采购单编制平台，操作人员根据订单要求和库存情况进行编制，并存储在相应数据库，供查询分析。

（3）库存管理系统　库存管理系统由信息查询模块、预警模块和仓库管理模块组成。信息查询模块提供单条件和多条件医药信息查询，方便及时掌握各种医药库存情况；预警模块提供各类医药最低库存量提示设置功能，当库存量低于最低库存量后，系统将出现提示信息；仓库管理模块提供医药库存地点设置功能，操作人员可根据模拟仓库进行医药存储，按照模拟方式进行实物存储可方便货品出库入库。

（4）决策支撑系统　决策支撑系统主要由信息收集模块和专家智能模块组成。在信息收集模块上可对整个信息管理系统信息进行查询。专家智能模块提供条件信息分析，根据操作人员输入的条件，输出建议。

（5）供应商管理系统　医药销售企业要有好的销售业绩，必须保证稳定的货物源泉。因此，供应商管理系统显得非常重要，系统提供采购单接收、供应商资料存储、新供应商搜索等功能。采购单接收模块实时接收采购管理系统生成的采购单，并根据采购单的内容，自动筛选符合的供应商名单；供应商资料存储模块根据企业生产的医药种类和企业规模详细存储企业资料，包括企业注册名称、主营业务、地址、联系方式等；新供应商搜索模块运用搜索技术提供医药制造商的专门搜索平台，为企业寻求更加广泛的供应来源。

（6）办公自动化系统　结合医药销售企业的特点，一套典型的办公自动化系统可以分为个人办公秘书平台、信息查询平台。个人办公秘书平台提供日程、通讯录、记事本等功能；信息查询平台提供电子公告牌、库存管理系统链接等功能。

3. 医药质量安全检测控制系统

医药物品是一种独特的商品，其质量要求非常高。因此，医药销售企业无论从采购、库存、销售必须抓住质量安全检查。医药质量安全检测控制系统是各种医药安全指标的信息库系统，操作人员将检测结果输入系统，系统将根据医药类别和检测结果与标准数据库比较，输出质量合格与否的信息。

4. 数据库系统

数据库系统是一个子数据库管理和数据库保护系统，主要提供各子数据库的分类管理，包括医药安全指标信息库、供应商资料库、库存信息库、采购单库、订单库、财务账单库、客户信息库以及数据备份和信息安全保护等。对于连锁药店，需要获取的总销售额、各分店销售额、销售现场效率、顾客购买额度、畅销品种、滞销品种等信息非常重要。

案例 13-2　泛微协同医药型企业解决方案

泛微协同医药型企业解决方案是基于 B/S 架构的泛微协同商务系统，将医药型企业涉及的销售过程、质量监控、费用控制等管理环节整合在一个平台上，实现各级销售公司的销售、回款及库存信息的及时共享，厂家、经销商和零售终端等营销资源的有效整合，减少了应收账款和相关费用，有效管理库存、对市场进行预测分析、增加了销售额，通过提供低成本的产品和高效率的服务提高了企业的经济效益和市场竞争力。

泛微协同商务医药行业解决方案涉及物流、人力资源、GMP 质量管理、生产、分销、OA、决策支持、集团财务等涵盖企业业务过程的业务流、信息流、资金流的集成管理。

1. 内部办公管理

（1）企业内部知识文档的积累、共事和利用　泛微协同商务系统的 e-Document 提供了全面的知识文档管理框架，对企业各类文档［标准作业程度（SOP）、批生产记录、工艺规程和技术手册等］进行规范化的流程管理，并允许用户在任何时间和地点编辑、存储和创建任何类型的文档。其与 e-Workflow 相结合，完整的管理文档从创建、维护、审批、分发到最后归档，是一个完整的生命周期。

（2）人事信息、人员变动的系统化管理　泛微协同商务系统的 e-HRM 涵盖所有人事管理功能的同时，引入协同矩阵模型的理念，通过与其他模块的协同工作，实现企业人力资源

学习情境四 连锁药店管理

管理的全面化和人性化,以组织结构的形式来体现整个企业的人力资源构成,企业每位员工的基本信息、考勤信息、财务状况、在系统中创建的文档、拥有的客户资源、正在参与的项目等所有信息都能够在人力资源卡片上体现出来。e-HRM 结合企业信息门户 EIP 给每位员工提供唯一的登录系统账号,员工在相应的权限控制下完成信息的录入和业务的处理。

(3) 客户资源信息的存储、查看　泛微协同商务系统的 e-CRM 以客户卡片的形式存储客户的基本信息、联系情况、合同信息及回款情况。更为重要的是,e-CRM 将客户管理深入到企业的各个部门中,结合 e-Doc 完成客户相关需求、方案、合同书的管理,结合 e-Workflow 完成客户级别的审批及销售过程的跟踪,即使客户经理变更,新接手的客户经理也能够全面了解客户的情况。

结合企业信息门户 EIP,根据客户的级别给企业的潜在客户提供登录系统的门户账号,实现供应商、分销商、企业、客户内外部双向实时的信息交流和业务处理。

(4) 项目所有信息的管理跟踪　泛微协同商务系统的 e-Project 管理项目的整个生命周期,包括项目的启动、计划、执行和结束。企业可以根据实际情况实现合理的项目运作,对项目的人、财、物实现恰当的分配和管理,同时结合其他模块,管理项目进行过程中的会议、建立阶段性的项目认定书、启动相应的工作流通知项目成员。

(5) 资产设备规范化管理　泛微协同商务系统的 e-Logistics 对企业的资产设备进行规范化的管理,实现资产的申购、借用、盘点、出入库等相关功能,并提供多种角度对资产的分析。

2. 营销管理

营销管理主要包括:①采购管理;②库存管理;③销售管理;④促销管理;⑤赠品管理。医药产品销售是医药行业企业业务链的重要环节,而销售过程管理是医药企业管理和控制市场的必经途径。包含市场开发、策划及实施的管理,销售过程的细化分解、有效控制,从而实现控制销售费用、提高销售收入的企业经营目标。在此过程中,企业经常遇到如下问题。①如何有效管理医药渠道的各级分销商的销售、库存、回款?②对应收账款应采取何种应对策略?③如何针对 GSP 规范和批次号实现医药品的有效期管理,解决药品流通中的退货问题?④如何加强连锁药店与零售终端的管理,最优化管理库存、加速供应商的周转率、保持销售额的稳定增长?这些问题是阻碍企业发展的关键因素。那么如何解决这些问题?泛微协同商务系统中的 e-SCM 提供供应链的组织结构设计,协调供应链的管理与控制,对市场需求做出预测、计划与管理,对库存进行管理,对供应商、分销商进行管理,对资金和其他相关信息进行管理。结合 e-Workflow,可监控药品出厂后通过各环节的物流方向,及时掌握系统中各级分销商的销售库存情况;跟踪各级分销商进货及回款;分配销售指标及销售代表的销售业绩;核算各级分销商及不同类别零售商的进销货情况等。泛微协同商务系统的 e-SCM 供应链管理结合其他模块协同运作打破了存在于采购、生产、分销和销售之间的障碍,实现了供应链的统一和协调;供应商和经销商之间可以实时地提交订单、查询产品供应和库存状况,获得市场渠道和销售信息以及随时的客户支持;企业可以清晰及时地监控企业的销售、库存、货物和资金周转状况等业务信息。e-SCM 供应链管理通过信息集成、物资集成和管理集成,提升了企业的经济效益和竞争力。

3. 生产过程监控

泛微协同商务系统可将某一种类药品的生产过程作为一个项目来进行,对项目的人、财、物进行恰当的分配和管理。对项目进行逐层的分解,最终获得可控制和可操作的子任务,还可以管理各种会议,并可创建各种类型的文档和自动启动相关的工作流。同时,可对项目进行各种角度的分析,帮助管理者分析项目进展的状况、人力和物料使用的状况以及相关的预算和费用支出,帮助用户及时发现影响项目进展的因素从而对项目做出调整,达到项目管理的最优化。

泛微协同商务系统的 e-Project 结合其他模块可对药品生产的整个过程进行监控，使管理者能够及时准确地掌握各个生产环节的情况并合理制订生产计划，对整个药品生产全过程进行监控：①对药品生产所用的物料（原辅料、材料、包装材料、标签）质量进行监控管理；②对药品生产过程中的每道工序的中间体进行监控；③对每个批次的药品进行检验、审核，确保销售药品的质量；④批次药品生产过程中的配料单进行审核；⑤详细记录生产过程的现场环境、温度、人员等数据，由系统对该类数据进行统计分析。

4. 质量管理

由于医药产品的特殊性，其质量要求严格监控。因此，医药企业在严格控制业务流程的基础上，需要进一步强化 GSP 管理，达到严格控制物流的目的。根据 GSP 的具体管理要求，泛微协同医药企业解决方案涵盖了符合 GSP 标准的质量管理、库存管理、设备管理、销售管理等。

（1）药品质量监控管理　泛微协同商务系统的 e-Workflow 可跟踪整个质量控制过程，结合权限分配和角色设置，实现药品审批控制，自动生成相应的检验记录日志。以 GMP 质量管理为标准，对药品生产所用的物料（原辅料、材料、包装材料、标签）质量进行监控管理。

（2）产品有效期控制　系统实时跟踪每一记录，据每批药品设定的保质期、库存量或销售期，系统自动触发流程提供提醒功能，实现产品有效期的控制。

5. 集团财务管理

现代医药型企业大多为多分支机构或连锁型，由于地域的分散性，造成总部和分部之间不能及时沟通和交流，导致总部不能实时汇总下属分支机构的数据以做出正确的决策。

泛微协同商务系统的集团数据中心提供了类似万能报表的功能，方便集团总部随时了解和监控下属分公司的运营情况。通过集团数据中心总部可实时汇集下属公司财务、生产、销售、人事、成本、收益等方面的数据，并汇总到总部，总部利用集团数据中心提供的报表分析工具，参考下属公司生成的各种运营报表，帮助集团管理者做出分析和决策。

相应地，下属公司通过查看泛微协同商务系统提供的总部要求的各下属公司上传的数据的共享信息，使整个公司能在统一的业务平台上进行运转。

6. 决策支持服务

泛微协同商务系统提供报表中心功能，定期生成知识文档报表、人事报表、客户报表、资产报表、财务报表等。对于企业管理者来说，系统的报表中心功能提供了一个企业运营涉及的各个方面情况的清晰浏览，协助管理者根据具体的数据做出正确的决策，这对于分散性经营、集中式管理的医药企业来说尤为重要。

思考：1. 泛微协同医药型企业解决方案的网络结构怎样？
2. 泛微协同医药型企业解决方案适用于哪一类型的医药企业？

任务三　医药电子商务建设

一、医药电子商务简介

（一）医药电子商务的含义

IBM 曾将电子商务解释为两个方面：电子商务化和商务电子化。电子商务化诞生于互联网，基于较成熟的互联网技术开展商务活动，可以无店面销售。可是互联网一旦不存在了，它们也就无法生存。而商务电子化是出生于传统产业，自身发展到一定规模后与互联网结合，利用互联网方便快捷的手段开展商务活动，在企业整体的销售链中都采取了B2B的垂直的电子商务模式。从1996年至今，电子商务以每年103%的速度增长，1996年12月联合国国际贸易法委员会制定了《电子商务示范法》，这提示电子商务成为21世纪世界主要商贸交易形式。

就医药行业而言，电子商务是指利用信息和技术手段对企业（内部）管理、市场规划、营销控制、客户管理、企业集团业务应用等流程进行再塑。享受比传统购物更优惠的价格，可以获得电子商务所带来的所谓"个性化、专业化、智能化服务"。

医药行业作为一个特殊的经济领域，医药电子商务应包括医药信息的共享和电子结算，还应包括合法的医药生产企业与生产企业（原料药、制剂）、流通企业及医院的网上交易，包括合法的医药流通企业与流通企业（批发、零售）及医院的网上交易，包括零售药店对消费者的网上销售。

（二）医药电子商务的模式

从理论上讲，医药电子商务可以有四种模式。

（1）企业对企业（business to business） 医药企业对企业的电子商务就是企业之间通过互联网进行商品、服务及信息的交换。

（2）企业对消费者（business to consumer） 网上药店对消费者的交易。网上零售随着互联网的出现而迅速发展，例如，保健品厂将产品卖给消费者。

（3）企业对政府机构（business to government） 企业对政府机构包括企业与政府机构之间所有的事务交易处理。例如，制药厂向医药管理部门申报药品批文，除此以外，医药管理部门也可以通过电子交换的方式处理企业的申报业务等。

（4）消费者对政府机构（consumer to government） 消费者对政府机构的形式已经出现。例如，消费者向医药管理部门投诉药品质量问题，政府机构为提高工作效率和服务质量，会逐渐效仿商业的服务模式，通过网上来进行。

但事实上，目前世界各国医药电子商务主要采用两种模式：B2B模式和B2C模式。其中，B2B模式是医药电子商务的主流，占整个医药电子商务交易额的85%；B2C模式业务相对较少，只占整个医药电子商务交易额的15%。

（三）国内外医药电子商务的现状与发展趋势

医药行业是一个国家监管比较严格的行业，药品质量、用药安全关系到人们的身体健康，所以药品的流通监管显得尤为重要。互联网、电子商务的发展打破了药品的传统流通渠道限制，药品通过互联网进行交易、流通已经绕过了传统的监管体系，使原有的监管体系在互联网环境下起不到作用，所以互联网的发展也迫切要求医药行业进行电子商务化。

据艾瑞咨询研究监测，2007年阿里巴巴的总营业收入由2006年的13.6亿元增长65.4%，达到22.5亿元，占据收入市场份额也由2006年的51%上升至57.3%；而专注于外贸领域的环球资源也保持了良好的增长势头，以15.3%的市场份额位居第二；海虹医药作为医药行业的B2B电子商务平台占据了市场份额的第三位。

医药领域引进电子商务，是国际上的大趋势。根据有关数据显示：国外网上药店已经成为百姓购药一种普遍的渠道。截至2004年，美国已有1000多家网上药店，美国医疗行业电子商务交易总额由1999年的64亿美元上升到3700亿美元。其中，把供应商与医院、药房和门诊部连为一体的B2B电子交易达到1240亿美元左右，网上诊断和网上药店等B2C交易达到220亿美元左右。美国医药界目前已经完全进入网上交易时代。在欧洲，药剂师协会下属的药店，90%以上都开展网上药品预订服务。

在中国，1999年就开始了医药电子商务探索；2004年，由于假药猖獗、黑店横行，网上药店曾遭到封杀。直到2005年12月1日开始，国家药监局才逐渐放开，允许企业申报互联网药品交易服务。

到2007年6月18日，全国已获得"互联网药品信息服务资格证书"的企业总共1178家，占申请企业数的50.09%，其中经营性385家，非经营性793家，获得信息服务资格证书企业数前六位的省份及直辖市为：北京、上海、广东、陕西、江苏、浙江。截至2014年8月15日，全国已获得"互联网药品交易服务资格证书"的企业有297家。随着互联网药店发展，2013年网上药店发展强劲。仅2013年，全国新获得"互联网药品交易服务资格证书"的企业有82家，具体见图13-5。

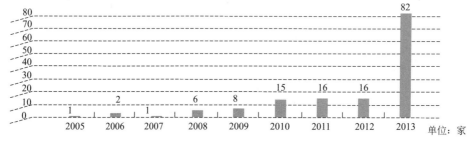

图13-5　历年发放网上药店牌照数量一览图

在2013年B2C格局上，天猫医药馆交易额达20.4亿元，较2012年的7.5亿增长了172%；自主式医药B2C网站渠道为16.8亿元，同比2012年的8.5亿元增长98%，京东POP平台的京东医药馆成为新的交易市场，全年交易额达3.5亿元。具体见图13-6。

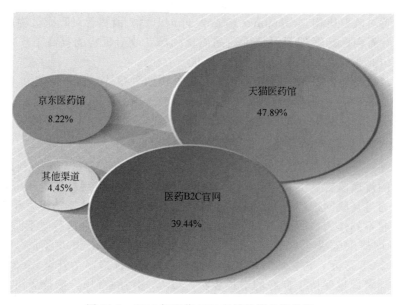

图13-6　2013年医药B2C交易规模市场份额

2013年在天猫医药馆交易额过亿的商家有健一网、康爱多网上药店、七乐康网上药店、昂生大药房网；而医药B2C官网交易额过亿的企业有4家：百秀网（可得网）、康爱多网上药店、药房网、健一网。2013年，10强的门槛为1亿元，销售过亿的网上药店估计达15家，而2012年仅为6家。广东、上海、北京所属地网上药店销售额位居全国前三。

学习情境四 连锁药店管理

在网上药店的销售品种比率上，医疗器械独占鳌头为52.8%，其次为药品为37.71%，食品保健品占5.98%。

由以上数据（图13-7、表13-2）可看出，随着网购客户规模的增长、网购范围的扩大，我国医药电子商务在稳步发展，特别是2012年、2013年、2014年3年发展极为突出。同时大部分的连锁药店开展网上零售业务也在这个阶段，其发展模式主要为内部附属部门为主，70%的企业网上药店业务作为公司的其中一个业务部门运作。从人员投入看，超过100人的只占15%，投入较少。传统药店的电商业务仍处于起步和建设阶段，仍受制于发展B2C的技术、运营、推广、人才等诸多瓶颈。

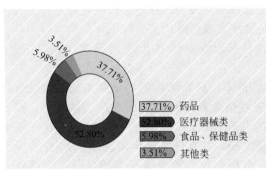

图13-7 网上药店的销售品类分布图

表13-2 单一品规年销售贡献5强

排序	网店名称	品规数量/种	销售贡献/%
1	好药师网上药店	2000	12.00
2	健一网	3566	10.66
3	华佗药房网	1300	10.00
4	七乐康网上药店	3713	9.79
5	上海药房网	1250	8.02

借鉴国外发展经验，我国医药企业的总体趋势是：未来几年内，只有传统企业方式与互联网企业方式相结合的公司才能生存，才能发展。电子商务仍是未来的发展方向，它为世界经济的发展注入了新的活力，医药产业作为我国国民经济的支柱产业，医药系统的电子商务化是时代发展的必然趋势。因此，虽然目前国内仍以传统销售方式为主，但医药电子商务巨大的市场前景已越来越被业内认可和关注。医药电子商务时代已到来，医药行业企业要获得发展就必须顺势而发，赶上电子商务发展的快车。

在政策面上，随着2014年《互联网食品药品经营监督管理办法（征求意见稿）》（放开处方药网售）、医保支付对接等政策推进，未来医药电商可能进入高速发展期。同时，国务院发布《关于促进内贸流通健康发展的若干意见》，提出促进线上线下融合发展，推广"网订店取"、"网订店送"等新型配送模式，提高物流社会化水平，这为医药电商B2C模式带来明显利好。

案例13-3 太安堂收购康爱多

根据太安堂2014年9月18日的公告，该公司拟以3.5亿元收购康爱多100%股权。不仅如此，太安堂还宣布将投资5142万元用于电子商务及连锁业务建设项目，合计在电子商务建设上投资4.0142亿元。

资料显示，广东太安堂药业股份有限公司2010年上市，是一家销售中药皮肤内外用药、心血管药、妇儿科药等特殊疗效中成药的药业集团。总部设于上海，拥有广东、上海两大生产科研基地、3家制药厂、2家医药营销公司。2013年，该公司营业收入7.85亿元，比上年增长51%，归属上市公司股东扣除非经常损益的净利润1.3亿元，比上年增长62%。

思考：太安堂为什么收购康爱多？

在医药行业面临未来要健康合理发展的急切需求时，医药电子商务的监督机制将逐步完善，这是一种理性需求，而在法律逐步完善的过程中，医药电子商务发展已渐渐透露曙光。

二、实施医药电子商务的步骤

实施医药电子商务，通常可以分三步：企业信息数字化、培训人力资源和开展医药电子商务。

（一）企业信息数字化

开展电子商务首先要建立网络的信息处理系统，对企业的生产管理、经济核算、业务往来等进行全面、系统的数字化管理，利用电子信息技术对传统产业进行改造，对生产过程进行优化控制，建立一套完整的企业内部数据库，初步实现企业内部资源的网络共享，为和其他系统互联，进行信息发布、交换打下基础。目前，企业信息化使用较多的是 MRPⅡ 和 ERP。

MRPⅡ 的基本思想就是把企业联成一个有机整体，从整体最优的角度出发，通过运用科学方法对企业各种制造资源和产、供、销、财各个环节进行有效地计划、组织和控制，使各个职能得以协调发展，并充分发挥作用。标准 MRPⅡ 模型从计划、分析到执行的整个环节均是紧紧围绕物流这条线索的，它的核心控制就是物流信息。在 MRPⅡ 下的生产控制模型如图 13-8 所示，该图比较清晰地反映了在 MRPⅡ 模型下的生产控制模型，它主要是根据工艺路线对实施的各个生产部门进行工序上的物流控制和加工，而不关心其他信息。

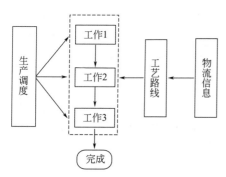

图 13-8 MRPⅡ下的生产控制模型

ERP 是一个庞大的信息管理系统，它是以 MRPⅡ 为基础发展起来的面向供应链管理的现代化企业管理信息系统，MRPⅡ 仍然是它的核心所在。ERP 系统的首要目标就是要将企业里的各个环节有效的连接在一起，通过 ERP 系统平台使得各个部门能够互相沟通，互相共享有用信息。达到资源的合理配置，人员的有效利用，提高医药企业的生产效率。系统通过对数据的及时和准确的处理，建立以计划、控制、分析为主的动态控制系统，对企业的物流、资金流和信息流进行全面的集成管理，使企业能够降低生产和管理成本，提高产品质量。

（二）培训人力资源

尽管所有行业的商务平台都可以借助通用的商务平台，但是无法满足特定行业商务活动的特殊性。比如，医药领域的商务，不仅仅体现传统商务的特性，还必须保障药品的及时性、安全性、产品的不可抵赖性等，医药领域需要具有行业知识的电子商务人才。

电子商务人才不仅要系统掌握现代信息技术、经济管理理论与方法、现代商贸理论与实务、网络营销理论与实务，而且还要掌握电子商务系统的分析、设计、实现和评价的技术，了解从事电子商务的相关法律，具有高度的竞争意识、创新能力和较强的电子商务应用能力，同时熟练掌握一门外语，在听、说、读、写、译等方面均达到较高水平。也就是说，在各方面均衡发展的基础上，对信息技术、英语的要求相对更高一些；同时要善于钻研思考，并善于与人打交道，对他人有一定的影响力。医药类电子商务人才，还要进行一定的医药知识学习。由此可见，电子商务培养的是复合型人才，而医药领域中的电子商务人才又是复合之复合型人才。一方面医药电子商务的实施需要与技术紧密结合，因此涉及网络、分布式数据库、计算机安全技术、多媒体技术、Web 设备、人机接口设计、医药知识；另一方面进行医药电子商务不仅需要了解其成本和效益,而且还需要懂得商业重组、适应管理、供应链结构、电子化商业中的会计与审计、仲裁者职能、作为交换媒体的资金性质、快速商业反应时间、电子商务法律、政策、规则等知识。

医药电子商务对人力资源的要求与传统商务对人力资源的要求有着本质的区别。以营销人员为例,传统的营销队伍十分庞大,人数众多,科技含量低,劳动强度大,占据企业利润百分比高,而在医药电子商务系统中,营销人员将大幅度减少,同时要求他们对微机应用、网路知识、企业信息化管理和电子商务一般流程等多方面知识有系统的了解。企业领导层、管理层还必须具有现代化管理的理念和技能。

(三)开展医药电子商务

和一般的电子商务系统一样,医药电子商务应该包括3层基本框架,即网络平台、电子商务基础平台和电子商务应用系统,而其中的电子商务基础平台又包括CA(certific ateauthority)认证、支付网关(payment gateway)和客户服务中心(customer center)。

1. 开展医药电子商务的模式

根据医药企业的现状和国家相关部门对互联网医药电子商务的管理规定,医药企业可以根据自己的现状和资源优势,选择以下电子商务模式。

(1)药品生产企业、药品批发企业电子商务网站。药品生产企业、药品批发企业通过建立企业自己的电子商务交易平台与本企业成员之外的其他企业进行互联网药品交易,但是只能交易企业经销的产品,不能销售企业经营范围以外的药品。

(2)向个人消费者提供互联网药品交易服务的药品零售企业电子商务网站。主要是针对药品零售连锁企业开展网上售药,但是只能局限在OTC药品领域,不允许在网上销售处方药,也是属于企业范畴的网站。

(3)第三方电子商务交易服务及资讯平台网站。主要是针对为药品生产企业、药品经营企业和医疗机构之间的互联网药品交易提供交易平台服务的企业。这类企业不得参与药品生产、经营;不得与行政机关、医疗机构和药品生产经营企业存在隶属关系、产权关系和其他经济利益关系。

2. 医药电子商务平台的组建

B2B医药电子商务平台,面向医药生产厂家、批发商、零售商和医院。用户可以在平台上发布需求、供应、转让和招标等信息;可以进行网上交流、合同商讨及签订等。平台包括用户管理、信息发布、信息查询、招标、合同、在线支付等商务功能,另外有些还提供了邮件、个人收藏夹、聊天室等工具协助用户进行商务接洽。这类医药电子商务网站较多,如医药网 www.pharmnet.com.cn 和易方达医药网 www.yyzs.net 等。

在医药电子商务系统中,经过需求分析和概念设计,可以将整个数据库模型细化为若干部分:如用户管理、产品信息、供销信息、招标信息、合同信息、邮箱、收藏夹、聊天室信息、审核信息等。为使合法用户有效地使用本系统,必须进行身份验证。用户注册成为会员,对会员进行分类管理,可分为付费会员和免费会员、或者VIP会员和普通会员。不同等级的会员享有不同的服务。

现阶段,明智的企业不应该自己去做B2B商业网站,而应该进入中立的B2B网站,无风险地享用B2B的社会资源。这样既能获得便宜的采购信息,又能大幅地降低成本。

3. 药品经营性网站备案

国家对经营性互联网信息服务实行许可制度;对非经营性互联网信息服务实行备案制度,经营性网站备案登记实施全国统一备案登记。经营性网站备案,是指经营性网站向工商行政管理机关申请备案,工商行政管理机关在网站的首页上加贴经营性网站备案电子标识,并将备案信息向社会公开。

药品经营性网站备案按照以下程序进行。

（1）前期准备有三个步骤　①申请者向药品监督部门申领《互联网药品信息服务资格证书》、《互联网药品交易服务机构资格证书》。②申请者向通信管理部门申领《ICP许可证》。③申请者取得《ICP许可证》后，向工商行政管理机关申请增加"互联网信息服务"或"因特网信息服务"的经营范围。

（2）在线提交申请。

（3）准备书面材料。

（4）送达。

（5）备案确认。

（6）安装备案电子标识。

案例 13-4　民生医药的电子商务新处方

医药电子商务目前不温不火的处境是由其现实状况造成的。据市场人士介绍，由于医药流通组织结构冗杂、流通秩序混乱，我国医药流通企业数量多、销售半径短、流通成本高。目前全国医药商业平均流通费用率为12.56%，销售利润率小于1%。而国外大公司的流通费用率一般在4%左右。物流费用高却是中国医药企业面对的共同问题。而这种差距就在于对于电子商务的理解。

行业门户与交易平台的融合说到药品电子商务，也许最广为人知的就是炒来炒去的"药品招标采购"。海虹是我国第一家取得药品招标代理资格的机构，占据全国80%～90%的市场。"药品电子商务包括资金结算、物流配送等环节，招标采购只是其中的一个阶段，或是一个过渡期，而不是全过程。"目前国家正在对招投标进行严格的监管，希望通过交易过程的电子化来避免一些暗箱操作的问题。实施电子商务是医药流通体制的一项改革，必然造成利益的重新分配，这是推行过程中的困难之一。"但这是一个趋势。"由于医药行业的特殊性和政策的限制，市场上之前没有一家企业能够打通医药电子商务的所有环节，集成了信息、增值业务、第三方物流的中国民生医药配送中心电子商务平台的出现则是令业界兴奋的消息。中国民生医药配送中心是我国首家按GSP标准建立的专业化、现代化、网络化、信息化的特大型公用医药物流中心，有别于现存的和建设中的任何一家医药流通企业，是目前医药流通行业中经国家药监局批准的唯一的试点企业。

"我们认为，相对于医药交易平台，我国的医药物流更为落后。今后我国医药物流发展方向是独立的第三方专业物流，一方面企业单一的物流在成本上无法与大型的第三方专业物流相比，且投资较大；另一方面异地设立药品仓库在政策上受到国家的限制。"佘清舟表达了对于医药电子商务"落地"的观点。

目前，重建现代医药物流体系正由构想变成现实，医药物流投资热正在形成。中国民生医药配送中心在武汉建设的400亩物流中心将为中国医药电子商务创建一种全新的模式。但佘清舟认为，400亩的物流中心不仅仅使武汉雄踞中原，可以辐射华东、华南等地区，更关键的是这个新建的物流中心提供的是一种新型的供应链管理模式。"国外医药电子商务的成功关键在于物流环节中的供应链管理"。佘清舟一针见血地指出了中国医药电子商务与美国医药电子商务的差距。找出了症结所在，民生医药就可以针对这个问题拿出自己的解决方案了。佘清舟对于自己提出的供应链管理颇有信心，因为民生医药将是第一家能够将软件体现的管理思想在公司成立之初就贯穿其中的企业。业务信息系统选用国外成熟的SCM供应链管理软件和CRM客户关系管理软件，直接将业务流程完全与系统软件融合，民生医药在公司业务开展的同步，开始管理软件的流程规划和实施，不再需要今后复杂的BPR过程，将流通过程降低到最低点。这意味着民生医药从一开始就能够与国外企业在同一管理起跑线上，站在巨人的肩膀上就能成功，从一开始取得国内企业所不能形成的管理优势。

思考： 1. 民生医药电子商务与销售、制造企业的电子商务有何异同？
2. 简述民生医药的电子商务特点。

项目小结

- 加强现代医药企业竞争力的对策是大力推广电子信息技术的应用，加快信息化管理步伐。
- 狭义的信息管理系统指由人、计算机等组成的能进行信息收集、传递、储存、加工、维护和使用的系统。广义的信息管理系统常常包含事务处理系统、办公自动化系统，以及在此基础上发展起来的决策支持系统。
- 企业信息管理系统主要分为：人力资源信息管理系统、财务信息管理系统、会计信息管理系统、企业营销信息管理系统、企业研发信息管理系统、企业生产信息管理系统等子系统。
- 世界各国医药电子商务主要采用两种模式：B2B 模式和 B2C 模式。
- 实施医药电子商务有三步骤：企业信息数字化、培训人力资源和开展医药电子商务。

主要概念和观念

◇主要概念
信息　信息系统　企业管理信息电子商务
◇主要观念
企业信息化管理　　企业电子商务

项目课时安排

①实训时间：2 学时。
②讲授时间：2 学时。

项目考核与评分标准

①考评者：授课教师。
②考核内容及评分标准。
以小组为单位进行评分，满分为 100 分。具体为：
a. 连锁药店的信息系统是否熟悉（30 分）；
b. 连锁药店的信息系统是否会用（40 分）；
c. 数据分析是否正确（30 分）。

项目综合思考

◇精选习题

1. 什么是信息？信息有哪些特征？
2. 画出并理解企业信息管理系统的层次结构模型。
3. 对医药制造企业信息管理系统和医药销售企业信息管理系统进行比较，简述它们之间的异同。
4. 医药企业有哪几种电子商务模式？
5. 简述医药企业实施电子商务的步骤。
6. 上网查找企业医药电子商务信息，并作出分析评价。

◇案例分析题

华氏大药房信息化解决方案

在这家医药连锁销售企业的管理者看来，药店连锁企业能不能良性运转，和仓库管理有很大联系，如果对库存状况不能够完全清晰把握，很可能出现药品大规模过期的情况，形成暗亏。通过信息化建设，该连锁药店实现了对应收账款、药品效期、库存等方面的高效管理，企业的资金流、物流、信息流都变得十分通畅，从而提升了公司的市场竞争力。例如，通过实施的药店信息化管理方案，该企业信息系统不但可以满足企业经营管理的需要，还能通过信息化手段，对药品批号、有效期等信息进行归类索引。一方面可以建立完备的药品信息库，另一方面还可以方便各个门店的销售人员查询，由于操作简单，备受工作人员欢迎。

药品信息库完善的同时，库存管理也由于信息化平台而发生改变。许多连锁药店都是在一个几百平方米的货仓里存放几千种药品，原来只能凭借库管的经验和记忆找药，常常几个人也找不到需要出库的药品，严重影响了整体物流程序。后来通过引入管理系统，引入了货位的观念，即系统事先就给库房划分了多个货位号，并随时可以监控库房货位是否被占用。在药品入库时，只要输入药品名称、数量，系统就会自动分配一个大小适合的空货位，并录入电脑。等药品出库时，只要输入要提取的药品名称，系统就会自动将库存该药品中生产日期靠前的归类，并显示货位号，由此实现了快速准确的药品出库分拣。随着连锁药店的规模扩大，各个企业通常都会拥有一个数千平方米的货仓、上万种药品，但只要一个管理员就能准确地控制药品出库。

为了更好地应用该管理平台，连锁药店对于员工的培训也没有松懈，对信息化改造涉及的每个部门及环节共同制订了详细、科学的培训内容和培训目标，如销售人员不但要熟练掌握各种药品的查询出库流程，还要使用该系统同步提交报表。只有结合实践，才能将进、销、存流程规范化，进而加强企业竞争力。

该连锁药店进行信息化建设后，已经实现了终端单品的进、销、存管理，带来的直接效果是管理层能够清楚地知道某种药品在去年同一时期卖了多少，每个门店的陈列及实际的净销售，从而能够对最新的销售计划作出正确的评估。（案例来源：http://www.sina.com.cn 2010年03月）

思考：该药房信息化解决方案是否达到信息管理的预期效果？

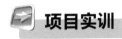
项目实训

实训主题：医药企业信息管理实训

1. 实训目的

了解医药企业信息管理的实施方法。

2. 实训内容

分析总结某一医药企业的信息管理方法，试找出其信息管理中存在的问题，提出解决方案。

3. 实训要求

以小组为单位进行调研，提出方案。

4. 考核标准与方法

方案可行，符合实践要求。

5. 实训指导

通过报纸、期刊或互联网，查找某个医药企业的信息化成功案例。可分别对比相应的医药制造企业、医药销售企业、医药物流企业或医药电子商务平台企业来做说明。

项目十四 连锁药店安全管理

 技能目标

树立连锁药店安全管理意识，具备初步开展连锁药店安全管理能力

 知识目标

1. 熟悉连锁药店安全管理的含义及内容
2. 熟悉连锁药店消防安全管理要点
3. 掌握连锁药店防损管理要点
4. 了解连锁药店安全管理新方法

 项目内容

1. 连锁药店安全管理认知
2. 连锁药店消防安全管理
3. 连锁药店防损管理

 项目组织与实施环境

（一）项目组织

① 将全班分为若干组，指导老师指定所需安全管理的药品或区域。
② 小组成员依据安全管理的内容，进行检查分析。

（二）实施环境

① 实训室。
② 连锁药店门店。

 项目实施

 《消费者权益保护法》中关于营业安全管理的要求

我国于 1993 年 10 月 31 日通过《中华人民共和国消费者权益保护法》（现执行"新消

法"），消费者人身与财产受到国家法律保护。《消费者权益保护法》第七条规定："消费者在购买、使用商品和接受服务时享有人身、财产安全不受损害的权利。"这是对消费者安全权利明确的法律表达。为了保障安全权利的实现，消费者有权要求经营者提供的商品和服务，尤其是那些关系到人体健康、人身安全和财产安全的商品与服务，必须符合安全要求。《消费者权益保护法》的这条规定也包括消费者在购买商品或接受服务时，有权要求有关服务环境、服务设施等符合安全要求，不存在安全隐患。

思考：
营业安全管理为什么重要？

一家良好连锁药品门店除了满足消费者的购药需求之外，还必须提供给消费者一个安全舒适的购物环境。尤其是越来越多的连锁药店，由于长时间营业和现金交易，而且主要采用敞开式销售方式，因而安全管理绝对不能放松。有效的安全管理工作是连锁药店各门店不可推卸的责任。

任务一　连锁药店安全管理认知

一、门店安全的定义

所谓安全，是指没有危险，不受威胁、不出事故。所谓门店安全，是指门店及顾客、员工的人身和财务在门店所控制的范围内没有危险，也没有其他因素导致危险发生。门店安全包含三层含义。

（1）门店及顾客、员工的人身和财务，在门店所控制的范围内不受侵害。门店内部的生活秩序、工作秩序、公共场所等内部秩序保持良好的状态。

（2）门店安全不仅指门店及其他人员的人身和财产不受侵害，而且指不存在其他因素导致这种侵害发生，即门店安全状态是一种既没有现实危险，也没有潜在危险发生。例如，门店中混进了盗窃人员、骗子、精神病患者和其他违法犯罪分子；连锁门店地面湿滑、地毯破损或铺垫不平；门店的电源插头损坏、电线裸露、电灯安装不牢固，安全通道和安全门失灵或无明显的指示标志；门店的药品管理混乱或经常出现过有效期药品等。因为所有这些因素都会在一定条件、一定场合、一定时间内突然发生危险，从而造成人身伤亡和财产损失。所以，连锁门店安全就是门店内不发生危险及对潜在危险因素的排除。

（3）连锁门店安全就是把门店各方面的安全因素作为一个整体加以反映，而不是单指门店的某一个方面的安全。因此，门店安全是指无危险存在，或无其他因素可能导致发生危险。

二、门店安全作业管理的重要性

　　　　　　　　安全管理漏洞大损失

服务业的安全管理一直有令人遗憾的事件发生。在美国，据有关统计资料，服务行业有记录的工伤事故平均每年大约有59万例，其中包括每年平均550例死亡事故，特别是连锁门店。这些事故不仅给当事人带来了痛苦和灾难,而且其影响导致员工士气低落,企业形象受损,损失是难以估量的。尽管如赔偿金、医药费等直接成本可以用货币计算出来,但员工受伤所造成的工时损失、与之有关的员工被迫停工造成的损失,以及文书工作费用、设备损害和原料浪费等损失远比直接损失多得多。据统计,这些间接损失几乎等于直接损失的4倍。而有的研究表明,间接损失可达直接损失的20倍之多。事故所带来的成本损失,其结果都对经营利润产生严重影响。例如,在连锁门店的营业中,一次损失为100美元的事故,将会使5500美元销售收入的利润丧失殆尽。

(一)确保消费者购药的安全

由于处方药与非处方药分类管理制度的推行,以及人们自我保健意识的增强,使得连锁药店越来越成为顾客购买药品的主要场所。特别是在节假日、促销时段,前来连锁药店购买药品、保健品顾客数量会大增。同时,顾客来源更加广泛,购物时间也从几分钟到长达数小时。因此,从顾客一踏进门店的营业区域,连锁药店就必须保障消费者生命财产的安全。尤其是门店搞促销活动时,必须特别注意安全管理。

某大型连锁药店在元旦和春节进行两次大降价,为了避免门前人群过于拥挤,事先派人清除了各种障碍物;并与公交公司联系,把公共汽车站临时挪开了一段距离;为了防止挤伤顾客,提前几分钟开门营业;为了缩短顾客排队交款的时间,临时增设了10台收银机;另外还增派了门店保安人员。尽管采取了种种措施,开门后仅5分钟,拥挤的人流还是把电梯的厚玻璃挤碎了,所幸没有造成伤亡事故。因此,门店搞促销活动安全保障工作非常重要。

(二)为店员提供安全的工作环境

整个门店的安全管理是否到位,与员工的身体健康和生命安全息息相关。门店应该提供一个安全以及健康的工作环境给员工。健康及安全的环境可以减少员工工作上的焦虑和压力,安心地工作,进而可间接地提高其工作效率,最终增加门店的盈利。同时,门店店长还可以借此向员工灌输正确的安全管理观念,确保门店卖场的安全。

(三)减少门店的财物损失

对于任何意外的发生,门店除了必须面对装潢、设备和药品被破坏所带来的财物损失之外,可能还必须负担起员工以及顾客等众多直接受害者的赔偿问题,进而影响到整个连锁药店的声誉。所谓防患于未然,完善的门店安全管理,不仅可以减少意外发生的概率,也可确保人员的生命财产安全,并将门店的财物损失降到最低程度。

(四)维持良好的社区关系

通常,连锁药店门店的日常作业活动在一定程度上给周围的住户或单位带来影响。例如,连锁药店的进出货作业方面,数量多,品类杂,这会直接或间接地影响到四周的居民、单位或过路的行人。因此,完善的安全作业管理还可以维护良好的社区关系以及连锁药店的良好形象。

三、造成连锁药店安全隐患的原因

统计资料显示，连锁药店发生的安全事故中，较多的意外突发事件，往往是由于门店人为的疏忽。概括起来，门店发生安全事故的主要原因如下。

（一）门店设备的老化

许多连锁药店门店的设备老化，或是从不作定期保养和检查。例如，各项消防设施、工作器械（补货梯、卸货车）等。一旦使用，往往会导致安全事故。这样不仅可能危害到消费者的利益，而且门店内部员工的工作安全也无法得到保障。

（二）员工基本常识的不足

门店的员工对于安全方面的常识往往掌握的不足，有时甚至在观念上也有偏差。例如，在用电方面，出现超负荷用电或电源使用不当；在工作方面，存在不良的作业习惯；在消防设施、设备和器材方面，员工不知如何操作和根本不重视消防设施的维护等，这些也都是造成门店安全事故的主要原因之一。

（三）员工警觉性的缺乏

门店的许多意外事故演变成重大伤害，往往是由于门店员工缺乏高度的警觉性，从而导致最终一发不可收拾的局面。例如，对于小火苗的发生掉以轻心，而演变成一场大火灾；使用各项器材设施，发现不良或故障时不引起注意；对于购药过程中顾客的特殊异常行为或要求不予理会，而导致顾客受伤或使店内遭受财物损失等。因此，门店员工良好的警觉性是减少门店意外事件发生的有力保证。

四、连锁药店门店安全管理小组

即使平时已有相当完善的防范措施，仍然会有一些无法控制的因素发生。因此，为了尽力避免和降低任何财物上的损失以及人员的伤亡，连锁药店各门店的安全管理应注重做好事前防范，除安全设施和措施外，最重要的是要有组织保证。通常是在门店内成立安全管理小组，事先明确各类人员的任务分工及处理办法，一旦发生突发事件，能够迅速作出应变处理，针对重点进行有效的处理，而不至于发生混乱。

安全管理小组一般由以下人员组成。

1. 总指挥

总指挥一人，一般由店长担任。其负责指挥、协调现场的救灾作业，掌握全店员工的动态，并随时将灾害的发展状况及应变处理作业向连锁药店总部主管部门报告。

2. 副总指挥

副总指挥一人，由副店长或值班长担任。负责截断门店的所有电源，并协助总指挥执行各项任务。

3. 救灾组

救灾组主要负责各种救灾设施和器材的检查、维护与使用，水源的疏导，障碍物的拆除，以及灾害抢救等任务。各项救灾设施及器材应予以编号，并指定专人负责。

4. 人员疏散组

灾情一旦发生，应立即通过广播传达店内的危险状态，并迅速打开门店的各安全门和收银通道．协助顾客疏散到安全地带。同时要警戒灾区四周，以防止不法分子乘机偷窃。

5. 财物抢救组

该组应立即关上收银机，将钱款、重要文件以及财物等锁入门店的保险箱或带离现场另行保管。

6. 通讯报案组

报案人员应指定专人负责,主要负责对外报案以及内外通报联络等任务。

7. 医疗组

医疗组主要负责伤员的抢救及紧急医护等任务。

以上各小组应各设组长一名,负责各组人员的任务指派。店长则应将安全管理小组列成名册,并特别注明总指挥、通讯报案人以及重要工作的代理人姓名。同时将"防灾器材位置图"和"人员疏散图"张贴在店内指定位置。在事故发生时,每位人员都有自己的任务,迅速应变处理,进行有效的安全管理。

五、安全管理原则

为了有效预防各项安全管理上的疏忽,安全管理作业应着重于做好事前预防、事中处理、事后检讨改善三个阶段的工作。每个阶段的作业重点及原则如下。

1. 事前预防

事前预防通常要做到:妥善规划,即根据各项安全管理项目,做好事故预防、处理及善后作业的详细步骤和注意事项;定期检查,即定期检查门店的各项安全设施及使用器械,对于老化、损坏或过期的,立即修复或更换;定期教育,即定期举办门店员工安全管理培训,以充实员工的安全常识,加强灾害意识以及及时纠正错误的观念;定期演习,即定期举办各种演习,以测验员工的安全管理能力,以及临场的应变经验;培养员工的警觉心,即养成员工及时发现问题、并能立即反映情况的习惯。

2. 事中处理

事中处理应做到:沉着冷静,即不管发生什么情况,都必须保持沉着冷静的态度,并及时而适当地处理,即根据事先所做的各项安全恰当安排,各就各位,执行自己的作业任务。

3. 事后检讨改善

事后检讨改善应做到:要仔细分析事故发生的真正原因;要追查相关的责任人和责任单位;要做好善后工作;要建立各项补救措施,以免日后发生类似的事件,或作为日后发生类似事件进行作业的参考。

任务二 连锁药店消防安全管理

连锁药店通常门店的装修较为美观,装修过程中使用了较多装饰性材料,同时多数连锁药店人员集中,顾客和员工人数较多,如果因为门店消防工作的疏漏而引发火灾,则后果不堪设想。因此,严格的消防管理制度和健全的消防组织是门店消防安全的重要保障,是连锁药店安全管理的最基本项目之一。

一、连锁药店消防管理内容

连锁门店设立消防中心,负责对门店实施严格的消防监督。其主要任务如下。

(1) 负责对门店员工进行消防业务知识培训。

(2) 开展防火宣传教育。

(3) 制订各种防火安全制度,督促各部门贯彻落实防火安全措施,负责调查了解违反消防规定的原因,并提出解决意见,同时向总经理报告。

(4) 负责检查门店各部位防火情况及各种消防设备、灭火器材,发现隐患,及时督促有关部门进行整改。

(5) 负责将每天门店消防情况和每周附近消防情况书面报告总经理。

(6) 负责调配补充消防、灭火器材，并与有关部门定期进行消防设备检测、保养、维修，及时排除消防设备故障。

(7) 负责24小时监视消防主机、闭路电视、防火报警信号，发现火警、火灾及其他问题时，药剂师向店长报告，并提出处理方法。

(8) 负责制订重点部位的灭火作战方案，并负责组织演练。

(9) 负责门店动火部位的安全监督。

(10) 负责协助门店新建、改造工程的消防设施的呈报审批手续。

(11) 负责办理门店施工单位人员出入登记手续，并监督施工期间的消防安全。

(12) 协助做好重要接待任务时有关消防方面的安全和保卫工作。

二、连锁药店消防工作要求

连锁门店消防工作，应该严格实施，其主要要求如下。

(1) 做好班前班后的防火安全检查。

(2) 熟悉自己岗位的环境、操作的设备及物品情况，了解安全出口的位置和消防器材摆放位置，懂得消防器材的使用方法，做好消防器材的保管工作。

(3) 牢记火警电话119和门店消防中心火警电话。救火时，听从消费中心人员和现场指挥员的指挥。存放易燃易爆物品的地方或物资仓库严禁吸烟。物品、碎纸、垃圾要及时清理，经常保持安全通道的畅通。

(4) 如发现有异声、异味、异色时要及时报告，并积极采取措施处理。

(5) 当发生火警火灾时，首先保持镇静，不可惊慌失措，应迅速查明情况并向消防中心报告。报告时要讲明地点、燃烧物质、火势情况、本人姓名或工号，并积极采取措施，取附近的灭火器材进行扑灭。电器着火先关电源，气体火灾记住关气阀。有人受伤时，先救人后救火。

(6) 如火势猛烈阶段，必须紧急报警。在场的工作人员应引导顾客进行安全疏散，积极抢救贵重物品，禁止乘客坐客用电梯，前往现场的人员应走楼梯，救护疏散人员应乘消防电梯。

(7) 发现火场有毒气、有爆炸危险情况时，在采取防毒防爆的措施后，才能进行救火。

(8) 积极协助做好火灾现场的保护警戒。

三、消防预案与演习

要从实战出发，设想连锁门店可能发生的火灾，设计应采取的对策。预案要以报警、扑救、疏散及各种灭火、排烟设施的启动、灭火力量的投入时机等为重点内容，并与专业消防力量做好配合工作。预案要逐个制订，急用先订，逐步完整，并通过实践检验不断修订，使之完善、规范。

1. 灭火训练

在手提式灭火器换液和固定消防设备维修检查时，有计划地分批轮训义务消防队员，提高其操作熟练度。

2. 消防演习

模拟门店发生火灾，并按预案进行扑救。

表14-1为某连锁超市门店安全管理项目检查表，供参考。

表 14-1 某连锁超市门店安全管理项目检查表

项目	检查内容	情况评价	负责人签字
紧急出口	①所有紧急出口是否通畅？ ②紧急出口是否上锁，遇状况时能否立即打开？ ③紧急出口灯是否明亮？ ④警报器是否性能良好？ ⑤紧急照明灯插头是否插入电源，性能是否良好？		
灭火器	①数量是否正确？ ②灭火器是否定位？ ③灭火器指示牌是否挂好？ ④外表是否干净？ ⑤灭火器性能是否良好？ ⑥灭火器是否过期？		
消防栓	①是否容易接近？有无被挡住？ ②水源开关是否良好？ ③是否可立即操作？		
急救箱	①有无急救箱设置？ ②箱内的药物是否在有效期内？		
电器设备检查	①机房是否通风良好，有无堆放杂物？ ②电器插座是否牢固，有无损坏？ ③电线是否依据规定装置？ ④电器物品是否性能良好？		
消防安全注意事项	①有无应变处理小组？ ②是否有张贴消防器材位置图及防火疏散图？ ③员工是否都能正确使用灭火器材？ ④火警电话是否附在电话机上？ ⑤是否定期举办消防演习？		
一般安全	①新员工有无实施安全教育？ ②员工工作习惯是否良好？		
保安	①各项记录本是否确实填写？ ②办公室及柜子是否依据规定管理？ ③商品验收人员作业是否合乎规定？ ④是否抽查员工储物柜？员工是否有擅自取用门店物品情况？有无不良状况？ ⑤员工及顾客的偷窃行为是否妥善处理？ ⑥顾客滋事案件是否妥善处理？ ⑦其他有关安全事项处理是否完善？		

小知识

境外有关统计资料显示，在各类损耗中，88%是由员工作业错误、员工偷窃和意外损失所导致的，7%是顾客偷窃，5%则属厂商偷窃，其中由员工偷窃所遭受的损失为最大。以美国为例，全美全年由员工偷窃造成的损失高达4000万美元，比顾客偷窃额高出5~6倍；再如台湾省，员工偷窃的比例亦占60%之高。这些资料表明，防止损耗应以加强内部员工管理及作业管理为主。

任务三 连锁药店防损管理

一、损耗产生的原因

损耗，是指门店接收进货时的商品零售值与售出后的零售值之间的差额。损耗会受到一个或几个因素的影响，门店作业出现其中的任何一个因素都会减少利润额，从而增加损耗。因而，了解连锁药店门店药品损耗发生的原因，并严格加以控制，是提高绩效的重要保证。连锁门店药品损耗的原因主要包括以下几个方面。

（一）收银员行为的不当所造成的损耗

① 打错了同一品种、不同规格药品的金额。
② 收银员与顾客借着熟悉的关系，故意漏扫部分贵重药品或私自键入较低价格抵充。
③ 收银员因同事熟悉的关系而发生漏打、少算的情形。
④ 由于药品价格无法确定而错打金额。
⑤ 对于未贴标签、未标价的药品，收银员打上自己臆测的价格。
⑥ 误打后的更正手续不当。
⑦ 收银员虚构退货而私吞现金。
⑧ 某些保健品促销特价时期已过，但收银员仍以特价销售。

（二）作业手续上的不当所造成的损耗

① 药品进货的重复登记。
② 漏记进货的账款。
③ 损害药品未及时办理退货。
④ 退货药品的重复登记。
⑤ 销售退回药品未办理进货退回。
⑥ 药品有效期检查不及时而过期。
⑦ 药品条码标签贴错。
⑧ 新旧价格标签同时存在。
⑨ POP或价格卡与标签的价格不一致。
⑩ 药品、保健品促销结束未恢复原价。

（三）验收不当所造成的损耗

① 验收时点错数量。
② 门店员工搬入的药品未经点数，造成短缺。
③ 仅仅验收数量，未作品质检查所产生的错误。
④ 进货的发票金额与验收金额不符。
⑤ 进货药品未入库。

（四）药品保管不当所造成的损耗

① 未妥善保管进货药品、保健品等附属品。
② 进货过剩导致药品、保健品、化妆品变质。
③ 销售退回药品未妥善保管。
④ 卖剩商品未及时处理，以致过期。

⑤ 因保存不当而使价值减损。

（五）盘点不当所造成的损耗

① 数错数量。
② 看错或记错售价、货号、单位等。
③ 盘点表上的计算错误。
④ 盘点时遗漏品项。
⑤ 将赠品记入盘点表。
⑥ 将已填妥退货表的商品记入。
⑦ 因不明负责区域而作了重复盘点。

（六）员工偷窃所造成的损耗

① 随身夹带。
② 皮包夹带。
③ 购物袋夹带。
④ 废物箱（袋）夹带。
⑤ 偷吃或使用商品。
⑥ 将用于顾客兑换的奖品、赠品占为己有。
⑦ 与亲友串通，购物未结账或少打金额。
⑧ 利用顾客未取的账单作为废账单退货而私吞货款。
⑨ 将商品高价低标，卖给亲朋好友。

（七）顾客的不当行为造成的损耗

① 随身夹带商品。
② 皮包夹带。
③ 购物袋夹带。
④ 将扒窃来的商品退回而取得现金。
⑤ 顾客不当的退货。
⑥ 顾客将商品污损。
⑦ 将包装盒留下，拿走里面的商品。
⑧ 调换标签。
⑨ 高价商品混杂于类似低价商品中，使收银员受骗。

（八）意外事件引起的损耗

① 自然意外事件　水灾、火灾、台风和停电等。
② 人为意外事件　抢劫、夜间偷窃和诈骗等。

二、防损对策

损耗管理并不容易，各个门店必须根据损耗发生的原因，有针对性地采取措施，加强管理，堵塞漏洞，尽量使各类损失减到最小。具体措施如下。

（一）重点区域防损控制

连锁药店如果面积较大，员工众多，顾客人流复杂，使防损工作具有一定的难度。损耗较为突出的一些重点区域必须重点管理。

1. 收银出口处的管理

收银出口处必须设立安保员岗位,在营业时间内实行不间断的值班制度,可在收银出口处设立电子防盗监控系统。监管要点有以下几个方面。

① 收银出口处的监管在于正确、快速、满意地解决收银和防盗。

② 维护好收银出口处顾客的秩序,保持收银通道畅通,保证所有顾客能从进口进、出口出。

③ 监管人员要了解卖场中的商品情况,当班时保持思想集中。

④ 注意收银区前手推车是否堵塞,设备是否有损坏。

2. 员工出入口处的管理

员工出入口处要设置安保员岗位。只要员工通道打开,安保员就要实行连续执勤制度。员工出入口处可安装防盗电子门用来防止偷窃商品的行为,设置密码锁储物柜为外来人员暂时安全存放物品。

(1) 员工出入口处的监管要点

① 检查员工是否按规定执行考勤制度,检查在非工作时间员工进出卖场是否符合规定。

② 禁止员工携带私人物品进入卖场,如属必须带入卖场的物品,要进行登记。

③ 防止员工偷窃商品,特别是在防盗门报警时,严格检查是否有将禁止带出卖场的物品带出。

④ 对外来的来访人员要按规定进行电话证实、登记、检查携带物品等。

⑤ 对在本通道携带出的所有物品要进行检查。

(2) 员工出入的管理规定

① 外来人员进入卖场要登记,除指定的财务人员外,不准带包进入卖场,必须携带物品的,应办理登记手续,出来时需主动出示,接受检查。

② 在工作期间,所有当班员工必须且只能从商场的员工通道出入。

③ 所有进入人员都必须主动配合安全人员的安全检查,自动打开提包或衣袋接受检查,尤其是防盗电子门报警或在安全人员提出检查的要求时,要给予配合。

④ 员工的进出、物品的携出必须有管理层的书面批准,安全员核实后才能放行。

3. 贵重药品区的管理

贵重药品区及其出口应设置安保员岗位,营业时间内实行连续执勤制度。贵重药品区出口处设置电子防盗门系统和门槛系统。

(1) 贵重药品区的监管要点

① 顾客只能从进口进,从出口出。

② 顾客不能将非贵重药品区的商品带入贵重药品区内,只能暂放该区外。

③ 顾客在贵重药品区内购买商品,必须在该区内结账。

④ 检查顾客所持发票是否与商品一致,特别是包装是否符合贵重药品包装要求。

⑤ 监督贵重药品区员工的实物盘点。

(2) 贵重药品区的出口管理规定

① 电子防盗门报警程序。

② 结账商品的包装、发票处理必须符合贵重药品销售的有关规定。

③ 柜台(展示柜)在非销售时间,必须随时上锁处于关闭状态。

④ 外放贵重样品应采取防盗措施。

⑤ 柜台销售贵重药品采取先付款后取货的销售方式。

连锁药店门店容易引起偷窃的贵重商品

卖场中比较容易引起偷窃的药品或保健品，要么是高单价商品，要么是包装很小或是比较贵但又很刺激消费的品种，主要有贵重中药材，如冬虫夏草、人参、鹿茸等；贵重保健品；贵重化妆品；贵重保健酒类。

（二）重点环节损耗控制

运营环节的损耗控制由连锁门店自行掌控。重点控制由员工不诚实行为或工作疏忽、漏洞、违规等引起的损耗。连锁药店店长或店内巡查员要注意如下几方面。

1. 销售环节

① 随时注意货架条形码变动情况，特别防止低价条形码贴在高价商品上。

② 在巡视中发现商品短缺及时提醒补货。

③ 注意商品堆放安全和顶端喷淋保持距离。

2. 服务台咨询、服务环节

① 维持好服务台的工作秩序。

② 参与调解服务台产生的各类纠纷。

3. 收银环节

① 用链条将收银通道拦住。

② 收银员离开收银台时，要将"暂停收银"牌摆放在顾客能看见的地方。

③ 一位顾客收银完毕，再接待下一位顾客。

④ 收银完毕后，将现金完全缩进收银机抽屉，同时将收银机钥匙转至锁定状态，钥匙随身携带或交由店长保管。

 防损新对策

在选择防盗措施时应当十分谨慎，因为有些方法可能影响销售收入，例如，某些连锁商店对酒精类饮料柜加了锁，结果销售量平均减少了30%。

随着科技的进步，一些连锁门店开始尝试从源头上采取保护措施。一些示踪器被安装在了商品的"心脏"部位：瓶的封条内、鞋底里或衣服的标签内。这些精巧的示踪器成了商品不可分割的一部分，从而使盗窃者无从下手。这种"源头保护措施"已锋芒初露。例如，法国欧尚超市集团在实行试点的服装部，被盗商品减少了一半。但这一颇令商家高兴的措施却引起了生产厂家的不满：以服装为例，缝制示踪器将给每件衣服增加0.05欧元的成本。

项目小结

- 连锁门店安全就是把门店各方面的安全因素作为一个整体加以反映，而不是单指门店的某一个方面的安全。因此，门店安全是指无危险存在，或无其他因素可能导致发生危险。

• 连锁门店应制订消防安全管理预案。预案要以报警、扑救、疏散及各种灭火、排烟设施的启动、灭火力量的投入时机等为重点内容，并与专业消防力量做好配合工作。

• 损耗，是指门店接收进货时的商品零售值与售出后的零售值之间的差额。损耗会受到一个或几个因素的影响，门店作业出现其中的任何一个因素，都会减少利润额，从而增加损耗。因而，了解连锁药店门店药品损耗发生的原因，并严格加以控制，是提高绩效的重要保证。

• 防止损耗管理要有针对性地采取措施，堵塞漏洞，尽量使各类损失减到最小，可以从重点区域和重点环节两个方面做好防止损耗的控制。

主要概念和观念

◇主要概念
门店安全　　安全管理的内容　　损耗
◇主要观念
安全管理意识

项目课时安排

① 实训时间：2学时。
② 讲授时间：2学时。

项目考核与评分标准

① 考评者：授课教师。
② 考核内容及评分标准。
以小组为单位进行评分，满分为100分。具体为：
a. 药店是否有安全管理意识（30分）；
b. 药店安全管理存在问题分析（40分）；
c. 药店安全管理建议的提出是否合理（30分）。

项目综合思考

◇简答题
1. 简述连锁药店安全管理的含义与内容。
2. 连锁药店消防安全管理工作要求有哪些？
3. 什么是损耗？损耗产生的原因有哪些？
4. 如何进行损耗控制？
◇讨论题
1. 为什么要进行连锁药店消防安全管理？
2. 结合你所熟悉的某一连锁药店，谈谈该连锁药店最容易失窃的商品是什么商品，最容易失窃的时间是什么时间，应该采取哪些措施防损防盗？

项目实训

实训主题：连锁药店门店安全管理实训

1. 实训目的

连锁药店门店安全管理实践技能训练。

2. 实训内容

为某一连锁药店门店安全管理提出方案。

根据你所熟悉的某一连锁药店门店安全管理现状，从消防安全和防损防盗两个方面简述他们如何进行安全管理。如果你是一家连锁门店的店长，将怎样进行安全管理？

3. 实训要求

以小组为单位进行调研，提出方案。

4. 考核标准与方法

方案可行，符合实践要求。

5. 实训指导

依据本项目安全管理内容要求。

参考文献

[1] 樊丽丽主编.药品零售与药店经营全攻略.北京：中国经济出版社，2009.
[2] 邓冬梅主编.医药企业经营与管理.北京：中国医药科技出版社，2008.
[3] 孙丽冰主编.医药商品经营与管理.北京：化学工业出版社，2006
[4] 张大禄，胡旭等主编.药品经营策略与技巧.北京：中国医药科技出版社，2003.
[5] 杨顺勇，魏拴成，郭伟主编.连锁经营管理.上海：复旦大学出版社，2008.
[6] 操阳主编.连锁企业经营与管理.北京：中国劳动社会保障出版社，2009.
[7] 徐汉文，霍澜平主编.现代企业经营管理.大连：东北财经大学出版社，2007.
[8] 刘善华，仇华忠，林宙.现代企业管理学教程.广州：暨南大学出版社，2006.
[9] 李兴山，刘潮主编.西方管理理论的产生与发展.北京：现代出版社，2006.
[10] 王化成主编.财务管理案例点评.杭州：浙江人民出版社，2003.
[11] 道格拉斯.R.爱默瑞.约翰.D.芬尼特.公司财务管理.荆新等译.北京：中国人民大学出版社，1998.
[12] 李平，杨芳勇主编.财务管理.武汉：湖南人民出版社，2007.
[13] 詹姆斯.C.范霍恩著.财务管理与政策.刘志远译.大连：东北财经大学出版社，2000.
[14] 宋远方，宋华著.医药物流与医疗供应链管理.北京：北京大学医学出版社，2005.
[15] 严振主编.药品市场营销学.北京：化学工业出版社，2004.
[16] 谢明荣主编.现代工业企业管理.北京：化学工业出版社，2002.
[17] 张广碧主编.医药商品经营管理学.北京：中国医药科技出版社，1999.
[18] 冯国忠主编.医药市场营销学.北京：中国医药科技出版社，2002.
[19] 刘会主编.医药代表实战宝典.北京：海洋出版社，2002.
[20] 朱菁华，邹君主编.医药企业区域营销经理实战宝典.北京：海洋出版社，2004.
[21] 麦德思销售顾问中心主编.医药业务员销售方法与技巧.广州：广东经济出版社，2005.
[22] 张振刚主编.企业管理实务.北京：化学工业出版社，2004.
[23] 杨文章主编.医药商业企业管理学.北京：中国医药科技出版社，2000.
[24] 张大成主编.现代商业企业经营管理.北京：清华大学出版社，2004.
[25] 朱红.马景霞.刘雅洁主编.药店经营与管理.济南：山东科学技术出版社，2003.
[26] 马蕾编著.如何编制公司预算.北京：北京大学出版社，2004.
[27] 郭咸刚著.西方管理思想史.北京：经济管理出版社，1999.
[28] 王淑玲.医药企业文化异彩纷呈.2005 blog.linkshop.com.cn/u/lingyi50/archives/.
[29] 肯尼思.E.埃弗拉德，詹姆斯.L.伯罗著.经营原理与管理实务.北京：经济科学出版社，2010.
[30] 侯履晖.POP广告设计教学初探.美术教育研究，2010：104-105.